· 经 典 润 泽 生 命 ·

山海经

于江山◎主编
王学典◎译注

中国纺织出版社

内 容 提 要

《山海经》是中国先秦重要典籍，该书并非成于一时，亦非一人所写。《山海经》传世版本共18卷，包括《山经》5卷，《海经》13卷，其内容主要是民间传说中的地理知识，包括山川、矿物、民族、物产、药物、祭祀、巫医等，保存了包括夸父逐日、女娲补天、精卫填海、大禹治水等在内的不少脍炙人口的远古神话传说和寓言故事。《山海经》具有非凡的文献价值，对中国古代历史、地理、文化、中外交通、民俗、神话等的研究均有参考价值。本书是《山海经》的白话文全译本，且对生僻字词、名物有适当的注释。此外，还配有大量古本《山海经》中所绘的插图。

图书在版编目（CIP）数据

山海经：插图版 / 王学典译注．—北京：中国纺织出版社，2015．1（2024.1 重印）

（国学今读）

ISBN 978－7－5180－1096－7

Ⅰ．①山⋯ Ⅱ．①王⋯ Ⅲ．①历史地理—中国—古代②《山海经》—译文 Ⅳ．①K928.631

中国版本图书馆 CIP 数据核字（2014）第 235911 号

责任编辑：张永俊　　　　责任印制：储志伟

中国纺织出版社出版发行

地址：北京市朝阳区百子湾东里A407号楼　邮政编码：100124

销售电话：010—67004422　传真：010—87155801

http：//www.c-textilep.com

E-mail：faxing@c-textilep.com

中国纺织出版社天猫旗舰店

官方微博　http：//weibo.com/2119887771

北京兰星球彩色印刷有限公司　　各地新华书店经销

2015年1月第1版　2024年1月第8次印刷

开本：710×1000　1/16　印张：20

字数：247千字　定价：59.80元

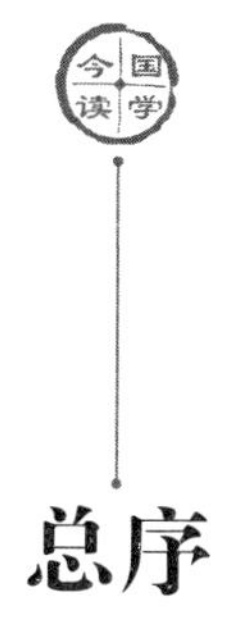

总序

国学的本来与未来

对于中华民族来说，迄今为止的大事因缘，莫过于国家的命运——诞生、跋涉、传衍和弘扬，当然也包括国破家败与绝处逢生。从这个意义上讲，国学的命运也就是中华民族的命运。

国学潮之所以汗漫于 21 世纪初叶的中国，是因为其内生的属性契合了民族复兴的强烈诉求。这一波潮涌不是返祖而是进化，承载着一系列厚本厚生、资治化民、与时偕行的历史使命，其目标麾指人类文明的又一巅峰。

红尘滚滚的世俗显然对国学大潮的浪迭涛涌缺乏理性的应对预案。于是在价值多元的当下社会，国学便被推向了纷纭披拂的“春秋战国”。红艳艳的国学大旗随风飘扬起来，却鲜有人去理性思索其背后的动因。

今天我们传承着国学的本来，于是就有了这套插图版的国学经典系列。

我们知道国学经典浩如烟海，“累世不能通其学，当年不能究其礼”。所以我们选择了一个力所能及的方向和规模。当然也可以做得更大，但我们宁愿选择做得更精。我们像双手掬捧着祖先的遗惠，虔诚而勤勉地加以拂拭、点饰、悟析和解读，力图让这些千年经典焕发出时代的清辉。从这十几本入选经典中，我们不难看到国学经典为我们提供的精神资源和思维向度：

一、生生不息的变易之道；

二、居安思危的忧患意识；

三、安贫乐道的幸福观；

四、自强不息的进取观；

五、厚德载物的道德观；

六、民为邦本的政治哲学；

七、和而不同的和谐理念；

八、阴阳互生的发展观；

九、义利统一的价值观；

十、天人合一的宇宙观；

十一、知行合一的学统；

十二、资治化民的宗旨和践行。

而这些，都已化成了中华民族的文化基因，成为中华民族伟大复兴的精神渊薮。

至于国学的未来，我们认为：就是践履国学智慧的大众化、现代化和生活化。这同时是我们推广国学的最终目标，当然也是我们推出本书系的重要宗旨。能以本书系的出版来助推国学潮的澎湃，是我们莫大的荣幸。

参与这项工程的诸多同人的敬业精神不止一次让我感动倾情。我一直认为我们这一书系在众多同类出版物中毫不愧恧，因为在统稿的过程中我读出了底蕴、良知和用心。没有什么能比得上这样强大的支撑了。所以我满怀欣悦地向读者推荐我们的插图版经典读本。这是一套继往开来的书系，伴随着国学的本来走向未来。

于江山　甲午之秋

朝秦暮楚地　巴山夜雨中

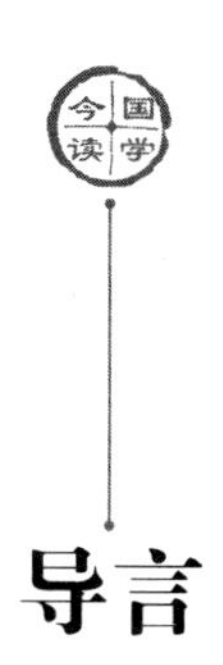

导言

作品简介

《山海经》是从战国时期到汉代初年，经多人编写而成的一部古书，书中除了保存有大量的神话资料外，还涉及学术领域的各个方面，诸如宗教、哲学、历史、民族、天文、地理、动物、植物、医药等学科，内容可谓包罗万象，堪称当时的一部生活日用百科全书。

鲁迅先生在《中国小说史略》中说《山海经》是“古之巫书”，又在《汉文学纲要》中说“盖以记神事”，足以证明《山海经》是一部极具神话研究价值的古书。但有些学者则认为《山海经》不单是神话，其中还包括了远古地理及一些海外的山川鸟兽等事物。

这部集古代多类学科于一体的旷世奇书，文字简洁、内容丰富、整体有序、结构严谨，全书共18卷，分《山经》5卷，《海经》13卷（《海外经》4卷，《海内经》5卷，《大荒经》5卷）。大部分成于战国时期的楚地，《海内经》部分成于西汉。《山海经》还被一些学者认为是我国古代的一部地理著作，其中记载了 100 多个邦国，550 座山峦，300 条水道以及邦国的地理、风土等，这对中国古代的地理和民俗风情等方面的考察具有十分重要的参考价值。

《山海经》整部书从东、南、西、北四个方面介绍了中华大地的山川宝藏，特别是一些异鸟怪兽、奇花异石，让人闻所未闻，见所未见。如《海外经》中所传说的异国有：双头国、三首国、女子国、丈夫国、大人国、小人国等，真是让人产生无限遐想。

《山海经》在其他领域也具有极高的价值。从宗教角度来看，书中展示巫师等宗教活动的描写不在少数，有鹿身八足蛇尾者，有鸟身龙首者，有龙身鸟首者，有羊身人首者，等等。书中所记载的丰富多彩的祭祀礼仪，也从侧面显示了原始宗教自然崇拜的特色；从历史学角度来看，书中所记述的帝俊、炎帝、黄帝等神谱，甚至还包括若干帝王的谱系记载，从中不难发现一个有趣的事实：神话与历史是相辅相成的，天地的开辟，人类的诞生，祖先的事迹，竟都与神话同出一源；从动植物学角度来看，书中的奇禽怪兽、异草珍木就数不胜数了，其中不少还有医疗效用，能治疗各种病症，成了神话性质的医药卫生学；从哲学角度来看，像夸父逐日、精卫填海、刑天断首、鲧腹生禹等，都给人以自强不息的精神和斗志，这种用神话传说反映出的鲜明生动的艺术形象，可以说是古人智慧的结晶，寓意也十分深刻。

作者探源

关于《山海经》的作者和成书时间，历代学者都没有给出明确的答案。有前人认为是大禹、伯益所作。但经过数代学者的研究，可以断定的是《山海经》绝非成书于一时，更不是一人所作，其时间跨度大约是从战国初年到汉代初年，而作者生活的地域主要集中在楚、巴蜀等地，直到西汉校书时才合编在一起，成为现代我们所看到的《山海经》版本。

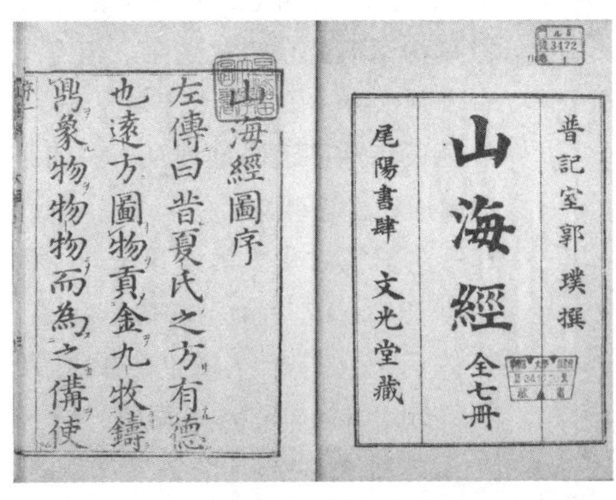
晉記室郭璞撰
山海經 全七冊
尾陽書肆 文光堂藏
山海經圖序
左傳曰昔夏氏之方有德
也遠方圖物貢金九牧鑄
鼎象物物物而為之備使

晋郭璞注、明蒋应镐绘图《山海经》书影（1902年日本文光堂刻印，现藏于日本早稻田大学图书馆）

《山海经》现存的最早版本是由西汉刘向、刘歆父子校勘而成的。晋朝的郭璞曾为《山海经》作注。考证注释者还有清朝毕沅的《山海经新校正》和郝懿行的《山海经笺疏》等。

《山海经》这一书名，最早是在《史记》中被提及，到汉成帝时期，刘向、刘歆父子奉命校勘整理经传诸子诗赋，将此书公之于众。《山海经》涉猎之广，内容之奇杂，从古至今使人对其该归于何类都有分歧。《汉书·艺文志》将它列入形法家之首，《隋书·经籍志》以下则多将它归入地理书，但清《四库全书总目提要》却谓其为“小说之最古者尔”，鲁迅先生则将它视为“古之巫书”。因此，《山海经》问世之后，关于其内容、成书时间、作者的争论就一直众说纷纭，成了未解的悬案。

从刘向、刘歆父子及东汉王充的说法来看，《山海经》的作者是大禹和伯益，但书中记载的故事还有大禹、伯益以后的史实，所以这个说法难有说服力。到了后来，在结合炎黄两族的传说基础之上，又有了南方楚人作和巴蜀人作等说法。但当代的多数学者还是认为：《山海经》实际上是一部累积型的作品，并非一人或几人创作而成。

但更让人难以置信的还在后头，当关于《山海经》的争论传到国外时，法国的汉学家马伯乐竟认为《山海经》中的地理描述与公元前5世纪外来的印度和伊朗文化联系紧密，深受其影响。到了后来，香港学者卫聚贤在《古史研究》中又声称《山海经》的作者是印度人。虽然有些人的观点显得牵强附会，有哗众取宠之嫌，但也不乏真知灼见。究其原因，这与《山海经》的博大精深、无所不容的内容是分不开的。

后世影响

当代著名的历史地理学家谭其骧先生指出：“《五藏山经》在《山海经》全书各部分中最为平实雅正，尽管免不了杂有一些传闻、神话，基本上是一部反映当时真实知识的地理书。”据谭先生研究：《山海经》中记载的山峦，在后代的汉晋书籍中有确切记载的约占总数的三分之一，约一百四十余座。其中对晋南、陕中、豫西地区记述得最详细准确。这应该是研究我国古代地理的宝贵资料。其中对诸多奇异国家和民族的记载，虽然并非都是真实的，但对地理学和民族学的研究有一定的参考价值。

《山海经》最重要的价值在于它保存了大量的神话传说，如精卫填海、夸父逐日、女娲补天、后羿射日、黄帝战蚩尤、

大禹治水等。其中禹杀相柳的传说，就充满了神奇的色彩，既可从文学或神话学的角度来研究，也可以从中看出共工、相柳、禹三人间的关系，由此可见古代民族部落之间的斗争。正是这些大量神话的存在，才为今天的我们在研究原始宗教方面留下了难得的材料。《山海经》中还记载有一些古代巫师的祭祀活动，从中可以看到古代民族的信仰、崇拜等。其中关于一些神奇动物的记载，可能就是古人的图腾崇拜，这无疑是研究中国古代宗教信仰的重要参考资料。

《山海经》中的神话传说与历史又有着紧密的联系，我们可以从中看到远古历史时期的真实面貌，其中的一些记载并非完全是无稽之谈，荒诞之言。同时，《山海经》还是一部科技史，它既记载了古代科学家们的创造发明，也有他们的科学实践活动，还反映了当时已经达到了相当高的科学技术水平。像《海内经》中的“后稷是始播百谷”和“叔均是始作牛耕”，《大荒北经》中的“叔均乃为田祖”。所有这些都从侧面反映了当时农业和手工业所达到的水平。

从对文学的影响来看，《山海经》对后世诸子百家的作品创作也影响深远。像《诗经》和《楚辞》，都留有古神话的痕迹。另外，《老子》《庄子》《淮南子》等道家经典也吸取了不少神话的哲理思想。到了后来的《左传》《史记》《尚书》等，就把吸取的神话加以历史化，成了考究历史的重要文献。后来的著名诗人，如陶渊明的《读山海经诗》和李白的《蜀道难》《北风行》等著名诗篇都是源自《山海经》中的神话。元、明、清时期的神怪小说，如《封神演义》《聊斋志异》等，无不与《山海经》一脉相承。

总之，《山海经》这部以神话为主的文学作品，是集象征、想象、夸张等手法于一体，再加上情感的、富有生命力的文字表达，才有了这么多神奇的篇章和深远的影响，被后人称誉为“中国文学的宝矿”。

译注者

2014 年 7 月

目录

卷一 南山经

【原文】

南山经之首曰鹊山。其首曰招摇之山，临于西海之上，多桂，多金玉。有草焉，其状如韭而青华，其名曰祝余，食之不饥。有木焉，其状如榖①而黑理，其华四照，其名曰迷榖，佩之不迷。有兽焉，其状如禺②而白耳，伏行人走，其名曰狌狌③，食之善走。丽麐之水出焉，而西流注于海，其中多育沛，佩之无瘕疾④。

【注释】

①榖：构树，树皮可以造纸。原文为“穀”。研究《山海经》的权威专家袁珂先生认为，原文此处的“穀”与后文“迷穀”之“穀”均为“榖”之误，今从其说。②禺：长尾巴的猿。③狌狌：传说是一种长着人脸的野兽，也有说它就是猩猩的，而且它能知道往事，却不能知道未来。④瘕疾：中医学指腹内结块，即现在人所谓的鼓胀病。

【译文】

南方第一个山系叫作鹊山山系。鹊山山系的第一座山是招摇山，它屹立在西海岸边，生长着许多桂树，又蕴藏着丰富的金属矿物和玉石。山中有一种草，长得像韭菜却开着青色的花朵，名叫祝余，人吃了它就不感到饥饿。山中有一种树木，长得像构树却呈现黑色的纹理，并且光华照耀四方，名叫迷榖，人佩戴它在身上就不会迷失方向。山中有一种野兽，长得像猿猴但长着一双白色的耳朵，既能爬行，又能像人一样直立行走，名叫狌狌，吃了它的肉可以使人走得飞快。丽麐水从这座山发源，然后向西流入大海，水中有许多叫作育沛的东西，人佩戴它在身上就不会生鼓胀病。

狌狌

【原文】

又东三百里，曰堂庭之山，多棪木①，多白猿，多水玉②，多黄金③。

【注释】

①棪木：一种乔木，结出的果实像苹果，表面红了即可吃。②水玉：古时也叫作水精，即现在所说的水晶石。③黄金：这里指黄色的沙金。

【译文】

再向东三百里，是堂庭山，山上生长着茂密的棪木，又有许多白色猿猴，还盛产水晶石，并蕴藏着丰富的黄金。

白猿

【原文】

又东三百八十里，曰猨翼之山，其中多怪兽，水多怪鱼，多白玉，多蝮虫①，多怪蛇，多怪木，不可以上。

【注释】

①蝮虫：传说中的一种动物，也叫反鼻虫，颜色如同红、白相间的绶带纹理，鼻子上长有针刺，大的一百多斤重。这里的虫是虺（huǐ），是上古的一种毒蛇，不是昆虫之虫。

【译文】

再向东三百八十里，是猨翼山。山上生长着许多怪异的野兽，水中生长着许多

腹虫

怪异的鱼，还盛产白玉，有很多蝮虫，很多奇怪的蛇，很多奇怪的树木，人是不可上去的。

【原文】

又东三百七十里，曰杻阳之山，其阳多赤金①，其阴多白金②。有兽焉，其状如马而白首，其文如虎而赤尾，其音如谣，其名曰鹿蜀，佩之宜子孙。怪水出焉，而东流注于宪翼之水。其中多玄龟，其状如龟而鸟首虺尾，其名曰旋龟，其音如判木，佩之不聋，可以为底③。

鹿蜀　　旋龟

【注释】

①赤金：指未经提炼过的赤金。②白金：即白银。这里指未经提炼过的银矿石。③底：同“胝”，就是手掌或脚底因长期摩擦而生的厚皮，俗称“老茧”。

【译文】

再向东三百七十里，是杻阳山。山南面盛产黄金，山北面盛产白银。山中有一种野兽，长得像马却长着白色的脑袋，身上的斑纹像老虎而尾巴却是红色的，吼叫的声音像人唱歌，名叫鹿蜀，人穿戴上它的毛皮就可以多子多孙。怪水从这座山发源，向东流入宪翼水。水中有众多黑色的龟，长得像普通乌龟，却长着鸟一样的头和蛇一样的尾巴，名叫旋龟，叫声像劈开木头时发出的响声，佩戴上它就能使人的耳朵不聋，还可以治愈脚底老茧。

【原文】

又东三百里，曰柢山，多水，无草木。有鱼焉，其状如牛，陵居，蛇尾有翼，其羽在魼[①]下，其音如留牛[②]，其名曰鯥，冬死[③]而夏生，食之无肿疾。

鯥

【注释】

①魼：即“胠”的同声假借字，指腋下腰上部分。②留牛：可能是犁牛。③冬死：指冬眠，也叫冬蛰。一些动物在过冬时处在昏睡不动的状态中，好像死了一般。

【译文】

再向东三百里，是柢山，山间多流水，没有花草树木。有一种鱼，长得像牛，栖息在山坡上，长着蛇一样的尾巴而且有翅膀，而翅膀长在肋骨上，鸣叫的声音像犁牛，名叫鯥，冬天蛰伏而夏天复苏，吃了它的肉就能使人不患肿病。

【原文】

又东四百里，曰亶爰之山，多水，无草木，不可以上。有兽焉，其状如狸而有髦[①]，其名曰类，自为牝牡[②]，食者不妒。

类

【注释】

①髦：下垂至眉的长发。②牝：鸟兽的雌性。这里指雌性器官。牡：鸟兽的雄性。

【译文】

再向东四百里，是亶爰山，山间多流水，没有花草树木，不能攀登上去。山中有一种野兽，长得像野猫却长着像人一样的长头发，名叫类，一身具有雄雌两种性器官，吃了它的肉就会使人不产生妒忌心。

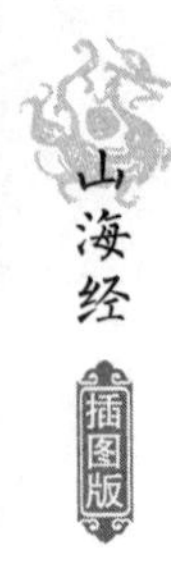

【原文】

又东三百里，曰基山，其阳多玉，其阴多怪木。有兽焉，其状如羊，九尾四耳，其目在背，其名曰猼訑，佩之不畏。有鸟焉，其状如鸡而三首、六目、六足、三翼，其名曰䳜䴅，食之无卧。

䳜䴅

【译文】

再向东三百里，是基山，山南阳面盛产玉石，山北阴面有很多奇怪的树木。山中有一种野兽，长得像羊，长着九条尾巴和四只耳朵，眼睛也长在背上，名叫猼訑，人穿戴上它的毛皮就不会产生恐惧心。山中还有一种禽鸟，长得像鸡，却长着三个脑袋、六只眼睛、六只脚、三只翅膀，名叫䳜䴅，吃了它的肉就会使人不感到瞌睡。

【原文】

又东三百里，曰青丘之山，其阳多玉，其阴多青雘①。有兽焉，其状如狐而九尾，其音如婴儿，能食人，食者不蛊。有鸟焉，其状如鸠，其音若呵，名曰灌灌，佩之不惑。英水出焉，南流注于即翼之泽。其中多赤鱬②，其状如鱼而人面，其音如鸳鸯，食之不疥。

【注释】

①青雘：一种颜色很好看的天然涂料。②赤鱬：也叫鲵鱼，即现在所说的娃娃鱼，有四只脚，长尾巴，能上树，属两栖类动物。

【译文】

灌灌

再向东三百里，是青丘山，山南阳面盛产玉石，山北阴面多出产青雘。山中有一种野兽，长得像狐狸却长着九条尾巴，吼叫的声音与婴儿啼哭相似，能吞食人；吃了它的肉就能使人不中妖邪毒气。山中还有一种禽鸟，长得像斑鸠，鸣叫的声音如同人在互相斥骂，名叫灌灌，把它的羽毛插在身上能使人不迷惑。英水从这座山发源，然后向南流入即翼泽。泽中有很多赤鱬，长得像普通的鱼却有一副人的面孔，发出的声音如同鸳鸯鸟在叫，吃了它的肉就能使人不生疥疮。

【原文】

又东三百五十里，曰箕尾之山，其尾踆①于东海，多沙石。汸水出焉，而南流注于淯，其中多白玉。

【注释】

①踆（cún）：通“蹲”，屈两膝如坐，臀部不着地。这里是坐的意思。

【译文】

再向东三百五十里，是箕尾山，山的尾端坐落于东海岸边，沙石很多。汸水从这座山发源，然后向南流入淯水，水中多产白色玉石。

【原文】

凡鹊山之首，自招摇之山，以至箕尾之山，凡十山，二千九百五十里。其神状皆鸟身而龙首。其祠①之礼：毛用一璋玉瘗②，糈③用稌米④，一璧稻米，白菅为席。

【注释】

①祠：祭祀。②瘗：埋葬。③糈：祭神用的精米。④稌米：稻米，也有说是专指糯稻。

【译文】

总计鹊山山系的首尾，从招摇山起，直到箕尾山止，一共是十座山，

途经二千九百五十里。诸山山神的形状都是鸟的身子、龙的头。祭祀山神的典礼是把畜禽和璋一起埋入地下，祀神用一块璧，米用稻米，用白茅草来做神的座席。

鸟身龙首神

【原文】

南次二经之首，曰柜山，西临流黄，北望诸毗，东望长右。英水出焉，西南流注于赤水，其中多白玉，多丹粟。有兽焉，其状如豚，有距①，其音如狗吠，其名曰狸力，见则其县多土功。有鸟焉，其状如鸱②而人手，其音如痹，其名曰鴸③，其名自号也，见则其县多放士。

【注释】

①距：雄鸡、野鸡等跖后面突出像脚趾的部分。②鸱：即鹞鹰，一种凶猛的飞禽，常捕食其他小型鸟禽。③鴸：传说是帝尧的儿子丹朱所化的鸟。帝尧把天下让给帝舜，而丹朱和三苗国人联合起兵反对，帝尧便派兵打败了他们，丹朱感到羞愧，就自投南海淹死而化作鴸鸟。

鴸

【译文】

南次二经的首座山是柜山，西边临近流黄酆氏国和流黄辛氏国，在山上向北可以望见诸毗山，向东可以望见长右山。英水从这座山发源，向西南流入赤水，水中有很多白色玉石，还有很多粟粒般大小的丹砂。山中有一种野兽，长得像普通的小猪，长着一双鸡爪，叫的声音如同狗叫，名叫狸力，哪个地方出现狸力，那里就一定会有繁多的水土工程。山中还有一种鸟，长得像鹞鹰，却长着人手一样的爪子，啼叫的声音如同痺鸣，名叫鴸鸟，它的鸣叫声就是自身名称的读音，哪个地方出现鴸鸟，那里就一定会有众多的文士被流放。

【原文】

东南四百五十里，曰长右之山，无草木，多水。有兽焉，其状如禺[1]而四耳，其名长右，其音如吟，见则郡县大水。

【注释】

①禺：长尾巴的猿。

【译文】

东南四百五十里，有长右山，没有花草树木，山间有很多流水。有一种禽兽，它长得像长尾巴的猿猴，却有四只耳朵，名叫长右，声音像吟诵，它出现的郡县就会有洪水。

长右

【原文】

又东三百四十里，曰尧光之山，其阳多玉，其阴多金。有兽焉，其状如人而彘鬣[1]，穴居而冬蛰，其名曰猾褢，其音如斫木，见则县有大繇[2]。

【注释】

①鬣：牲畜项上刚硬的毛。②繇：通“徭”。

猾褢

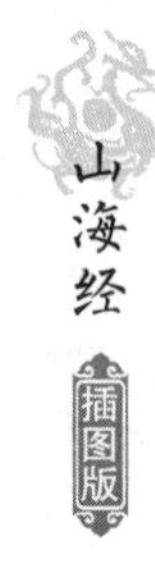

【译文】

再向东三百四十里，是尧光山，山南阳面多产玉石，山北阴面多产金。山中有一种野兽，长得像人，却长有猪那样的鬣毛，冬季蛰伏在洞穴中，名叫猾裹，叫声如同砍木头时发出的响声，哪个地方出现猾裹，那里就会有繁重的徭役。

【原文】

又东三百五十里，曰羽山[1]，其下多水，其上多雨，无草木，多蝮虫。

【注释】

①羽山：传说中的上古帝王祝融曾奉黄帝之命，将大禹的父亲鲧杀死在羽山，一说是鲧被帝舜杀死在羽山的，所以这座山很有名。

【译文】

再向东三百五十里，是羽山，山下有很多水流，没有花草树木，有很多蝮蛇。

【原文】

又东三百七十里。曰瞿父之山，无草木，多金玉。

【译文】

再向东三百七十里，是瞿父山，山上没有花草树木，但有丰富的金属矿物和玉石。

【原文】

又东四百里，曰句余之山，无草木，多金玉。

【译文】

再向东四百里，是句余山，山上没有花草树木，但有丰富的金属矿物和玉石。

【原文】

又东五百里，曰浮玉之山，北望具区[1]东望诸毗。有兽焉，其状如虎而牛尾，其音如吠犬，其名曰彘，是食人。苕水出于其阴，北流注于具区。其中多鮆鱼[2]。

【注释】

①具区：即现在江苏境内的太湖。②鮆鱼：即鲚鱼，头生长得很长而狭薄，大的有一尺多长。

彘

【译文】

再向东五百里，是浮玉山，在山上向北可以望见具区泽，向东可以望见诸毗水，山中有一种野兽，长得像老虎，却长着牛的尾巴，发出的叫声如同狗叫，名叫彘，是能吃人的。苕水从这座山的北麓发源，向北流入具区泽。它里面生长着很多鮆鱼。

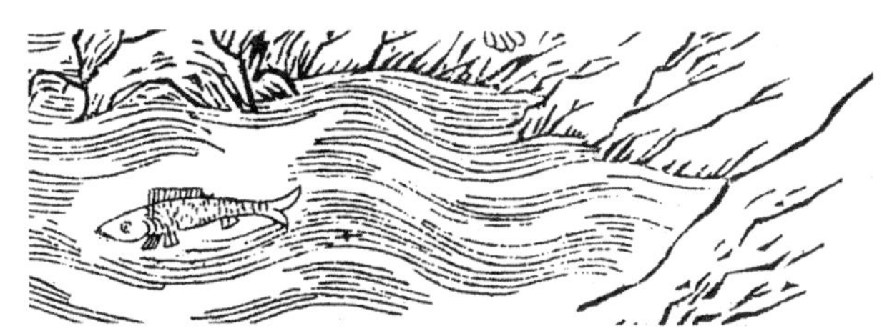

鮆鱼

【原文】

又东五百里，曰成山，四方而三坛，其上多金玉，其下多青雘。阏水出焉，而南流注于虖勺，其中多黄金。

【译文】

再向东五百里，是成山，呈现四方形而像三层土坛，山上盛产金属矿物和玉石，山下多产青雘。阏水从这座山发源，然后向南流入虖勺水，水中有丰富的黄金。

【原文】

又东五百里，曰会稽之山，四方，其上多金玉，其下多砆石[①]。勺水出焉，而南流注于湨。

【注释】

①砆石：即碱砆，一种似玉的美石。

【译文】

再向东五百里，是会稽山，呈四方形，山上有丰富的金属矿物和玉石，山下盛产晶莹剔透的砆石。勺水从这座山发源，然后向南流入湨水。

【原文】

又东五百里，曰夷山。无草木，多沙石。湨水出焉，而南流注于列涂。

【译文】

再向东五百里，是夷山，山上没有花草树木，到处是细沙石子。湨水从这座山发源，然后向南流入列涂水。

【原文】

又东五百里，曰仆勾之山，其上多金玉，其下多草木，无鸟兽，无水。

【译文】

再向东五百里，是仆勾山，山上有丰富的金属矿物和玉石，山下有茂密的花草树木，但没有禽鸟野兽，也没有水。

【原文】

又东五百里，曰咸阴之山，无草木，无水。

【译文】

再向东五百里，是咸阴山，没有花草树木，也没有水。

【原文】

又东四百里，曰洵山，其阳多金，其阴多玉。有兽焉，其状如羊而无口，不可杀也，其名曰䍺。洵水出焉，而南流注于阏之泽，其中多茈蠃①。

䍺

【注释】

①茈蠃：茈通"紫"。蠃，通"螺"。茈蠃就是紫颜色的螺。

【译文】

再向东四百里，是洵山，山南阳面盛产金属矿物，山北阴面多出产玉石。山中有一种野兽，长得像普通的羊却没有嘴巴，不吃东西也能活着，名叫䍺。洵水从这座山发源，然后向南流入阏泽，水中有很多紫色螺。

【原文】

又东四百里，曰虖勺之山，其上多梓枏[①]，其下多荆杞[②]。滂水出焉，而东流注于海。

【注释】

①梓：梓树，一种落叶乔木。枏（nán）：即楠木树，常绿乔木，叶质厚，花小，核果小球形，木材富于香气。②荆：即牡荆，一种落叶灌木。杞：即枸杞，落叶小灌木，夏季开淡紫色花。果实是红色的，药用价值很大。

【译文】

再向东四百里，是虖勺山，山上到处是梓树和楠木树，山下生长许多牡荆树和枸杞树。滂水从这座山发源，然后向东流入大海。

【原文】

又东五百里，曰区吴之山，无草木，多沙石。鹿水出焉，而南流注于滂水。

【译文】

再向东五百里，是区吴山，山上没有花草树木，到处是沙子石头。鹿水从这座山发源，然后向南流入滂水。

【原文】

又东五百里，曰鹿吴之山，上无草木，多金石。泽更之水出焉，而南流注于滂水。水有兽焉，名曰蛊雕，其状如雕[①]而有角，其音如婴儿之音，是食人。

蛊雕

【注释】

①雕：一种猛禽。

【译文】

再向东五百里，是鹿吴山，山上没有花草树木，但有丰富的金属矿物和玉石。泽更水从这座山发源，然后向南流入滂水。水中有一种猛兽，名叫蛊雕，长得像普通的雕，却头上长角，发出的声音如同婴儿啼哭，是能吃人的。

【原文】

东五百里，曰漆吴之山，无草木，多博石，无玉。处于东海，望丘山，其光载出载入，是惟日次[①]。

【注释】

①次：旅途中停留。

【译文】

再向东五百里，是漆吴山，山中没有花草树木，多出产可以用作棋子的博石，不产玉石。这座山位于东海之滨，在山上远望是大片丘陵，有光影忽明忽暗，那是太阳停歇之处。

【原文】

凡南次二经之首，自柜山至于漆吴之山，凡十七山，七千二百里。其神状皆龙身而鸟首。其祠：毛用一璧瘗，糈用稌。

【译文】

总计南方第二列山系的开始，从柜山起到漆吴山止，一共十七座山，途经七千二百里。诸山山神的形状都是龙的身子鸟的头。祭祀山神是把畜禽和玉璧一起埋入地下，祀神的米用稻米。

龙身鸟首神

【原文】

南次三经之首，曰天虞之山，其下多水，不可以上。

【译文】

南方第三列山系的头一座山，是天虞山，山下到处是水，人不能上去。

【原文】

东五百里，曰祷过之山，其上多金玉，其下多犀①、兕，多象。有鸟焉，其状如䴔②而白首，三足、人面，其名曰瞿如，其鸣自号也。泿水出焉，而南流注于海。其中有虎蛟③，其状鱼身而蛇尾，其首如鸳鸯，食者不肿，可以已痔。

犀

【注释】

①犀：据古人说，犀的身子像水牛，头像猪头，蹄子好似象的蹄子，黑色皮毛，生有三只角，一只长在头顶上，一只长在前额上，一只长在鼻子上。兕：据古人说，兕的身子也像水牛，青色皮毛，生有一只角，身体很重，大的有三千斤。②䴔：传说中的一种鸟，样子像野鸭子而小一些，脚长在接近尾巴的部位。③虎蛟：传说中龙的一个种类。

兕

【译文】

从天虞山向东五百里，是祷过山，山上盛产金属矿物和玉石，山下到处是犀兕，还有很多大象。山中有一种禽鸟，长得像䴔，却是白色的脑袋，长着三只脚，和人一样的脸，名叫瞿如，它的鸣叫声就是自身名称的读音。泿水从这座山发源，然后向南流入大海。水中有一

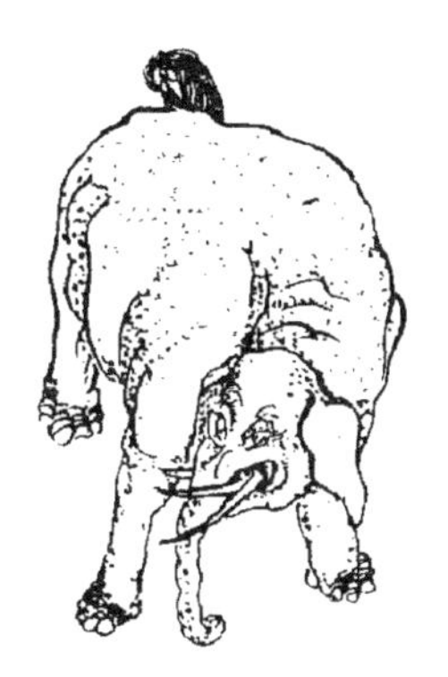

象

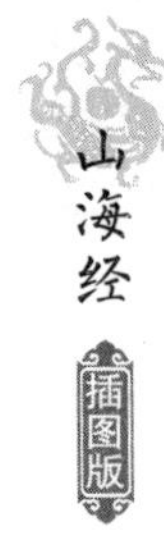

种虎蛟，长得像普通鱼的身子却拖着一条蛇的尾巴，脑袋如同鸳鸯鸟的头，吃了它的肉就能使人不生肿病，还可以治愈痔疮。

【原文】

又东五百里，曰丹穴之山，其上多金玉。丹水出焉，而南流注于渤海。有鸟焉，其状如鸡，五采而文，名曰凤皇①，首文曰德，翼文曰义，背文曰礼，膺②文曰仁，腹文曰信。是鸟也，饮食自然，自歌自舞，见则天下安宁。

【注释】

①凤皇：同“凤凰”，是古代传说中的鸟王。雄的叫“凤”，雌的叫“凰”。据古人说，它的形状是鸡的头、蛇的脖颈、燕子的下颌、乌龟的背、鱼的尾巴，五彩羽毛，高六尺左右。②膺：胸。

凤凰

【译文】

再向东五百里，是丹穴山，山上盛产金属矿物和玉石。丹水从这座山发源，然后向南流入渤海。山中有一种鸟，长得像普通的鸡，全身上下是五彩羽毛，名叫凤凰，头上的花纹是“德”字的形状，翅膀上的花纹是“义”字的形状，背部的花纹是“礼”字的形状，胸部的花纹是“仁”字的形状，腹部的花纹是“信”字的形状。这种叫作凤凰的鸟，吃喝很自然从容，经常边唱边舞，它一出现天下就会太平。

【原文】

又东五百里，曰发爽之山，无草木，多水，多白猿。汎水出焉，而南流注于渤海。

【译文】

再向东五百里，是发爽山，没有花草树木，到处是流水，有很多白色的猿猴。汎水从这座山发源，然后向南流入渤海。

【原文】

又东四百里，至于旄山之尾。其南有谷，曰育遗，多怪鸟，凯风[①]自是出。

【注释】

①凯风：南风，意思是柔和的风。

【译文】

再向东四百里，就到了旄山的尾端。此处的南面有一个峡谷，叫作育遗，生长着许多奇怪的鸟，南风就是从这里吹出来的。

【原文】

又东四百里，至于非山之首，其上多金玉，无水，其下多蝮虫。

【译文】

再向东四百里，就到了非山的顶部。山上盛产金属矿物和玉石，没有水，山下到处是蝮蛇。

【原文】

又东五百里，曰阳夹之山，无草木，多水。

【译文】

再向东五百里，是阳夹山，没有花草树木，到处是流水。

【原文】

又东五百里，曰灌湘之山，上多木，无草；多怪鸟，无兽。

【译文】

再向东五百里，是灌湘山，山上到处是树木，但没有花草；山中有许多奇怪的飞鸟，却没有野兽。

【原文】

又东五百里，曰鸡山，其上多金，其下多丹雘。黑水出焉，而南流注于海。其中有鱄鱼，其状如鲋而彘[①]毛，其音如豚，见则天下大旱。

【注释】

①彘：猪。

【译文】

再向东五百里，是鸡山，山上有丰富的金属矿物，山下盛产丹雘。黑水从这座山发源，然后向南流入大海。水中有一种鱄鱼，长得像鲫鱼

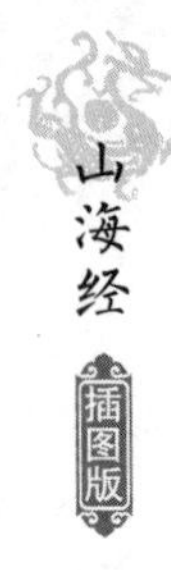

却长着猪毛，发出声音如同小猪叫，它一出现就会天下大旱。

【原文】

又东四百里，曰令丘之山，无草木，多火。其南有谷焉，曰中谷，条风[①]自是出。有鸟焉，其状如枭[②]，人面四目而有耳，其名曰颙，其鸣自号也，见则天下大旱。

【注释】

①条风：也叫调风、融风，即春天的东北风。②枭：通“鸮”，俗称猫头鹰。

颙

【译文】

再向东四百里，是令丘山，没有花草树木，到处是野火。山的南边有一峡谷，叫作中谷，东北风就是从这里吹出来的。山中有一种禽鸟，长得像猫头鹰，却长着一副人脸和四只眼睛，而且有耳朵，名叫颙，它发出的叫声就是自身名称的读音，它一出现天下就会大旱。

【原文】

又东三百七十里，曰仑者之山，其上多金玉，其下多青雘。有木焉，其状如榖而赤理，其汗如漆，其味如饴[①]，食者不饥，可以释劳，其名曰白䓘，可以血[②]玉。

【注释】

①饴：用麦芽制成的糖浆。②血：这里用作动词，染的意思，就是染器物饰品使之发出光彩。

【译文】

再向东三百七十里，是仑者山，山上有丰富的金属矿物和玉石，山下盛产青雘。山中有一种树木，长得像一般的构树却是红色的纹理，枝干流出的汁液似漆，味道是甜的，人吃了它就不感到饥饿，还可以解除疲劳，名叫白䓘，可以用它把玉石染得鲜红。

【原文】

又东五百八十里，曰禺稿之山，多怪兽，多大蛇。

【译文】

再向东五百八十里，是禺稿山，山中有很多奇怪的野兽，还有很多大蛇。

【原文】

又东五百八十里，曰南禺之山，其上多金玉，其下多水。有穴焉，水春辄入，夏乃出，冬则闭。佐水出焉，而东南流注于海，有凤皇、鹓雏[①]。

【注释】

①鹓雏：传说中的一种鸟，和凤凰、鸾凤是同一类。

【译文】

再向东五百八十里，是南禺山，山上盛产金属矿物和玉石，山下到处流水。山中有一个洞穴，水在春天就流入洞穴，在夏天便流出洞穴，在冬天则壅塞不通。佐水从这座山发源，然后向东南流入大海，佐水流经的地方有凤凰和鹓雏栖息。

【原文】

凡南次三经之首，自天虞之山以至南禺之山，凡一十四山，六千五百三十里。其神皆龙身而人面。其祠皆一白狗祈，糈用稌。

龙身人面神

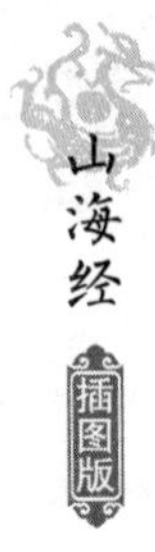

【译文】

总计南方第三列山系的开始，从天虞山起到南禺山止，一共十四座山，途经六千五百三十里。诸山山神都是龙的身子人的脸面。祭祀山神全部是用一条白色的狗做供品祈祷，祀神的米用稻米。

【原文】

右南经之山志，大小凡四十山，万六千三百八十里。

【译文】

以上是南方山系的记录，大大小小总共四十座，一万六千三百八十里。

卷二 西山经

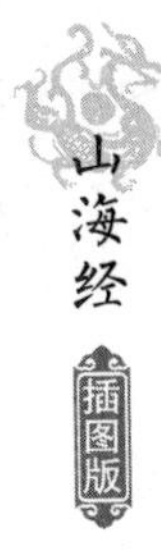

【原文】

西山经华山之首，曰钱来之山，其上多松，其下多洗石[①]。有兽焉，其状如羊而马尾，名曰羬羊，其脂可以已腊[②]。

【注释】

①洗石：一种可以用作洗澡去污的石头。②腊：皮肤皴皱。

【译文】

西方第一列山系华山山系的前端部分，叫作钱来山，山上有许多松树，山下有很多洗石。山中有一种野兽，长得像普通的羊却长着马的尾巴，名叫羬羊，羬羊的油脂可以治疗干裂的皮肤。

羬羊

【原文】

西四十五里，曰松果之山。濩水出焉，北流注于渭，其中多铜。有鸟焉，其名曰螐渠，其状如山鸡，黑身赤足，可以已爆[①]。

【注释】

①爆（bào）：皮肤皲皱。

【译文】

向西四十五里，是松果山。濩水从这座山发源，向北流入渭水，其中多产铜。山中有一种禽鸟，名叫螐渠，长得像一般的野鸡，黑色的身子和红色的爪子，可以用来治疗皮肤干皱。

【原文】

又西六十里，曰太华之山[①]，削成而四方，其高五千仞，其广十里，鸟兽莫居。有蛇焉，名曰肥𧔥，六足四翼，见则天下大旱。

【注释】

①太华之山：即太华山，华山主峰，古称西岳，在陕西省。

【译文】

再向西六十里，是太华山，山崖陡峭像刀削而呈四方形，山高五千仞，方圆十里，禽鸟野兽无法栖身。山中有一种蛇，名叫肥𧔥，长着六只脚和四只翅膀，它一出现就会天下大旱。

肥𧔥

【原文】

又西八十里，曰小华之山，其木多荆杞，其兽多㸲牛，其阴多磬石，其阳多㻬琈之玉。鸟多赤鷩，可以御火。其草有萆荔，状如乌韭，而生于石上，亦缘木而生，食之已①心痛。

【注释】

①已：治疗。

【译文】

再向西八十里，是小华山，山上的树木大多是牡荆树和枸杞树，山中的野兽大多是㸲牛，山北面盛产磬石，山南面盛产㻬琈玉。山中有许多赤鷩鸟，饲养它就可以辟火。山中还有一种叫作萆荔的草，长得像乌韭，但生长在石头上面，也攀缘树木而生长，人吃了它就能治愈心痛病。

【原文】

又西八十里，曰符禺之山，其阳多铜，其阴多铁。其上有木焉，名曰文茎，其实如枣，可以已聋。其草多条，其状如葵，而赤华黄实，如婴儿舌，食之使人不惑。符禺之水出焉，而北流注于渭。其兽多葱聋①，其状如羊而赤鬣。其鸟多鴖，其状如翠而赤喙，可以御火。

【注释】

①葱聋：古人说是野山羊的一种。

【译文】

葱聋

再向西八十里，是符禺山，山南阳面盛产铜，山北阴面盛产铁。山上有一种树木，名叫文茎，结的果实像枣子，可以用来治疗耳聋。山中生长的草大多是条草，形状与葵菜相似，但开的是红色花朵而结的是黄色果实，果实的样子像婴儿的舌头，吃了它就可使人不迷惑。符禺水从这座山发源，然后向北流入渭水。山中的野兽大多是葱聋，长得像普通的羊却长有红色的鬣毛。山中的禽鸟大多是鴖鸟，长得像一般的翠鸟却是红色的嘴巴，饲养它可以辟火。

【原文】

又西六十里，曰石脆之山，其木多棕枏，其草多条①，其状如韭，而白华黑实，食之已疥。其阳多㻬琈之玉，其阴多铜。灌水出焉，而北流注于禺水。其中有流赭②，以涂牛马无病。

【注释】

①条：一种草的名称。②流赭：流即硫黄，是一种天然的矿物质，中医入药，有杀虫作用；赭即赭黄，是一种天然生成的褐铁矿，可做黄色颜料。

【译文】

再向西六十里，是石脆山，山上的树大多是棕树和楠木树，而草大多是条草，形状与韭菜相似，但是开的是白色花朵而结的是黑色果实，人吃了这种果实就可以治愈疥疮。山南面盛产㻬琈玉，而山北面盛产铜。灌水从这座山发源，然后向北流入禺水。这条水里有硫黄和赭黄，将这种水涂洒在牛马的身上就能使牛马健壮不生病。

【原文】

又西七十里，曰英山，其上多杻橿①，其阴多铁，其阳多赤金。禺水出焉，北流注于招水，其中多鲜鱼，其状如鳖，其音如羊。其阳多箭䉋②，其兽多㸲牛、羬羊。有鸟焉，其状如鹑③，黄身而赤喙，其名曰肥遗，食之已疠，可以杀虫。

【注释】

①杻：杻树，长得近似于棣树，叶子细长，可以用来喂牛，木材能造车辋。橿：橿树，木质坚硬，古人常用来制作车子。②箭䉋：一种节长、皮厚、根深的竹子，冬天可以从地下挖出它的笋来吃。③鹑：即“鹌鹑”的简称，是一种鸟，体形像小鸡，头小尾短，羽毛赤褐色，有黄白色条纹。

【译文】

再向西七十里，是座英山，山上到处是杻树和橿树，山北阴面盛产铁，而山南阳面盛产黄金。禺水从这座山发源，向北流入招水，水中有很多鲜鱼，长得像一般的鳖，发出的声音如同羊叫。山南面还生长有很多箭竹和䉋竹，野兽大多是㸲牛、羬羊。山中有一种禽鸟，长得像一般的鹌鹑鸟，是黄身子而红嘴巴，名叫肥遗，人吃了它的肉就能治愈麻风病，还能杀死体内寄生虫。

【原文】

又西五十二里，曰竹山，其上多乔木，其阴多铁。有草焉，其名曰黄雚，其状如樗①，其叶如麻，白华而赤实，其状如赭②，浴之已疥，又可以已胕。竹水出焉，北流注于渭，其阳多竹箭，多苍玉。丹水出焉，东南流注于洛水，其中多水玉，多人鱼。有兽焉，其状如豚而白毛，大如笄③而黑端，名曰豪彘④。

豪彘

【注释】

①樗：即臭椿树，长得很高大，树皮灰色而不裂，小枝粗壮，羽状

复叶，夏季开白绿色花。②赭：赭石，就是现在所说的赤铁矿，即古人使用的一种黄棕色的矿物染料。③笄：即簪子，是古人用来插住绾起的头发或连住头发上的冠帽的一种长针。④豪彘：即豪猪，俗称箭猪。

【译文】

再向西五十二里，是座竹山，山上到处是高大的树木，山北面盛产铁。山中有一种草，名叫黄雚，长得像樗树，但叶子像麻叶，开白色的花朵而结红色的果实，果实外表的颜色像赭石，用它洗浴就可治愈疥疮，又可以治疗浮肿病。竹水从这座山发源，向北流入渭水，竹水的北岸有很多的小竹丛，还有许多青色的玉石。丹水也发源于这座山，向东南流入洛水，水中多出产水晶石，又有很多人鱼。山中有一种野兽，长得像小猪却长着白色的毛，毛如簪子粗细而尖端呈黑色，名叫豪彘。

【原文】

又西百二十里，曰浮山，多盼木，枳[①]叶而无伤，木虫居之。有草焉，名曰薰草，麻叶而方茎，赤华而黑实，臭[②]如蘼芜[③]，佩之可以已疠。

【注释】

①枳：枳树，也叫作“枸橘”、“臭橘”，叶子上有粗刺。②臭：气味。③蘼芜：一种香草，闻起来像兰花的气味。

【译文】

再向西一百二十里，是座浮山，到处是盼木，长着枳树一样的叶子却没有刺，树木上的虫子寄生于此。山中有一种草，名叫薰草，叶子像麻叶却长着方方的茎秆，开红色的花朵而结黑色的果实，气味像蘼芜，把它插在身上就可以治疗麻风病。

【原文】

又西七十里，曰羭次之山，漆水出焉，北流注于渭。其上多棫[①]橿，其下多竹箭，其阴多赤铜，其阳多婴垣[②]之玉。有兽焉，其状如禺而长臂，善投，其名曰嚣[③]。有鸟焉，其状如枭，人面而一足，曰橐𩇯，冬见夏蛰[④]，服之不畏雷。

【注释】

①棫：棫树，长得很小，枝条上有刺，结的果子像耳珰，红紫色，可以吃。②婴垣：一种玉石，主要可用来制作挂在脖子上的装饰品。

③嚣：一种野兽，古人说它就是猕猴，形貌与人相似。④蛰：动物冬眠时潜伏在土中或洞穴中不食不动的状态。

【译文】

再向西七十里，是座羭次山。漆水发源于此，向北流入渭水。山上有茂密的棫树和橿树，山下有茂密的小竹丛，山北阴面有丰富的赤铜，而山南阳面有丰富的婴垣玉。山中有一种野兽，长得像猿猴而双臂很长，擅长投掷，名叫嚣。山中还有一种禽鸟，长得像一般的猫头鹰，长着人一样的面孔而只有一只脚，叫作橐𩇯，常常是冬天出现而夏天蛰伏，把它的羽毛插在身上就使人不怕打雷。

橐𩇯

【原文】

又西百五十里，曰时山，无草木。逐水出焉，北流注于渭①，其中多水玉。

【注释】

①渭：即渭水。

【译文】

再向西一百五十里，是座时山，没有花草树木。逐水从这座山发源，向北流入渭水。水中有很多水晶石。

【原文】

又西百七十里，曰南山，上多丹粟。丹水出焉，北流注于渭。兽多猛豹①，鸟多尸鸠②。

【注释】

①猛豹：传说中的一种野兽，形体与熊相似而小些，浅色的毛皮有光泽，吃蛇，还能吃铜铁。②尸鸠：即布谷鸟。

猛豹

【译文】

再向西一百七十里，是南山，到处是粟粒大小的丹砂。丹水从这座山发源，向北流入渭水。山中的野兽大多是猛豹，而禽鸟大多是布谷鸟。

【原文】

又西百八十里，曰大时之山，上多榖柞[①]，下多杻橿，阴多银，阳多白玉。涔水出焉，北流注于渭。清水出焉，南流注于汉水。

【注释】

①柞：古人说就是栎树。它的木材可用以建筑、器具、薪炭等。

【译文】

再向西一百八十里，是座大时山，山上有很多构树和栎树，山下有很多杻树和橿树，山北面多出产银，而山南面有丰富的白色玉石。涔水从这座山发源，向北流入渭水。清水也从这座山发源，却向南流入汉水。

【原文】

又西三百二十里，曰嶓冢之山，汉水出焉，而东南流注于沔；嚣水出焉，北流注于汤水。其上多桃枝[①]钩端[②]，兽多犀兕熊罴，鸟多白翰[③]赤鷩。有草焉，其叶如蕙[④]，其本如桔梗，黑华而不实，名曰蓇蓉。食之使人无子。

【注释】

①桃枝：一种竹子，它每隔四寸为一节。②钩端：属于桃枝竹之类的竹子。③白翰：一种鸟，就是白雉，又叫白鹇，雄性白雉鸟的上体和两翼白色，尾长，中央尾羽纯白。这种鸟常栖高山竹林间。④蕙：蕙草，是一种香草，属于兰草之类。

【译文】

再向西三百二十里，是嶓冢山，汉水发源于此，然后向东南流入沔水；嚣水也发源于此，向北流入汤水。山上到处是葱茏的桃枝竹和钩端竹，野兽以犀牛、兕、熊、罴最多，禽鸟却以白翰和赤鷩最多。山中有一种草，叶子长得像蕙草叶，茎却像桔梗，开黑色花朵但不结果实，名叫蓇蓉，吃了它就会使人不生育孩子。

【原文】

又西三百五十里，曰天帝之山，多棕枏，下多菅蕙。有兽焉，其状如狗，名曰溪边，席[1]其皮者不蛊。有鸟焉，其状如鹑，黑文而赤翁[2]，名曰栎，食之已痔。有草焉，其状如葵，其臭如蘼芜，名曰杜衡[3]，可以走马，食之已瘿[4]。

溪边

【注释】

①席：这里作动词，铺垫的意思。②翁：鸟脖子上的毛。③杜衡：一种香草。④瘿：一种人体局部细胞增生的疾病，这里指脖颈部所生肉瘤。

【译文】

再向西三百五十里，是天帝山，山上是茂密的棕树和楠木树，山下主要生长茅草和蕙草。山中有一种野兽，长得像普通的狗，名叫溪边，人坐卧时铺垫上溪边兽的皮就不会中妖邪毒气。山中又有一种禽鸟，长得像一般的鹌鹑，但长着黑色的花纹和红色的颈毛，名叫栎，人吃了它的肉可以治愈痔疮。山中还有一种草，长得像葵菜，散发出和蘼芜一样的气味，名叫杜衡，给马插戴上它就可以使马跑得很快，而人吃了它就可以治愈脖子上的赘瘤病。

【原文】

西南三百八十里，曰皋涂之山，蔷水出焉，西流注于诸资之水；涂水出焉，南流注于集获之水。其阳多丹粟，其阴多银、黄金，其上多桂木。有白石焉，其名曰礜[1]，可以毒鼠。有草焉，其状如藁茇[2]，其叶如葵而赤背，名曰无条，可以毒鼠。有兽焉，其状如鹿而白

玃如

尾，马足人手而四角，名曰玃如。有鸟焉，其状如鸱而人足，名曰数斯，食之已瘿。

【注释】

①礜：即礜石，一种矿物，有毒。苍白二色的礜石可以入药。如果山上有各种礜石，草木不能生长，霜雪不能积存；如果水里有各种礜石，就会使水不结冰。②藁茇：一种香草，根茎可以入药。

【译文】

向西南三百八十里，是皋涂山，蔷水发源于此，向西流入诸资水；涂水也发源于此，向南流入集获水。山南面到处是粟粒大小的丹砂，山北阴面盛产银、黄金，山上到处是桂树。山中有一种白色的石头，名叫礜，可以用来毒死老鼠。山中又有一种草，长得像藁茇，叶子像葵菜的叶子而背面是红色的，名叫无条，可以用来毒死老鼠。山中还有一种野兽，长得像普通的鹿却长着白色的尾巴，马一样的蹄、人一样的手而又有四只角，名叫玃如。山中还有一种禽鸟，长得像鹞鹰却长着人一样的脚，名叫数斯，吃了它的肉就能治愈人脖子上的赘瘤病。

【原文】

又西百八十里，曰黄山，无草木，多竹箭。盼水出焉，西流注于赤水，其中多玉。有兽焉，其状如牛，而苍黑大目，其名曰㸺。有鸟焉，其状如鸮，青羽赤喙，人舌能言，名曰鹦䳇①。

【注释】

①鹦䳇：即鹦鹉，俗称鹦哥。

【译文】

再向西一百八十里，是黄山，没有花草树木，到处是郁郁葱葱的竹丛。盼水从这座山发源，向西流入赤水，水中有很多玉石。山中有一种野兽，长得像普通的牛，却长着苍黑色的皮毛大大的眼睛，名叫㸺。山中又有一种禽鸟，长得像一般的猫头鹰，却长着青色的羽毛和红色的嘴，像人一样的舌头能学人说话，名叫鹦䳇。

【原文】

又西二百里，曰翠山，其上多棕枏，其下多竹箭，其阳多黄金、玉，其阴多旄牛①、麢②、麝③。其鸟多鸓，其状如鹊，赤黑而两首四足，可以御火。

【注释】

①旄牛：即牦牛。②麢：麢，同“羚”，即羚羊。③麝：一种动物，也叫香獐，前肢短，后肢长，蹄子小，耳朵大，体毛棕色，雌性和雄性都没有角。雄性麝的脐与生殖孔之间有麝腺，分泌的麝香可作药用和香料用。

旄牛

【译文】

再向西二百里，是翠山，山上是茂密的棕树和楠木树，山下到处是竹丛，山南面盛产黄金、玉，山北面有很多牦牛、羚羊、麝。山中的禽鸟大多是鸓鸟，长得像一般的喜鹊，却长着红黑色羽毛和两个脑袋、四只脚，人养着它可以辟火。

【原文】

又西二百五十里，曰騩山，是錞[①]于西海，无草木，多玉。凄水出焉，西流注于海，其中多采石、黄金，多丹粟。

【注释】

①錞：依附。这里是坐落、高踞的意思。

【译文】

再向西二百五十里，是騩山，它坐落在西海边上，这里没有花草树木，却有很多玉石。凄水从这座山发源，向西流入大海，水中有许多采石、黄金，还有很多粟粒大小的丹砂。

【原文】

凡西经之首，自钱来之山至于騩山，凡十九山，二千九百五十七里。

华山冢也，其祠之礼：太牢[①]。羭山神也，祠之用烛，斋百日以百牺，瘗用百瑜，汤其酒百樽，婴[②]以百珪[③]百璧。其余十七山之属，皆毛牷[④]用一羊祠之。烛者，百草之未灰，白蓆采等纯之。

【注释】

①太牢：古人进行祭祀活动时，祭品所用牛、羊、猪三牲全备为太牢。②婴：据学者研究，婴是用玉器祭祀神的专称。③珪：同“圭”，一种玉器，长条形，上端三角状，是古时朝聘、祭祀、丧葬所用的礼器之一。④毛牷：指祀神所用毛物牲畜是整体全具的。

羭山神

【译文】

总计西方第一列山系的首尾，自钱来山起到騩山止，一共十九座山，途经二千九百五十七里。华山神是诸山神的宗主，祭祀华山山神的典礼：用猪、牛、羊齐全的三牲做祭品。羭山神是神奇威灵的，祭祀羭山山神用烛火，斋戒一百天后用一百只毛色纯正的牲畜，随一百块瑜埋入地下，再烫上一百樽美酒，祀神的玉器用一百块玉珪和一百块玉璧。祭祀其余十七座山山神的典礼相同，都是用一只完整的羊做祭品。所谓的烛，就是用百草制作的火把但未烧成灰的时候，而祀神的席是用各种颜色等差有序地将边缘装饰起来的白茅草席。

【原文】

西次二经之首，曰钤山，其上多铜，其下多玉，其木多杻橿。

【译文】

西方第二列山系的首座山，叫作钤山，山上盛产铜，山下盛产玉，山中的树大多是杻树和橿树。

【原文】

西二百里，曰泰冒之山，其阳多金，其阴多铁。浴水出焉，东流注于河[①]，其中多藻玉[②]，多白蛇。

【注释】

①河：古人单称“河”或“河水”而不贯以名者，则大多是专指黄河，这里即指黄河。②藻玉：带有色彩纹理的美玉。

【译文】

向西二百里，是泰冒山，山南面多出产金，山北面多出产铁。洛水从这座山发源，向东流入黄河，水中有很多藻玉，还有很多白色的水蛇。

【原文】

又西一百七十里，曰数历之山，其上多黄金，其下多银，其木多杻橿，其鸟多鹦䳇。楚水出焉，而南流注于渭，其中多白珠。

鹦䳇

【译文】

再向西一百七十里，是数历山，山上盛产黄金，山下盛产银，山中的树木大多是杻树和橿树，而其中的禽鸟大多是鹦䳇。楚水从这座山发源，然后向南流入渭水，水中有很多白色的珍珠。

【原文】

又西百五十里，曰高山，其上多银，其下多青碧①、雄黄②，其木多棕，其草多竹。泾水出焉，而东流注于渭，其中多磬石、青碧。

【注释】

①青碧：青绿色的美玉。②雄黄：即鸡冠石，一种矿物，古人用来解毒、杀虫。

【译文】

再向西北五十里，是高山，山上有丰富的白银，山下到处是青碧、雄黄，山中的树木大多是棕树，而草大多是小竹丛。泾水从这座山发源，

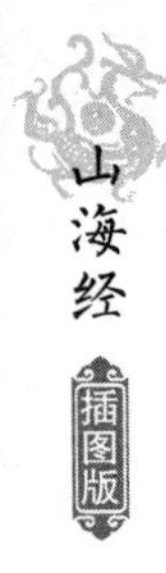

然后向东流入渭水，水中有很多磬石、青碧。

【原文】

西南三百里，曰女床之山，其阳多赤铜，其阴多石涅①，其兽多虎豹犀兕。有鸟焉，其状如翟②而五采文，名曰鸾鸟③，见则天下安宁。

【注释】

①石涅：据古人讲，就是石墨，古时用作黑色染料，也可以画眉和写字。②翟：一种有很长尾巴的野鸡，形体比一般的野鸡要大些。③鸾鸟：传说中的一种鸟，属于凤凰一类。

鸾鸟

【译文】

向西南三百里，是女床山，山南面多出产黄铜，山北面多出产石涅，山中的野兽以老虎、豹子、犀牛和兕居多。还有一种禽鸟，长得像野鸡，却长着色彩斑斓的羽毛，名叫鸾鸟，一出现天下就会安宁。

【原文】

又西二百里，曰龙首之山，其阳多黄金，其阴多铁。苕水出焉，东南流注于泾水，其中多美玉。

【译文】

再向西二百里，是座龙首山，山南面盛产黄金，山北面盛产铁。苕水从这座山发源，向东南流入泾水，水中有很多美玉。

【原文】

又西二百里，曰鹿台之山，其上多白玉，其下多银，其兽多㸲牛、羬羊、白豪①。有鸟焉，其状如雄鸡而人面，名曰凫徯，其鸣自叫也，见则有兵②。

【注释】

①白豪：长着白毛的豪猪。②兵：军事，战斗。

【译文】

再向西二百里，是鹿台山，山上多出产白玉，山下多出产银，山中的野兽多为㸲牛、羬羊、白豪。山中有一种禽鸟，长得像普通的雄鸡，却长着人一样的脸面，名叫凫徯，它的叫声就是自身名称的读音，一出现则天下就会有战争。

凫徯

【原文】

西南二百里，曰鸟危之山，其阳多磬石，其阴多檀楮①，其中多女床②。鸟危之水出焉，西流注于赤水，其中多丹粟。

【注释】

①檀：檀树，木材极香，可做器具。楮：即构树，长得很高大，皮可以制作桑皮纸。②女床：可能是女肠草。

【译文】

向西南二百里，是鸟危山，山南面多出产磬石，山北面到处是檀树和构树，山中生长着很多女肠草。鸟危水从这座山发源，向西流入赤水，水中有许多粟粒大小的丹砂。

【原文】

又西四百里，曰小次之山，其上多白玉，其下多赤铜。有兽焉，其状如猿，而白首赤足，名曰朱厌，见则大兵。

【译文】

再向西四百里，是座小次山，山上盛产白玉，山下盛产铜。山中有一种野兽，长得像普通的猿猴，但头是白色的，脚是红色的，名叫

朱厌

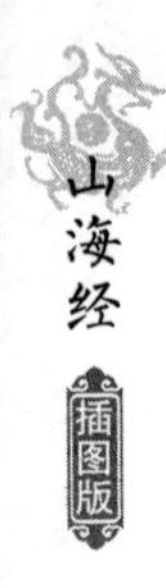

朱厌，一出现天下就会大起战事。

【原文】

又西三百里，曰大次之山，其阴多垩①，其阳多碧，其兽多牲牛、麢羊。

【注释】

①垩：能用来涂饰粉刷墙体的泥土。

【译文】

再向西三百里，是大次山，山南面多出产垩土，山北面多出产碧玉，山中的野兽多是牲牛、麢羊。

【原文】

又西四百里，曰薰吴之山，无草木，多金玉。

【译文】

再向西四百里，是薰吴山，山上没有花草树木，而有丰富的金属矿物和玉石。

【原文】

又西四百里，曰厎阳之山，其木多稷①、枏、豫章②，其兽多犀、兕、虎、犳、牲牛。

【注释】

①稷：即水松，有刺。②豫章：古人说就是樟树，也叫香樟，常绿乔木，有樟脑香气。

虎

【译文】

再向西四百里，是厎阳山，山中的树木大多是水松树、楠木树、樟树，而野兽大多是犀牛、兕、老虎、犳、牲牛。

【原文】

又西二百五十里，曰众兽之山，其上多㻬琈之玉，其下多檀楮，多黄金，其兽多犀兕。

【译文】

再向西二百五十里，是众兽山，山上遍布瑶琈玉，山下到处是檀树和构树，有丰富的黄金，山中的野兽多为犀牛、兕。

【原文】

又西五百里，曰皇人之山，其上多金玉，其下多青①、雄黄。皇水出焉，西流注于赤水，其中多丹粟。

【注释】

①青：这里指石青，一种矿物，可以制作蓝色染料。

【译文】

再向西五百里，是皇人山，山上多产金玉矿石，山下多产石青、雄黄。这里是皇水的源头，向西注入赤水，盛产丹粟。

【原文】

又西三百里，曰中皇之山，其上多黄金，其下多蕙棠①。

【注释】

①棠：指棠梨树，结的果实似梨但略小，可以吃，味道甜酸。

【译文】

又向西三百里，是中皇山，山上多产黄金矿石，山下生长着很多蕙、棠。

【原文】

又西三百五十里，曰西皇之山，其阳多黄金，其阴多铁，其兽多麋①、鹿、牸牛。

【注释】

①麋：即麋鹿，它的角像鹿角，头像马头，身子像驴，蹄子像牛，所以又称为“四不像”。

麋鹿

【译文】

再向西三百五十里，是西皇山，山南面多出产金，山北面多出产铁，山中的野兽以麋、鹿、牸牛居多。

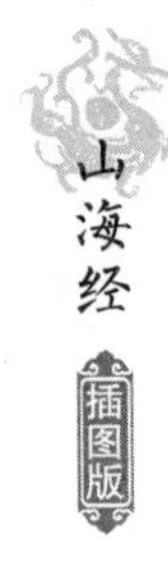

【原文】

又西三百五十里，曰莱山，其木多檀楮，其鸟多罗罗，是食人。

【译文】

再向西三百五十里，是莱山，山中的树木大多是檀树和构树，而禽鸟大多是罗罗鸟，这种鸟能吃人。

【原文】

凡西次二经之首，自钤山至于莱山，凡十七山，四千一百四十里。其十神者，皆人面而马身。其七神皆人面而牛身，四足而一臂，操杖以行，是为飞兽之神。其祠之，毛[①]用少牢[②]，白菅为席。其十辈神者，其祠之，毛一雄鸡，钤[③]而不糈；毛采。

【注释】

①毛：指毛物，就是祭神所用的猪、鸡、狗、羊、牛等畜禽。②少牢：古代称祭祀用的猪和羊。③钤：祭器名，或说是祈祷的意思。

人面马身神

【译文】

总计西方第二列山系的首尾，自钤山起到莱山止，一共十七座山，途经四千一百四十里。其中十座山的山神，都是人的面孔、马的身子。还有七座山的山神都是人的面孔、牛的身子，四只脚和一条臂，拄着拐杖行走，这就是所谓的飞兽之神。祭祀这七位山神，在毛物中用猪、羊为祭品，将其放在白茅草席上。另外那十位山神，祭祀的典礼，在毛物中用一只公鸡，祭祀神时无须用米做祭品；毛物驻用一只杂色雄鸡。

【原文】

西次三经之首，曰崇吾之山，在河之南，北望冢遂，南望䍃之泽，西望帝之搏兽之丘，东望蠕渊。有木焉，员[①]叶而白柎[②]，赤华而黑理，其实如枳，食之宜子孙。有兽焉，其状如禺而文臂，豹虎[③]（尾）而善投，名曰举父。有鸟焉，其状如凫，而一翼一目，相得乃飞，名曰蛮蛮，见则天下大水。

【注释】

①员：通“圆”。②柎：花萼由若干萼片组成，处在花的外轮，起保护花芽的作用。③豹虎：虎字疑为尾字之误。

举父

【译文】

西方第三列山系的首座山，是崇吾山，它雄踞于黄河的南岸，在山上向北可以望见冢遂山，向南可以望见䍃泽，向西可以望见天帝的搏兽山，向东可以望见螞渊。山中有一种树木，圆圆的叶子白色的花萼，红色的花朵上有黑色的纹理，结的果实与枳实相似，吃了它就能使人多子多孙。山中又有一种野兽，长得像猿猴而臂上却有斑纹，有豹子一样的尾巴而擅长投掷，名叫举父。山中还有一种禽鸟，长得像一般的野鸭子，却只长了一只翅膀和一只眼睛，要两只鸟合起来才能飞翔，名叫蛮蛮，一出现天下就会发生水灾。

【原文】

西北三百里，曰长沙之山。泚水出焉，北流注于泑水。无草木，多青、雄黄。

【译文】

向西北三百里，是长沙山。泚水从这里发源，向北流入泑水，山上没有花草树木，多的是石青、雄黄。

【原文】

又西北三百七十里，曰不周之山①。北望诸𣸣之山，临彼岳崇之山，东望泑泽，河水所潜也，其原②浑浑泡泡③。爰有嘉果，其实如桃，其叶如枣，黄华而赤柎，食之不劳。

【注释】

①不周之山：即不周山。据古人讲，因为这座山的形状有缺而不

周全的地方，是共工与颛顼争帝位时发怒触撞造成的，所以叫不周山。②原：通“源”，水源。③浑浑泡泡：形容水喷涌的声音。

【译文】

再向西北三百七十里，是不周山。在山上向北可以望见诸𣶃山，高高的居于岳崇山之上，向东可以望见泑泽，是黄河源头所潜在的地方，那源头之水喷涌而发出浑浑泡泡的响声。这里有一种特别珍贵的果树，结出的果实与桃子很相似，叶子却很像枣树叶，开着黄色的花朵而花萼却是红红的，吃了它就能使人解除烦恼忧愁。

【原文】

又西北四百二十里，曰峚山，其上多丹木，员叶而赤茎，黄华而赤实，其味如饴，食之不饥。丹水出焉，西流注于稷泽，其中多白玉。是有玉膏，其原沸沸汤汤①，黄帝是食是飨②。是生玄玉。玉膏所出，以灌丹木。丹木五岁，五色乃清，五味乃馨③。黄帝乃取峚山之玉荣④，而投之钟山之阳。瑾⑤瑜之玉为良，坚粟精密，浊泽而有光。五色发作，以和柔刚。天地鬼神，是食是飨。君子服之，以御不祥。自峚山至于钟山，四百六十里，其间尽泽也。是多奇鸟、怪兽、奇鱼，皆异物焉。

【注释】

①沸沸汤汤：水腾涌的样子。②飨：通“享”，享受。③馨：芳香。④玉荣：玉的精华。⑤瑾：美玉。

【译文】

再向西北四百二十里，是峚山，山上到处是丹木，红红的茎干上长着圆圆的叶子，开黄色的花朵而结红色的果实，味道是甜的，人吃了它就不感觉饥饿。丹水从这座山发源，向西流入稷泽，水中有很多白色玉石。这里有玉膏，玉膏之源涌出时一片沸沸腾腾的景象，黄帝常常服食享用这种玉膏。这里还出产一种黑色玉石。用这涌出的玉膏，去浇灌丹木，丹木再经过五年的生长，便会开出光艳美丽的五色花朵，结下五种味道的果实，更加香美。黄帝于是就采撷峚山中玉石的精华，而投种在钟山向阳的南面。后来便生出瑾和瑜这类美玉，坚硬而精密，润厚而有光泽。五种色彩一同散发出来，相互辉映，那就有刚有柔而非常和美。无论是天神还是地鬼，都来服食享用。君子佩戴它，能抵御妖邪不祥之气的侵袭。从峚山到钟山，长四百六十里，其间全部是水泽。在这里生长着许许多多神奇的禽鸟、奇怪的野兽、奇异的鱼类，都是些罕见的怪物。

【原文】

又西北四百二十里，曰钟山。其子曰鼓，其状如人面而龙身，是与钦䲹杀葆江于昆仑之阳，帝乃戮之钟山之东曰嶢崖。钦䲹化为大鹗①，其状如雕，而黑文白首，赤喙而虎爪，其音如晨鹄②，见则有大兵；鼓亦化为鵕鸟，其状如鸱，赤足而直喙，黄文而白首，其音如鹄③，见即其邑④大旱。

鼓

【注释】

①鹗：也叫鱼鹰，头顶和颈后羽毛是白色，有暗褐色纵纹，头后羽毛延长成矛状。趾具锐爪，趾底遍生细齿，外趾能前后转动，适于捕鱼。②晨鹄：鹗鹰之类的鸟。③鹄：也叫鸿鹄，即天鹅，脖颈很长，羽毛白色，鸣叫的声音范洪亮。④邑：这里泛指有人聚居的地方。

【译文】

再向西北四百二十里，是钟山。钟山山神的儿子叫作鼓，鼓的形貌是人的脸面而龙的身子，他曾和钦䲹神联手在昆仑山南面杀死天神葆江，天帝因此将鼓与钦䲹诛杀在钟山东面的嶢崖。钦䲹化为一只大鹗，长得像普通的雕鹰却长有黑色的斑纹和白色的脑袋，红色的嘴巴和老虎一样的爪子，发出的声音如同晨鹄鸣叫，一出现天下就有大的战争；鼓也化为鵕鸟，长得像一般的鹞鹰，但长着红色的脚和直直的嘴，身上是黄色

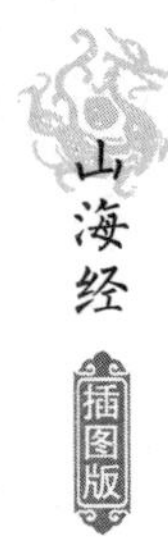

的斑纹而头却是白色的，发出的声音与鸿鹄的鸣叫很相似，在哪个地方出现哪里就会有旱灾。

【原文】

又西百八十里，曰泰器之山。观水出焉，西流注于流沙。是多文鳐鱼，状如鲤鱼，鱼身而鸟翼，苍文而白首赤喙，常行西海，游于东海，以夜飞。其音如鸾鸡①，其味酸甘，食之已狂，见则天下大穰②。

文鳐鱼

【注释】

①鸾鸡：传说中的一种鸟。②穰：庄稼丰熟。

【译文】

再向西一百八十里，是泰器山，观水从这里发源，向西流入流沙。这观水中有很多文鳐鱼，长得像普通的鲤鱼，长着鱼一样的身子和鸟一样的翅膀，浑身是苍色的斑纹却是白脑袋和红嘴巴，常常在西海行走，在东海畅游，在夜间飞行。它发出的声音如同鸾鸡鸟啼叫，而肉味是酸中带甜，人吃了它的肉就可治好癫狂病，一出现天下就会五谷丰登。

【原文】

又西三百二十里，曰槐江之山。丘时之水出焉，而北流注于泑水。其中多蠃母。其上多青、雄黄，多藏琅玕①、黄金、玉，其阳多丹粟②。其阴多采黄金、银。实惟帝之平圃，神英招司之，其状马身而人面，虎文而鸟翼，徇于四海，其音如榴。南望昆仑，其光熊熊，其气魂魂。西望大泽③，后稷④所潜也。其中多玉，其阴多榣木之有若⑤。北望诸毗，槐鬼离仑居之，鹰鹯⑥之所宅也。东望恒山四成，有穷鬼居之，各在一搏⑦。

爰有淫水[⑧]，其清洛洛[⑨]。有天神焉，其状如牛，而八足二首马尾，其音如勃皇，见则其邑有兵。

【注释】

英招

①琅玕：像玉一样的石头。②丹粟：像粟粒的细丹砂。③大泽：后稷所葬的地方。传说后稷出生以后，就很灵慧而且先知，到他死时，便化形而遁于大泽成为神。④后稷：周人的先祖。相传他在虞舜时任农官，善于种庄稼。⑤榣木之有若：特别高大的树木。若：即若木，神话传说中的树，具有奇异而神灵的特性。⑥鹯：鹞鹰一类的鸟。⑦抟：把散碎的东西捏聚成团。⑧淫水：洪水。这里指水从山上流下时广阔而四溢的样子。⑨洛洛：形容水流声。

【译文】

再向西三百二十里，是槐江山。丘时水从这座山发源，然后向北流入泑水。水中有很多蠃母，山上蕴藏着丰富的石青、雄黄，还有很多的琅玕、黄金、玉石，山南面到处是粟粒大小的丹砂，而山北面多产带符彩的黄金白银。这槐江山确实可以说是天帝悬在半空的园圃，由天神英招主管着。而天神英招长着马的身子、人的面孔，身上长有老虎的斑纹和禽鸟的翅膀，巡行四海而传布天帝的旨命，发出的声音如同辘轳抽水的声音。在山上向南可以望见昆仑山，那里火光熊熊，气势恢宏。向西可以望见大泽，那里是后稷死后埋葬之地。大泽中有很多玉石，大泽的南面有许多榣木，而在它上面又有若木。向北可以望见诸毗山，是叫作槐鬼离仑的神仙所居住的地方，也是鹰鹯等飞禽的栖息地。向东可以望见那四重高的恒山，有穷鬼居住在那里，各住在山的一边。这里有大水下泻，清清泠泠而汩汩流淌。有个天神住在山中，它长得像普通的牛，但却长着八只脚、两个脑袋，还长着一条马的尾巴，啼叫声如同人在吹奏乐器时薄膜发出的声音，在哪个地方出现哪里就有战争。

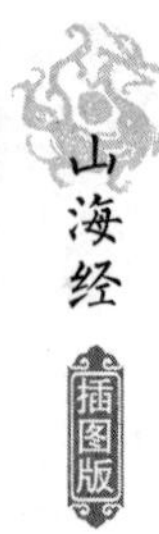

【原文】

西南四百里，曰昆仑之丘，是实惟帝之下都，神陆吾司之。其神状虎身而九尾，人面而虎爪；是神也，司天之九部及帝之囿①时。有兽焉，其状如羊而四角，名曰土蝼，是食人。有鸟焉，其状如蜂，大如鸳鸯，名曰钦原，蠚②鸟兽则死，蠚木则枯。有鸟焉，其名曰鹑鸟，是司帝之百服。有木焉，其状如棠，黄华赤实，其味如李而无核，名曰沙棠，可以御水，食之使人不溺。有草焉，名曰蘋草，其状如葵，其味如葱，食之已劳。河水出焉，而南流注于无达。赤水出焉，而东南流注于氾天之水。洋水出焉，而西南流注于丑涂之水。黑水出焉，而西流注于大杅。是多怪鸟兽。

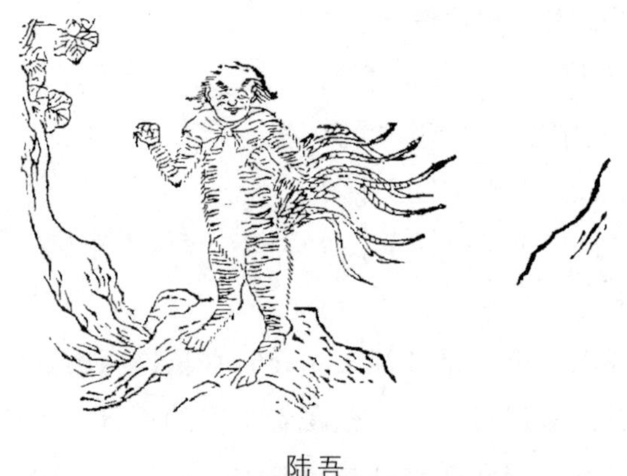

陆吾

【注释】

①囿：古代帝王养禽兽的园林。②蠚：毒虫类咬刺。

【译文】

向西南四百里，是昆仑山，这里是天帝在下界的都邑，天神陆吾主管它。这位天神的形貌是老虎的身子却有九条尾巴，一副人的面孔，长着老虎的爪子；这个神，主管天上的九部和天帝苑圃的时节。山中有一种野兽，长得像普通的羊却长着四只角，叫作土蝼，是能吃人的。山中有一种禽鸟，长得像一般的蜜蜂，大小和鸳鸯差不多，叫作钦原。这种钦原鸟刺螫其他鸟兽就会使它们死去，刺螫树木就会使树木枯死。山中还有另一种禽鸟，叫作鹑鸟，它主管天帝日常生活中各种器用服饰。山中又有一种树木，长得像普通的棠梨树，却开着黄色的花朵并结出红色的果实，味道像李子却没有核，叫作沙棠，可以用来辟水，人吃了它就能漂浮不沉。山中还有一种草，叫作蒉草，形状很像葵菜，但味道与葱相似，吃了它就能使人解除烦恼忧愁。黄河从这座山发源，然后向南流，注入无达山。赤水也发源于这座山，然后向东南流入汜天水。洋水也发源于这座山，然后向西南流入丑涂水。黑水也发源于这座山，然后向西流到大杅山。这座山中有许多奇怪的鸟兽。

【原文】

又西三百七十里，曰乐游之山。桃水出焉，西流注于稷泽，是多白玉，其中多鳛鱼，其状如蛇而四足，是食鱼。

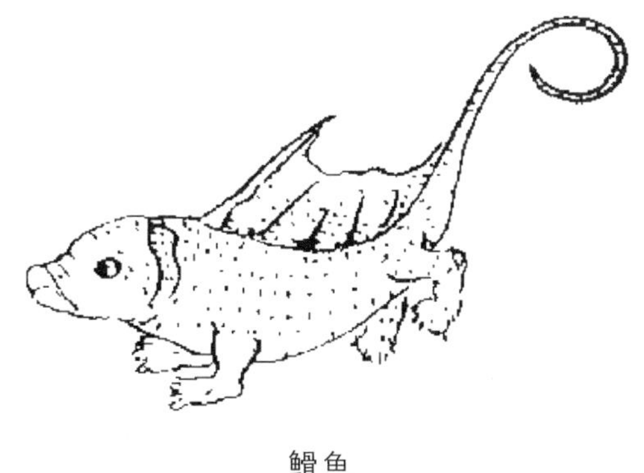

鳛鱼

【译文】

再向西三百七十里，是乐游山。桃水从这座山发源，向西流入稷泽。这里到处有白色玉石，水中还有很多鳛鱼，长得像普通的蛇却长着四只脚，是能以鱼类为主食的。

【原文】

西水行四百里，曰流沙，二百里至于嬴母之山，神长乘司之，是天之九德也。其神状如人而犳①尾。其上多玉，其下多青石而无水。

【注释】

①犳：一种类似于豹子的野兽。

【译文】

向西行四百里水路，就是流沙，再行二百里就到嬴母山，天神长乘主管这里，他是天的九德之气所生。这个天神的形貌像人却长着犳的尾

巴。山上到处是玉石，山下到处是青石而没有水。

【原文】

又西三百五十里，曰玉山[①]，是西王母所居也。西王母其状如人，豹尾虎齿而善啸[②]，蓬发戴胜[③]，是司天之厉及五残。有兽焉，其状如犬而豹文，其角如牛，其名曰狡，其音如吠犬，见则其国大穰。有鸟焉，其状如翟而赤，名曰胜遇，是食鱼，其音如录，见则其国大水。

【注释】

①玉山：据古人讲，这座山遍布着玉石，所以叫作玉山。②啸：兽类长声吼叫。③胜：指玉胜，古时用玉制作的一种首饰。

【译文】

再向西三百五十里，是玉山，这是西王母居住的地方。西王母的形貌与人一样，却长着豹子一样的尾巴和老虎一样的牙齿，而且善于啸叫，蓬松的头发上戴着玉胜，是主管上天灾厉和五刑残杀之气的。山中有一种野兽，长得像普通的狗却长着豹子的斑纹，头上的角与牛角相似，叫作狡，发出的声音如同狗叫，在哪个国家出现就会使哪个国家五谷丰登。山中还有一种禽鸟，长得像野鸡却通身是红色，叫作胜遇，是以鱼类为主食的，发出的声音如同鹿在鸣叫，在哪个国家出现就会使哪个国家发生水灾。

西王母

【原文】

又西四百八十里，曰轩辕之丘[①]，无草木。洵水出焉，南流注于黑水，其中多丹粟，多青、雄黄。

【注释】

①轩辕之丘：即轩辕丘，传说上古帝王黄帝居住在这里，娶西陵氏女为妻，因此也号称轩辕氏。

【译文】

再向西四百八十里，是座轩辕丘，这里没有花草树木。洵水从轩辕丘发源，向南流入黑水，水中有很多粟粒大小的丹砂，还有很多石青、雄黄。

【原文】

又西三百里，曰积石之山，其下有石门，河水冒以西南流，是山也，万物无不有焉。

【译文】

再向西三百里，是座积石山，山下有一个石门，黄河水漫过石门向西南流去。这座积石山，是万物俱全的。

【原文】

又西二百里，曰长留之山，其神白帝少昊[1]居之。其兽皆文尾，其鸟皆文首。是多文玉石。实惟员神磈氏[2]之宫。是神也，主司反景。

【注释】

①白帝少昊：即少昊金天氏，传说中上古帝王帝挚的称号。②磈氏：即白帝少昊。

【译文】

再向西二百里，是座长留山，天神白帝少昊居住在这里。山中的野兽都是花尾巴，而禽鸟都是花脑袋。山上盛产彩色花纹的玉石。它实是员神磈氏的宫殿。这个神，主要掌管太阳落下西山时光线射向东方的反影。

白帝少昊

【原文】

又西二百八十里，曰章莪之山，无草木，多瑶碧。所为甚怪。有兽焉，其状如赤豹，五尾一角，其音如击石，其名如狰。有鸟焉，其状如鹤，一足，赤文青质而白喙，名曰毕方[1]，其鸣自叫也，见则其邑有讹火[2]。

【注释】

①毕方：传说是树木的精灵，形貌与鸟相似，青色羽毛，只长着一只脚，不吃五谷。又传说是老父神，长得像鸟，两只脚，一只翅膀，常常衔着火到人家里去制造火灾。②讹火：怪火，像野火那样莫名其妙烧

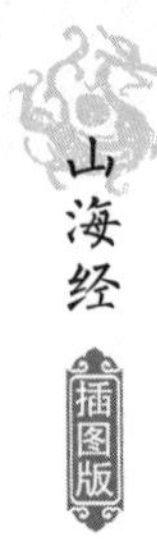

起来的火。

【译文】

再向西二百八十里，是章莪山，山上没有花草树木，到处是瑶、碧一类的美玉。山里常常出现十分怪异的事情。山中有一种野兽，长得像赤豹，长着五条尾巴和一只角，发出的声音如同敲击石头的响声，叫作狰。山中还有一种禽鸟，长得像一般的鹤，但只有一只脚，红色的斑纹，青色的身子和白嘴巴，叫作毕方，它鸣叫的声音就是自身名称的读音，在哪个地方出现哪里就会发生怪火。

【原文】

又西三百里，曰阴山。浊浴之水出焉，而南流注于蕃泽，其中多文贝。有兽焉，其状如狸[1]而白首，名曰天狗，其音如榴榴，可以御凶。

【注释】

①狸：野猫，或作“豹”。

【译文】

再向西三百里，是阴山。浊浴水从这座山发源，然后向南流入蕃泽，水中有很多五彩斑斓的贝壳。山中有一种野兽，长得像野猫却是白脑袋，叫作天狗，它发出的叫声与“榴榴”的读音相似，人饲养它可以辟凶邪之气。

【原文】

又西二百里，曰符惕之山，其上多棕枏，下多金玉，神江疑居之。是山也，多怪雨，风云之所出也。

【译文】

再向西二百里，是座符惕山，山上到处是棕树和楠木树，山下有丰富的金属矿物和玉石。神仙江疑居住于此。这座符惕山，常常落下怪异之雨，风和云也从这里兴起。

江疑

【原文】

又西二百二十里，曰三危之山，三青鸟[1]居之。是山也，广员百里。其上有兽焉，其状如牛，白身四角，其豪②如披蓑，其名曰傲㴈，是食人。有鸟焉，一首而三身，其状如𪁺③，其名曰鸱。

【注释】

①三青鸟：神话传说中的鸟，专为西王母取送食物。②豪：豪猪身上的刺，这里指长而硬的毛。③𪁺：与雕鹰相似的鸟，黑色斑纹，红色脖颈。

【译文】

再向西二百二十里，是三危山，三青鸟栖息在这里。这座三危山，方圆百里。山上有一种野兽，长得像普通的牛，却长着白色的身子和四只角，身上的硬毛又长又密好像披着蓑衣，叫作傲㴈，是能吃人的。山中还有一种禽鸟，长着一个脑袋却有三个身子，形状与𪁺鸟很相似，叫作鸱。

【原文】

又西一百九十里，曰騩山，其上多玉而无石。神耆童①居之，其音常如钟磬。其下多积蛇。

【注释】

①耆童：即老童，传说是上古帝王颛顼的儿子。

【译文】

再向西一百九十里，是騩山，山上遍布美玉而没有石头。天神耆童居住在这里，他发出的声音常常像是敲钟击磬的响声。山下到处是一堆一堆的蛇。

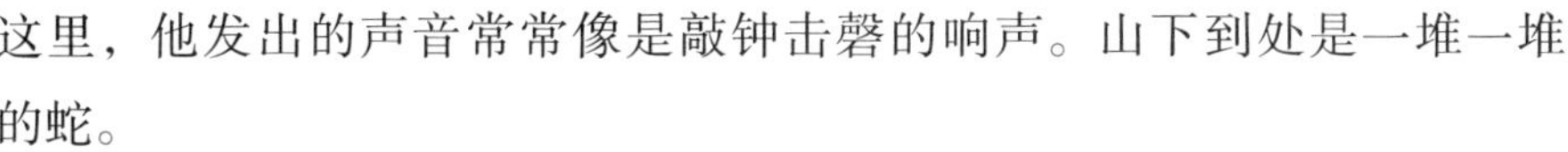

耆童

【原文】

又西三百五十里，曰天山，多金玉，有青、雄黄。英水出焉，而西南流注于汤谷。有神焉，其状如黄囊①，赤如丹火，六足四翼，浑敦②无面目，是识歌舞，实为帝江③也。

【注释】

①囊：袋子，口袋。②浑敦：同“混沌”，没有具体的形状。③帝

江：即帝鸿氏，据神话传说也就是黄帝。

【译文】

再向西三百五十里，是座天山，山上有丰富的金属矿物和玉石，也出产石青、雄黄。英水从这座山发源，然后向西南流入汤谷。山里住着一个神，它的形貌像黄色口袋，红得像一团火，长着六只脚和四只翅膀，混混沌沌没有面目，它能唱歌跳舞，就是帝江。

【原文】

又西二百九十里，曰泑山，神蓐收①居之。其上多婴短之玉②，其阳多瑾瑜之玉，其阴多青、雄黄。是山也，西望日之所入，其气员，神红光③之所司也。

蓐收

【注释】

①蓐收：古人认为它就是金神，长着人面，虎爪子，白色毛皮，拿着钺，管理太阳的降落。②婴短之玉：也叫婴垣之玉。“垣”、“短”可能都是“脰”之误。而婴脰之玉，就是可制作脖颈饰品的玉石。婴，环绕。脰，颈项。③红光：就是蓐收。

【译文】

再向西二百九十里，是泑山，天神蓐收居住在这里。山上盛产一种可用来作为颈饰的玉石，山南面到处是瑾、瑜一类美玉，而山北面到处是石青、雄黄。站在这座山上，向西可以望见太阳落山的情景，那种气象雄浑，由天神红光所掌管。

【原文】

西水行百里，至于翼望之山，无草木，多金玉。有兽焉，其状如狸，一目而三尾，名曰讙，其音如夺[①]百声，是可以御凶，服之已瘅[②]。有鸟焉，其状如乌，三首六尾而善笑，名曰䳒鵸，服之使人不厌[③]，又可以御凶。

【注释】

①夺：竞取，争取。这里是超出，压倒的意思。②瘅：通“疸”，即黄疸病。③厌：通“魇”，梦中遇可怕的事而呻吟、惊叫。

【译文】

向西行一百里水路，便到了翼望山，山上没有花草树木，到处是金属矿物和玉石。山中有一种野兽，长得像一般的野猫，只长着一只眼睛却是三条尾巴，叫作讙，发出的声音好像能赛过一百种动物的鸣叫，饲养它可以辟凶邪之气，人吃了它的肉就能治好黄疸病。山中还有一种禽鸟，长得像普通的乌鸦，却长着三个脑袋、六条尾巴，并且喜欢笑，叫作䳒鵸，吃了它的肉就能使人不做噩梦，还可以辟凶邪之气。

【原文】

凡西次三经之首，自崇吾之山至于翼望之山，凡二十三山，六千七百四十四里。其神状皆羊身人面。其祠之礼：用一吉玉[①]瘗，糈用稷[②]米。

【注释】

①吉玉：带有符彩的玉。②稷：即古代主要食用作物之一的粟，俗称谷子。

羊身人面神

【译文】

总观西方第三列山系的首尾，从崇吾山起到翼望山止，一共二十三座山，途经六千七百四十四里。诸山山神的形貌都是羊的身子人的面孔。祭祀山神的典礼，是把祀神的一块吉玉埋入地下，祀神的米用稷米。

【原文】

西次四经之首，曰阴山，上多穀，无石，其草多茆[①]、蕃[②]。阴水出焉，西流注于洛。

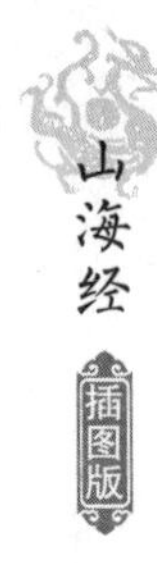

【注释】

①茆：即莼菜，又叫凫葵，多年生水生草本植物，叶椭圆形，浮生在水面，夏季开花，嫩叶可食用。②蕃：即蕃草，像莎草而大一些，生长在江湖水边，大雁以它为食。

【译文】

西方第四列山系的首座山，是阴山，山上生长着茂密的构树，但没有石头，这里的草以莼菜、蕃草居多。阴水从这座山发源，向西流入洛水。

【原文】

北五十里，曰劳山，多茈草①。弱水出焉，而西流注于洛。

【注释】

①茈草：即紫草，可以染紫色。

【译文】

向北五十里，是劳山，这里有茂盛的紫草。弱水从这座山发源，然后向西流入洛水。

【原文】

西五十里，曰罢谷之山，洱水出焉，而西流注于洛，其中多茈、碧。

【译文】

向西五十里，是座罢谷山，洱水从这里发源，然后向西流入洛水，水中多出产紫色美石、碧色玉石。

【原文】

北百七十里，曰申山，其上多榖柞，其下多杻橿，其阳多金玉。区水出焉，而东流注于河。

【译文】

向北一百七十里，是座申山，山上是茂密的构树和柞树，山下是茂密的杻树和橿树，山南面还有丰富的金属矿物和玉石。区水从这座山发源，然后向东流入黄河。

【原文】

北二百里，曰鸟山，其上多桑，其下多楮，其阴多铁，其阳多玉。辱水出焉，而东流注于河。

【译文】

向北二百里，是座鸟山，山上到处是桑树，山下到处是构树，山北面盛产铁，而山南面盛产玉石。辱水从这座山发源，然后向东流入黄河。

【原文】

又北百二十里，曰上申之山，上无草木，而多硌[①]石，下多榛楛[②]，兽多白鹿。其鸟多当扈，其状如雉[③]，以其髯[④]飞，食之不眴目[⑤]。汤水出焉，东流注于河。

白鹿

【注释】

①硌：石头很大的样子。②榛：落叶灌木，结的果实叫榛子，近球形，果皮坚硬，木材可做器物。楛：一种树木，形似荆而赤茎似蓍，木材可以做箭。③雉：俗称野鸡。雄性雉鸟的羽毛华丽，颈下有一显著白色环纹。雌性雉鸟全身褐色，体形较小，尾也较短。善于行走，但不能长时间飞行。肉可以食用，而尾羽可做装饰品。④髯：脖子咽喉下的须毛。⑤眴目：即瞬目，眨眼睛。

【译文】

再向北一百二十里，是上申山，山上没有花草树木，到处是大石头，山下是茂密的榛树和楛树，野兽以白鹿居多。山里最多的禽鸟是当扈鸟，长得像普通的野鸡，却用髯毛当翅膀来飞，吃了它的肉就能使人不眨眼睛。汤水从这座山发源，向东流入黄河。

【原文】

又北百八十里，曰诸次之山，诸次之水出焉，而东流注于河。是山也，多木无草，鸟兽莫居，是多众蛇。

【译文】

再向北八十里，是诸次山，诸次水从这座山发源，然后向东流入黄河。这座诸次山，到处生长着树木却不生长花草，也没有禽鸟野兽栖居，但有许多蛇聚集在山中。

【原文】

又北百八十里，曰号山，其木多漆[①]、棕，其草多药[②]、虈[③]、芎䓖[④]。

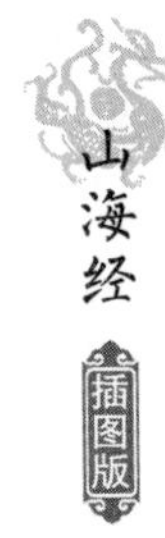

多汵石[⑤]。端水出焉，而东流注于河。

【注释】

①漆：这里指漆树，落叶乔木，从树干中流出的汁液可作涂料用。②药：白芷的别名，是一种香草，根称白芷，叶子称药，统称为白芷。③虈：一种香草。④芎䓖：一种香草，生长在四川地区的叫作川芎，在茎叶还细嫩时称蘼芜，当叶子长得宽大时称江蓠。③汵石：一种石质柔软如泥的石头。

【译文】

再向北一百八十里，是号山，山里的树木大多是漆树、棕树，而草以白芷草、虈草、芎䓖草居多。山中还盛产汵石。端水从这座山发源，然后向东流入黄河。

【原文】

又北二百二十里，曰盂山，其阴多铁，其阳多铜，其兽多白狼白虎，其鸟多白雉白翠。生水出焉，而东流注于河。

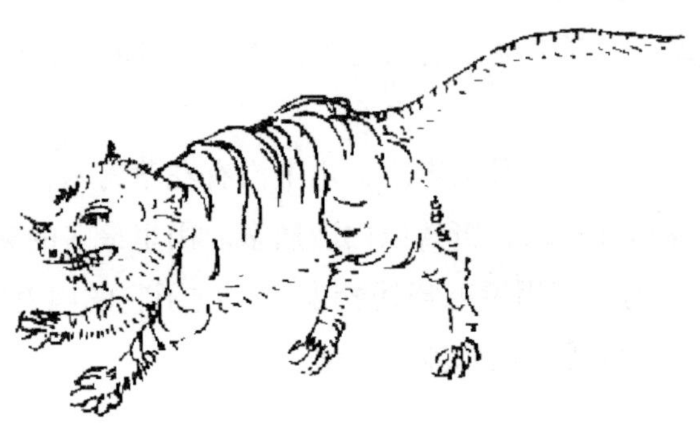

白虎

【译文】

再向北二百二十里，是座盂山，山北面盛产铁，山南面盛产铜，山中的野兽大多是白色的狼和白色的虎，禽鸟也大多是白色的野鸡和白色的翠鸟。生水从这座山发源，然后向东流入黄河。

【原文】

西二百五十里，曰白於之山，上多松柏，下多栎檀，其兽多㸲牛、羬羊，其鸟多鴖。洛水出于其阳，而东流注于渭；夹水出于其阴，东流注于生水。

【译文】

向西二百五十里，是座白於山，山上是茂密的松树和柏树，山下是茂密的栎树和檀树，山中的野兽大多是㸲牛、羬羊，而禽鸟以猫头鹰之类的居多。洛水发源于这座山的南面，然后向东流入渭水；夹水发源于这座山的北面，向东流入生水。

【原文】

西北三百里，曰申首之山，无草木，冬夏有雪。申水出于其上。潜于其下，是多白玉。

【译文】

向西北三百里，是座申首山，没有花草树木，而冬季夏季都有积雪。申水从这座山上发源，潜流到山下，水中有很多白色玉石。

【原文】

又西五十五里，曰泾谷之山。泾水出焉，东南流注于渭，是多白金白玉。

【译文】

再向西五十五里，是座泾谷山。泾水从这座山发源，向东南流入渭水，这里多出产白金和白玉。

【原文】

又西百二十里，曰刚山，多桼木[①]，多㻬琈之玉。刚水出焉，北流注于渭。是多神䰠[②]，其状人面兽身，一足一手，其音如钦[③]。

神䰠

【注释】

①桼木：漆树。“桼”即“漆”字。②神䰠：就是魑魅一类的东西，而魑魅是传说中山泽的鬼怪。③钦：“吟”字的假借音，呻吟之意。

【译文】

再向西一百二十里，是座刚山，到处是茂密的漆树，多出产㻬琈玉。

刚水从这座山发源，向北流入渭水。这里有很多神魄，形状是人的面孔野兽的身子，长着一只脚一只手，发出的声音像人呻吟。

【原文】

又西二百里，至刚山之尾。洛水出焉，而北流注于河。其中多蛮蛮[1]，其状鼠身而鳖首，其音如吠犬。

【注释】

①蛮蛮：属于水獭之类的动物，与上文的蛮蛮鸟同名而异物。

【译文】

再向西二百里，就到了刚山的尾端。洛水就发源于此，然后向北流入黄河。这里有很多的蛮蛮兽，长得像普通的老鼠却长着甲鱼的脑袋，发出的声音如同狗叫。

【原文】

又西三百五十里，曰英鞮之山，上多漆木，下多金玉，鸟兽尽白。涴水出焉，而北流注于陵羊之泽。是多冉遗之鱼，鱼身蛇首六足，其目如马耳，食之使人不眯[1]，可以御凶。

【注释】

①眯：梦魇。

【译文】

再向西三百五十里，是座英鞮山，山上生长着茂密的漆树，山下蕴藏着丰富的金属矿物和玉石，禽鸟野兽都是白色的。涴水从这座山发源，然后向北流入陵羊泽。水里有很多冉遗鱼，长着鱼的身子，蛇的头和六只脚，眼睛像马耳朵，吃了它的肉就能使人睡觉不做噩梦，也可以辟凶邪之气。

【原文】

又西三百里，曰中曲之山，其阳多玉，其阴多雄黄、白玉及金。有兽焉，其状如马而白身黑尾，一角，虎牙爪，音如鼓音，其名曰驳，是食虎豹，可以御兵。有木焉，其状如棠，而员叶赤实，实大如木瓜[1]，名曰櫰木，食之多力。

【注释】

①木瓜：木瓜树所结的果子。这种果树也叫楙树，落叶灌木或乔木，

果实在秋季成熟，椭圆形，有香气，可以吃，也可入药。

驳

【译文】

再向西三百里，是座中曲山，山南面盛产玉石，山北面盛产雄黄、白玉和金属矿物。山中有一种野兽，长得像普通的马却长着白身子和黑尾巴，一只角，老虎的牙齿和爪子，发出的声音如同击鼓的响声，叫作驳，是能吃老虎和豹子的，饲养它可以辟兵器。山中还有一种树木，长得像棠梨，但叶子是圆的并结红色的果实，果实像木瓜大小，叫作櫰木，人吃了它就能增添气力。

【原文】

又西二百六十里，曰邽山。其上有兽焉，其状如牛，蝟毛，名曰穷奇，音如嗥①狗，是食人。濛水出焉，南流注于洋水，其中多黄贝②；蠃鱼，鱼身而鸟翼，音如鸳鸯，见则其邑大水。

【注释】

①嗥：野兽吼叫。②黄贝：据古人说是一种甲虫，肉如蝌蚪，但有头尾耳。

【译文】

再向西二百六十里，是邽山。山上有一种野兽，长得像一般的牛，但全身长着刺猬毛，叫作穷奇，发出的声音如同狗叫，是能吃人的。濛水从这座山发源，向南流入洋水，水中有很多黄贝；还有一种蠃鱼，长着鱼的身子却有鸟的翅膀，发出的声音像鸳鸯鸣叫，在哪个地方出现哪

里就会有水灾。

【原文】

又西二百二十里，曰鸟鼠同穴之山，其上多白虎、白玉。渭水出焉，而东流注于河。其中多鳋鱼，其状如鳣鱼[1]，动则其邑有大兵。滥水出于其西，西流注于汉水，多𩽱魮之鱼，其状如覆铫[2]，鸟首而鱼翼鱼尾，音如磬石之声，是生珠玉。

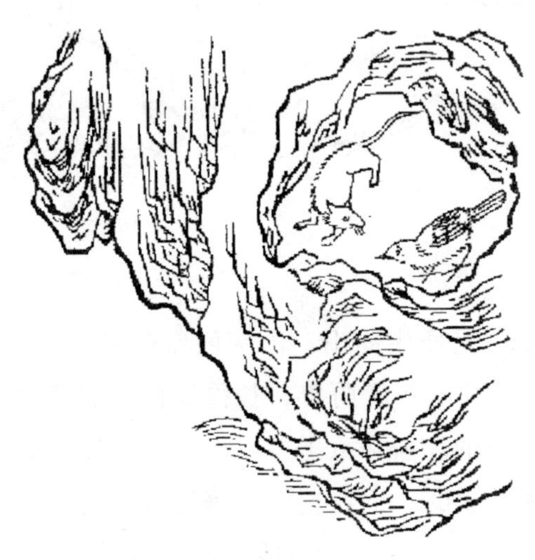

鸟鼠同穴

【注释】

①鳣鱼：一种形体较大的鱼，大的有二三丈长，嘴长在颌下，身体上面有甲，无鳞，肉是黄色的。②铫：即吊子，一种有把柄有流嘴的小型烹器。

【译文】

再向西二百二十里，是座鸟鼠同穴山，山上有很多白色的虎、洁白的玉。渭水从这座山发源，然后向东流入黄河，水中生长着许多鳋鱼，长得像一般的鳣鱼，在哪个地方出没哪里就会有大战发生。滥水从鸟鼠同穴山的西面发源，向西流入汉水，水中有很多𩽱魮鱼，长得像反转过来的铫，但长着鸟的脑袋和鱼一样的鳍及尾巴，叫声就像敲击磬石发出的响声，能吐出珠玉。

【原文】

西南三百六十里，曰崦嵫之山，其上多丹木，其叶如穀，其实大如瓜，赤符①而黑理，食之已瘅，可以御火。其阳多龟，其阴多玉。苕水出焉，而西流注于海，其中多砥砺②。有兽焉，其状马身而鸟翼，人面蛇尾，是好举人，名曰孰湖。有鸟焉，其状如鸮而人面，蜼③身犬尾，其名自号也，见则其邑大旱。

人面鸮

【注释】

①符："柎"的假借字，花萼。②砥砺：两种磨刀用的石头。细磨刀石叫砥，粗磨刀石叫砺，后一般合起来泛指磨刀石。③蜼：传说中的一种猴子，似猕猴之类。

【译文】

向西南三百六十里，是座崦嵫山，山上生长着茂密的丹树，叶子像构树叶，结出的果实像瓜大小，红色的花萼却带着黑色的斑纹，人吃了它就可以治愈黄疸病，还可以辟火。山南面有很多乌龟，而山北面到处是玉石。苕水从这座山发源，然后向西流入大海，水中有很多磨刀石。山中有一种野兽，形状像马，但长有鸟的翅膀、人的面孔、蛇的尾巴，喜欢把人抱着举起，叫作孰湖。山中还有一种禽鸟，长得像一般的猫头鹰而长着人的面孔，蜼一样的身子，拖着一条狗尾巴，它发出的叫声就是自己的名字，在哪个地方出现哪里就会有大旱灾。

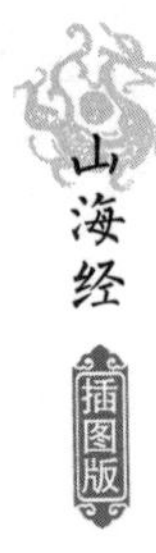

【原文】

凡西次四经自阴山以下，至于崦嵫之山，凡十九山，三千六百 八十里。其神祠礼，皆用一白鸡祈，糈以稻米，白菅为席。

【译文】

总计西方第四列山系，从阴山开始，直到崦嵫山为止，一共十九座山，途经三千六百八十里。祭祀诸山山神的典礼，都是用一只白色鸡献祭，祀神的米用稻米，拿白茅草来做神的坐席。

【原文】

右西经之山，凡七十七山，一万七千五百一十七里。

【译文】

以上是西方亲列山脉的记录，总共七十七座山，一万七千五百一十七里。

卷三　北山经

【原文】

北山经之首，曰单狐之山，多机木[①]，其上多华草。逢水出焉，而西流注于泑水，其中多茈石[②]、文石[③]。

【注释】

①机木：即桤木树，长得像榆树，把枝叶烧成灰撒在稻田中可做肥料用。②茈石：漂亮的紫颜色石头。③文石：有纹理的漂亮石头。

【译文】

北方第一列山系的第一座山，叫作单狐山，有茂密的桤木树，也有茂盛的花草。逢水从这座山发源，然后向西流入泑水，水中有很多紫石、文石。

【原文】

又北二百五十里，曰求如之山，其上多铜，其下多玉，无草木。滑水出焉，而西流注于诸毗之水。其中多滑鱼。其状如鳝[①]，赤背，其音如梧[②]，食之已疣[③]。其中多水马，其状如马，而文臂牛尾，其音如呼。

水马

【注释】

①鳝：即鳝鱼，俗称黄鳝，体形如蛇，又长又圆又光滑，肉味鲜美。②梧：即琴。③疣：皮肤上的赘生物，俗称瘊子。

【译文】

再向北二百五十里，是座求如山，山上蕴藏着丰富的铜，山下有丰富的玉石，但没有花草树木。滑水从这座山发源，然后向西流入诸毗水。水中有很多滑鱼，长得像一般的鳝鱼，却是红色的脊背，发出的声音像人弹奏琴瑟，吃了它的肉就能治好人的赘疣病。水中还生长着很多水马，形状与一般的马相似，但前腿上长有花纹，并拖着一条牛尾巴，发出的声音像人呼喊。

【原文】

又北三百里，曰带山，其上多玉，其下多青碧。有兽焉，其状如马，一角有错[1]，其名曰臛疏，可以辟火。有鸟焉，其状如乌，五采而赤文，名曰鵸鵌，是自为牝牡，食之不疽。彭水出焉，而西流注于芘湖之水，其中多儵鱼，其状如鸡而赤毛，三尾六足四目，其音如鹊，食之可以已忧。

【注释】

①错："厝"的假借字，磨刀石。

【译文】

臛疏

再向北三百里，是座带山，山上盛产玉石，山下盛产青石碧玉。山中有一种野兽，长得像普通的马，长有一只角如同粗硬的磨刀石，叫作臛疏，人饲养它可以辟火。山中还有一种禽鸟，长得像普通的乌鸦，但浑身是带着红色斑纹的五彩羽毛，叫作鵸鵌。这种鵸鵌鸟自身有雌雄两种性器官，吃了它的肉就能使人不患痈疽病。彭水从这座山发源，然后向西流入芘湖水，水中有很多儵鱼，长得像一般的鸡，却长着红色的羽毛，还长着三条尾巴、六只脚、四只眼睛，它的叫声与喜鹊的鸣叫相似，吃了它的肉就能使人无忧无虑。

【原文】

又北四百里，曰谯明之山。谯水出焉，西流注于河。其中多何罗之鱼，一首而十身，其音如吠犬，食之已痈。有兽焉，其状如貆[1]而赤毫，其音如榴榴，名曰孟槐，可以御凶。是山也，无草木，多青、雄黄。

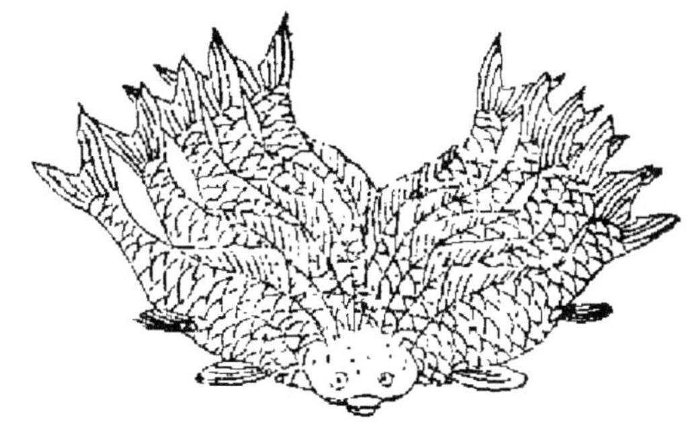

何罗鱼

【注释】

①貆：豪猪。

【译文】

再向北四百里，是谯明山。谯水从这座山发源，向西流入黄河。水中生长着很多何罗鱼，长着一个脑袋，却有十个身子，发出的声音像狗叫，人吃了它的肉就可以治愈毒疮。山中有一种兽，长得像豪猪，却长着柔软的红毛，叫声如同用辘轳抽水的响声，叫作孟槐，人饲养它可以辟凶邪之气。这座谯明山，没有花草树木，到处是石青、雄黄。

【原文】

又北三百五十里，曰涿光之山。嚻水出焉，而西流注于河。其中多鳛鳛之鱼，其状如鹊而十翼，鳞皆在羽端，其音如鹊，可以御火，食之不瘅。其上多松柏，其下多棕橿，其兽多麢羊，其鸟多蕃①。

【注释】

①蕃：可能是猫头鹰之类的鸟。

【译文】

再向北三百五十里，是涿光山。嚻水从这座山发源，然后向西流入黄河。水中生长着很多鳛鳛鱼，长得像一般的喜鹊，却长有十只翅膀，鳞甲全长在羽翅的尖端，发出的声音与喜鹊的鸣叫相似，人饲养它可以辟火，吃了它的肉就能治好人的黄疸病。山上到处是松树和柏树，而山下到处是棕树和橿树，山中的野兽以羚羊居多，禽鸟以蕃鸟居多。

【原文】

又北三百八十里，曰虢山，其上多漆，其下多桐椐①。其阳多玉，其阴多铁。伊水出焉，西流注于河。其兽多橐驼②，其鸟多寓③，状如鼠而鸟翼，其音如羊，可以御兵。

寓鸟

【注释】

①椐：椐树，树干上多长着肿节，古人常用来制作拐杖。②橐驼：即骆驼，身上有肉鞍，善于在沙漠中行走，知道水泉所在的地方，背负千斤重物而日行三百里。③寓：即蝙蝠之类的小飞禽。

【译文】

再向北三百八十里，是虢山，山上是茂密的漆树，山下是茂密的梧桐树和椐树，山南面盛产玉石，山北面盛产铁。伊水从这座山发源，向西流入黄河。山中的野兽以橐驼最多，而禽鸟大多是寓鸟，形状与一般的老鼠相似，却长着鸟一样的翅膀，发出的声音像羊叫，人饲养它可以防御兵祸。

【原文】

又北四百里，至于虢山之尾，其上多玉而无石。鱼水出焉，西流注于河，其中多文贝。

【译文】

再向北四百里，便到了虢山的尾端，山上到处是美玉而没有石头。鱼水从这里发源，向西流入黄河，水中有很多花纹斑斓的贝。

【原文】

又北二百里，曰丹熏之山，其上多樗柏，其草多韭薤[①]，多丹雘。熏水出焉，而西流注于棠水。有兽焉，其状如鼠，而菟耳麋身，其音如嗥犬，以其尾飞，名曰耳鼠，食之不脎，又可以御百毒。

【注释】

①薤：也叫藠头，一种野菜，茎可食用，并能入药。

【译文】

再向北二百里，是丹熏山，山上有茂密的臭椿树和柏树，在众草中以野韭菜和野薤菜最多，还盛产丹雘。熏水从这座山发源，然后向西流入棠水。山中有一种野兽，长得像一般的老鼠，却长着兔子的脑袋和麋鹿的身子，发出的声音如同狗嗥叫，用尾巴飞行，叫作耳鼠，人吃了它的肉就不会生鼓胀病，还可以辟百毒之害。

【原文】

又北二百八十里，曰石者之山，其上无草木，多瑶碧。泚水出焉，西流注于河。有兽焉，其状如豹，而文题[①]白身，名曰孟极，是善伏，其鸣自呼。

【注释】

①文：花纹，这里指野兽的皮毛因多种颜色相间杂而呈现出的斑纹或斑点。题：额头。

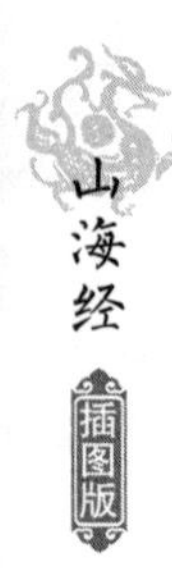

【译文】

再向北二百八十里，是石者山，山上没有花草树木，但到处是瑶、碧之类的美玉。泚水从这座山发源，向西流入黄河。山中有一种野兽，长得像普通的豹子，却长着花额头和白身子，叫作孟极，善于伏身隐藏，它叫的声音便是自身名称的读音。

孟极

【原文】

又北百一十里，曰边春之山，多葱①、葵、韭、桃②、李。杠水出焉，而西流注于泑泽。有兽焉，其状如禺而文身，善笑，见人则卧，名曰幽鴳，其鸣自呼。

【注释】

①葱：山葱，又叫茖葱，一种野菜，茎生有枝格，一边拔取一边又生长起来，食之不尽，冬天也不枯萎。②桃：山桃，又叫榹桃，也叫毛桃，一种野果木，果子很小，核与果肉粘连在一起，桃仁多脂，可入药。

【译文】

再向北一百一十里，是边春山，山上到处是野葱、葵菜、韭菜、野桃树、李树。杠水从这座山发源，然后向西流入泑泽。山中有一种野兽，长得像猴而身上满是花纹，喜欢笑，一看见人就假装睡着，叫作幽鴳，它叫的声音便是自身名称的读音。

【原文】

又北二百里，曰蔓联之山，其上无草木。有兽焉，其状如禺①而有鬣，牛尾、文臂、马蹄，见人则呼，名曰足訾，其鸣自呼。有鸟焉，群居而朋飞，其毛如雌雉，名曰䴔，其鸣自呼，食之已风。

【注释】

①禺：母猿。

【译文】

再向北二百里，是蔓联山，山上没有花草树木。山中有一种野兽，长得像猿猴，却长着鬣毛，还有牛一样的尾巴、长满花纹的双臂、马一样的蹄子，一看见人就呼叫，叫作足訾，它叫的声音便是自身名称的读音。山中又有一种禽鸟，喜欢成群栖息、结队飞行，尾巴与雌野鸡相似，叫作䴔。它叫的声音便是自身名称的读音，人吃了它的肉就能治好风痹病。

【原文】

又北百八十里，曰单张之山，其上无草木。有兽焉，其状如豹而长尾，人首而牛耳，一目，名曰诸犍，善吒[①]，行则衔其尾，居则蟠[②]其尾。有鸟焉，其状如雉，而文首、白翼、黄足，名曰白鵺，食之已嗌[③]痛，可以已痸[④]。栎水出焉，而南流注于杠水。

诸犍

【注释】

①吒：怒叱声，这里是大声叱叫的意思。②蟠：盘曲而伏。③嗌：咽喉。④痸：痴呆病，疯癫病。

【译文】

再向北一百八十里，是座单张山，山上没有花草树木。山中有一种野兽，长得像豹子却拖着一条长长的尾巴，还长着人一样的脑袋和牛一样的耳朵，一只眼睛，叫作诸犍，喜欢吼叫，行走时就用嘴衔着尾巴，卧睡时就将尾巴盘卷起来。山中又有一种禽鸟，长得像普通的野鸡，却长着有花纹的脑袋、白色翅膀、黄色脚，叫作白鵺，人吃了它的肉就能

治好咽喉疼痛的病，还可以治愈疯癫病。栎水从这座山发源，然后向南流入杠水。

【原文】

又北三百二十里，曰灌题之山，其上多樗柘①，其下多流沙，多砥。有兽焉，其状如牛而白尾，其音如訆②，名曰那父。有鸟焉，其状如雌雉而人面，见人则跃，名曰竦斯，其鸣自呼也。匠韩之水出焉，而西流注于泑泽，其中多磁石③。

【注释】

①柘：柘树，也叫黄桑、奴柘，果子可以食用，树皮可以造纸。②訆：同“叫”，大呼。③磁石：一种天然矿石，具有吸引铁、镍、钴等金属物质的属性，俗称吸铁石，今称磁铁石。

【译文】

再向北三百二十里，是灌题山，山上是茂密的臭椿树和柘树，山下到处是流沙，还多出产磨刀石。山中有一种野兽，长得像普通的牛却拖着一条白色的尾巴，发出的声音如同人在高声呼唤，叫作那父。山中还有一种禽鸟，长得像一般的雌野鸡却长着人的面孔，一看见人就跳跃，叫作竦斯，它叫的声音便是自身名称的读音。匠韩水从这座山发源，然后向西流入泑泽，水中有很多磁铁石。

那父

【原文】

又北二百里，曰潘侯之山，其上多松柏，其下多榛楛，其阳多玉，其阴多铁。有兽焉，其状如牛，而四节生毛，或曰旄牛。边水出焉，而南流注于栎泽。

【译文】

再向北二百里，是潘侯山，山上是茂密的松树和柏树，山下是茂密的榛树和楛树，山南面蕴藏着丰富的玉石，山北面蕴藏着丰富的铁。山中有一种野兽，长得像一般的牛，但四肢关节上都有长长的毛，叫作牦牛。边水从这座山发源，然后向南流入栎泽。

【原文】

又北二百三十里，曰小咸之山，无草木，冬夏有雪。

【译文】

再向北二百三十里，是小咸山，没有花草树木，冬天和夏天都有积雪。

【原文】

北二百八十里，曰大咸之山，无草木，其下多玉。是山也，四方，不可以上。有蛇名曰长蛇①，其毛如彘豪，其音如鼓柝②。

长蛇

【注释】

①长蛇：传说有几十丈长，能把鹿、象等动物吞入腹中。②鼓：击物作声。柝（tuò）：古代巡夜人在报时间时所敲击的一种木梆子。

【译文】

向北二百八十里，是大咸山，没有花草树木，山下盛产玉石。这座大咸山，呈四方形，人不能攀登上去。山中有一种蛇叫作长蛇，身上的毛与猪脖子上的硬毛相似，发出的声音像是人在敲击木梆子。

【原文】

又北三百二十里，曰敦薨之山，其上多棕枏，其下多茈草。敦薨之水出焉，而西流注于泑泽。出于昆仑之东北隅，实惟河原。其中多赤鲑①，其兽多兕、旄牛，其鸟多尸鸠②。

【注释】

①赤鲑：身体呈流线型，有小圆鳞，口大而斜，锥状牙齿，是一种

冷水性的经济鱼类。②尸鸠：即布谷鸟。

【译文】

再向北三百二十里，是敦薨山，山上是茂密的棕树和楠木树，山下是大片的紫草。敦薨水从这座山发源，然后向西流入泑泽。泑泽位于昆仑山的东北角，其实就是黄河的源头。水中有很多赤鲑。那里的野兽以兕、牦牛最多，而禽鸟大多是布谷鸟。

【原文】

又北二百里，曰少咸之山，无草木，多青碧。有兽焉，其状如牛，而赤身、人面、马足，名曰窫窳①，其音如婴儿，是食人。敦水出焉，东流注于雁门之水，其中多䱻䱻②之鱼。食之杀人。

窫窳

【注释】

①窫窳：传说中一种吃人的凶兽。②䱻䱻：即江豚，黑色，大小如同一百斤重的猪。

【译文】

再向北二百里，是少咸山，山上没有花草树木，到处是青石碧玉。山中有一种野兽，长得像普通的牛，却长着红色的身子、人的面孔、马的蹄子，叫作窫窳，发出的声音如同婴儿啼哭，是能吃人的。敦水从这座山发源，向东流入雁门水，水中生长着很多䱻䱻鱼，人吃了它的肉就会中毒而死。

【原文】

又北二百里，曰狱法之山。瀤泽之水出焉，而东北流注于泰泽。其中多鱳鱼，其状如鲤而鸡足，食之已疣。有兽焉，其状如犬而人面，善投，见人则笑，其名山𤟤，其行如风，见则天下大风。

【译文】

再向北二百里，是狱法山。瀤泽水从这座山发源，然后向东北流入泰泽。水中生长着很多鱳鱼，长得像一般的鲤鱼，却长着鸡爪子，人吃了它的肉就能治好赘瘤病。山中还有一种野兽，长得像普通的狗，却长着人的面孔，擅长投掷，一看见人就笑，叫作山𤟤，它走起来就像刮风，一出现天下就会起大风。

【原文】

又北二百里，曰北岳之山，多枳棘[①]刚木[②]。有兽焉，其状如牛，而四角、人目、彘耳，其名曰诸怀，其音如鸣雁，是食人。诸怀之水出焉，而西流注于嚣水，水中多鮨鱼，鱼身而犬首，其音如婴儿，食之已狂。

【注释】

①枳棘：枳木和棘木，两种矮小的树。枳木像橘树而小一些，叶子上长满刺。春天开白花，秋天成果实，果子小而味道酸，不能吃，可入药。棘木就是丛生的小枣树，即酸枣树，枝叶上长满了刺。②刚木：指木质坚硬的树，即檀木、柘树之类。

【译文】

再向北二百里，是北岳山，山上到处是枳树、酸枣树和檀、柘一类的树木。山中有一种野兽，长得像一般的牛，却长着四只角、人的眼睛、猪的耳朵，叫作诸怀，发出的声音如同大雁鸣叫，是能吃人的。诸怀水从这座山发源，然后向西流入嚣水，水中有很多鮨鱼，长着鱼的身子、狗的脑袋，发出的声音像婴儿啼哭，人吃了它的肉就能治愈疯狂病。

【原文】

又北百八十里，曰浑夕之山，无草木，多铜玉。嚣水出焉，而西北流注于海。有蛇一首两身，名曰肥遗，见则其国大旱。

【译文】

再向北一百八十里，是座浑夕山，山上没有花草树木，盛产铜和玉

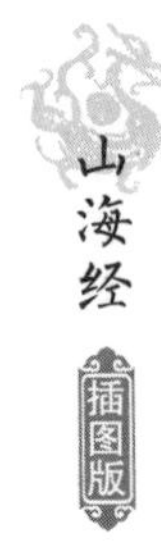

石。嚣水从这座山发源，然后向西北流入大海。这里有一种长着一个头两个身子的蛇，叫作肥遗，在哪个国家出现哪个国家就会发生大旱灾。

【原文】

又北五十里，曰北单之山，无草木，多葱韭。

【译文】

再向北五十里，是座北单山，山上没有花草树木，却生长着茂盛的野葱和野韭菜。

【原文】

又北百里，曰罴差之山，无草木，多马①。

【注释】

①马：指一种野马，与一般的马相似而个头小一些。

【译文】

再向北一百里，是罴差山，山上没有花草树木，却有很多小个头的野马。

【原文】

又北百八十里，曰北鲜之山，是多马，鲜水出焉，而西北流注于涂吾之水。

【译文】

再向北一百八十里，是北鲜山，这里有很多小个头的野马。鲜水从这里发源，然后向西北流入涂吾水。

【原文】

又北百七十里，曰隄山，多马。有兽焉，其状如豹而文首，名曰狕。隄水出焉，而东流注于泰泽，其中多龙龟。

【译文】

再向北一百七十里，是隄山，有许多小个头的野马。山中有一种

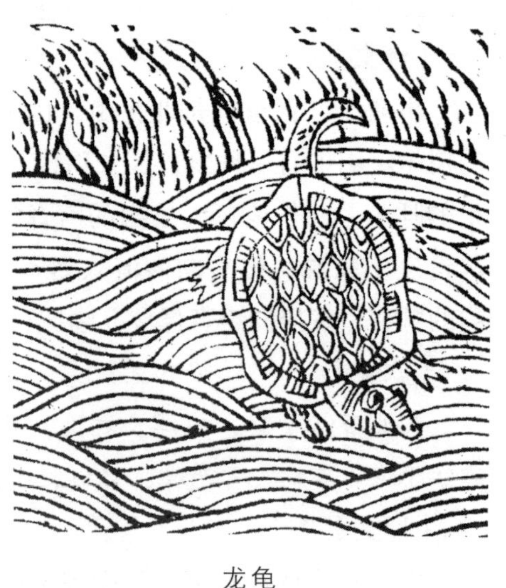

龙龟

野兽，长得像一般的豹子而脑袋上有花纹，叫作狕。隄水从这座山发源，然后向东流入泰泽，水中有很多龙龟。

【原文】

凡北山经之首，自单狐之山至于隄山，凡二十五山，五千四百九十里，其神皆人面蛇身。其祠之，毛用一雄鸡彘瘗，吉玉用一珪，瘗而不糈。其山北人，皆生食不火之物。

人面蛇身

【译文】

总计北方第一列山系的第一座，自单狐山起到隄山止，一共二十五座山，途经五千四百九十里，诸山山神都是人的面孔、蛇的身子。祭祀这些山神要把毛物中用作祭品的一只公鸡和一头猪埋入地下，在祀神的美好玉器中用一块玉珪，只是埋入地下而无须用米来祭祀。住在诸山北面的人，都生吃未经火烤的食物。

【原文】

北次二经之首，在河之东，其首枕汾，其名曰管涔之山。其上无木而多草，其下多玉。汾水出焉，而西流注于河。

【译文】

北方第二列山系的首座山，坐落在黄河的东边，山的首端枕着汾水，这座山叫管涔山。山上没有树木，却到处是茂密的花草，山下盛产玉石。汾水从这座山发源，然后向西流入黄河。

【原文】

又北二百五十里，曰少阳之山，其上多玉，其下多赤银①。酸水出焉，而东流注于汾水，其中多美赭②。

【注释】

①赤银：最精最纯的银子，这里指含银量很高的天然优质银矿石。

②赭：即赭石，红土中一种含有铁质的矿物。

【译文】

再向北二百五十里，是少阳山，山上盛产玉石，山下盛产赤银。酸

水从这座山发源，然后向东流入汾水，水中有很多优良赭石。

【原文】

又北五十里，曰县雍之山，其上多玉，其下多铜，其兽多闾[①]麋，其鸟多白翟白鹤[②]。晋水出焉，而东南流注于汾水。其中多鮆鱼，其状如儵[③]而赤鳞，其音如叱[④]，食之不骚。

闾

【注释】

①闾：据古人讲，是一种黑母羊，形体似驴而蹄子歧分，角如同羚羊的角，也叫山驴。②白鹤：据古人讲，就是白翰鸟。③儵：通“鯈”，这里指的是小鱼。④叱：大声呵斥。

【译文】

再向北五十里，是县雍山，山上蕴藏着丰富的玉石，山下蕴藏着丰富的铜，山中的野兽大多是山驴和麋鹿；而禽鸟以白色野鸡和白翰鸟居多。晋水从这座山发源，然后向东南流入汾水。水中生长着很多鮆鱼，长得像小儵鱼却长着红色的鳞甲，发出的声音如同人的斥责声，吃了它的肉可除狐臭。

【原文】

又北二百里，曰狐岐之山，无草木，多青碧。胜水出焉，而东北流注于汾水，其中多苍玉。

【译文】

再向北二百里，是狐岐山，山上没有花草树木，到处是青石碧玉。胜水从这座山发源，然后向东北流入汾水，水中有很多苍玉。

【原文】

又北三百五十里，曰白沙山，广员三百里，尽沙也，无草木鸟兽。鲔水出于其上，潜于其下，是多白玉。

【译文】

再向北三百五十里，是白沙山，方圆三百里，到处是沙子，没有花草树木和禽鸟野兽。鲔水从这座山的山顶发源，然后潜流到山下，水中有很多白玉。

【原文】

又北四百里，曰尔是之山，无草木，无水。

【译文】

再向北四百里，是尔是山，没有花草树木，也没有水。

【原文】

又北三百八十里，曰狂山，无草木。是山也，冬夏有雪。狂水出焉，而西流注于浮水，其中多美玉。

【译文】

再向北三百八十里，是狂山，没有花草树木。这座狂山，冬天和夏天都有雪。狂水从这座山发源，然后向西流入浮水，水中有很多美丽的玉石。

【原文】

又北三百八十里，曰诸余之山，其上多铜玉，其下多松柏。诸余之水出焉，而东流注于旄水。

【译文】

再向北三百八十里，是诸山，山上蕴藏着丰富的铜和玉石，山下到处是茂密的松树和柏树。诸水从这座山发源，然后向东流入旄水。

【原文】

又北三百五十里，曰敦头之山，其上多金玉，无草木。旄水出焉，而东流注于邛泽。其中多騂马，牛尾而白身，一角，其音如呼。

騂马

【译文】

再向北三百五十里，是敦头山，山上有丰富的金属矿物和玉石，但不生长花草树木。旄水从这座山发源，然后向东流入邛泽。山中有很多騂马，长着牛一样的尾巴和白色身子，一只角，发出的声音如同人呼唤。

【原文】

又北三百五十里，曰钩吾之山，其上多玉，其下多铜。有兽焉，其状羊身人面，其目在腋下，虎齿人爪，其音如婴儿，名曰狍鸮[①]，是食人。

【注释】

①狍鸮：传说中的一种怪兽，非常贪婪，不但吃人，而且在吃不完时，还要把人身的各个部位咬碎。

【译文】

再向北三百五十里，是钩吾山，山上盛产玉石，山下盛产铜。山中有一种野兽，形貌是羊的身子、人的面孔。眼睛长在腋窝下，有着老虎一样的牙齿和人一样的脚，发出的声音如同婴儿哭啼，叫作狍鸮，是能吃人的。

【原文】

又北三百里，曰北嚣之山，无石，其阳多碧，其阴多玉，有兽焉，其状如虎，而白身犬首，马尾彘鬣，名曰独狢。有鸟焉，其状如乌，人面，名曰鹭鹃，宵飞而昼伏，食之已暍[①]。涔水出焉，而东流注于邛泽。

【注释】

①暍：中暑。

【译文】

再向北三百里，是北嚣山，没有石头，山南面多出产碧玉，山北面多出产玉石。山中有一种野兽，长得像一般的老虎，却长着白色身子、狗脑袋、马尾巴、猪鬃毛，叫作独狢。山中还有一种禽鸟，长得像一般的乌鸦，却长着人的面孔，叫作鹭鹃，在夜里飞行而在白天隐伏，吃了它的肉就能使人不中暑。涔水从这座山发源，然后向东流入邛泽。

独狢

【原文】

又北三百五十里，曰梁渠之山，无草木，多金玉。脩水出焉，而东流注于雁门，其兽多居暨，其状如彙[①]而赤毛，其音如豚。有鸟焉，其状如夸父[②]，四翼、一目、犬尾，名曰嚻，其音如鹊，食之已腹痛，可以止衕[③]。

嚻

【注释】

①彙：据古人讲，这种动物长得像老鼠，红色的毛硬得像刺猬身上的刺。②夸父：即举父，一种长得像猕猴的野兽。③衕：腹泻。

【译文】

再向北三百五十里，是梁渠山，不生长花草树木，却有丰富的金属矿物和玉石，脩水从这里发源，然后向东流入雁门。山中的野兽大多是居暨兽，长得像彙却浑身长着红色的毛，发出的声音如同小猪在叫。山中还有一种禽鸟，长得像夸父，长着四只翅膀、一只眼睛、狗一样的尾巴，叫作嚻，它的叫声与喜鹊的鸣叫相似，人吃了它的肉就可以止住肚子痛，还可以治好腹泻病。

【原文】

又北四百里，曰姑灌之山，无草木。是山也，冬夏有雪。

【译文】

再向北四百里，是姑灌山，没有花草树木。这座姑灌山上，冬天夏天都有雪。

【原文】

又北三百八十里，曰湖灌之山，其阳多玉，其阴多碧，多马。湖灌之水出焉，而东流注于海，其中多䱀[①]。有木焉，其叶如柳而赤理。

【注释】

①䱀：即黄鳝。

【译文】

再向北三百八十里，是湖灌山，山南面盛产玉石，山北面盛产碧玉，

并有许多个头小的野马。湖灌水从这座山发源，然后向东流入大海，水中有很多鳝鱼。山里生长着一种树木，叶子像柳树叶而有红色的纹理。

【原文】

又北水行五百里，流沙三百里，至于洹山，其上多金玉。三桑生之，其树皆无枝，其高百仞[①]。百果树生之。其下多怪蛇。

【注释】

①仞：古代的八尺为一仞。

【译文】

再向北行五百里水路，然后经过三百里流沙，便到了洹山，山上蕴藏着丰富的金属矿物和玉石。山中生长着一种三桑树，这种树都不长枝条，树干高达一百仞。山上还生长着各种果树。山下有很多怪蛇。

【原文】

又北三百里，曰敦题之山，无草木，多金玉。是錞[①]于北海。

【注释】

①錞：依附，这里是坐落的意思。

【译文】

再向北三百里，是座敦题山，这里不长花草树木，但蕴藏着丰富的金属矿物和玉石。这座山坐落在北海的岸边。

【原文】

凡北次二经之首，自管涔之山至于敦题之山，凡十七山，五千六百九十里。其神皆蛇身人面。其祠：毛用一雄鸡彘瘗；用一璧一珪，投而不糈。

【译文】

总计北方第二列山系的开始，自管涔山起到敦题山止，一共十七座山，途经五千六百九十里。诸山山神都是蛇的身子人的面孔。祭祀这些山神要把毛物中用作祭品的一只公鸡、一头猪一起埋入地下，在祀神的玉器中用一块玉璧和一块玉珪，一起投向山中，而不用米祀神。

蛇身人面神

【原文】

北次三经之首，曰太行之山。其首曰归山，其上有金玉，其下有碧。有兽焉，其状如麢羊而四角，马尾而有距①，其名曰䮝，善还②，其鸣自训。有鸟焉，其状如鹊，白身、赤尾、六足，其名曰鷾，是善惊，其鸣自詨③。

【注释】

①距：雄鸡、野鸡等跖后面突出像脚趾的部分，这里指鸡爪子。②还：通“旋”，旋转。③詨：叫，呼。

䮝

【译文】

北方第三列山系的首座山，叫作太行山。太行山的首端叫归山，山上出产金属矿物和玉石，山下出产碧玉。山中有一种野兽，长得像普通的羚羊却有四只角，长着马一样的尾巴和鸡一样的爪子，叫作䮝，善于旋转起舞，它发出的叫声就是自身名称的读音。山中还有一种禽鸟，长得像一般的喜鹊，但长着白身子、红尾巴、六只脚，叫作鷾，这种鸟十分敏捷，它发出的叫声就是自身名称的读音。

【原文】

又东北二百里，曰龙侯之山，无草木，多金玉。决决之水出焉，而东流注于河。其中多人鱼，其状如鯑鱼，四足，其音如婴儿，食之无痴疾。

【译文】

再向东北二百里，是龙侯山，不生长花草树木，有丰富的金属矿物和玉石。决水从这座山发源，然后向东流入黄河。水中有很多人鱼，长得像一般的鯑鱼，长有四只脚，发出的声音像婴儿哭啼，吃了它的肉就能使人不得疯癫病。

【原文】

又东北二百里，曰马成之山，其上多文石，其阴多金玉。有兽焉，其状如白犬而黑头，见人则飞，其名曰天马，其鸣自训，有鸟焉，其状如乌，首白而身青、足黄，是名曰䳢䳢。其名自詨，食之不饥，可以已寓[①]。

【注释】

①寓：古人认为寓即“误”字，大概以音近为义，指昏忘之病，就是现在所谓的老年健忘症，或老年痴呆症。

天马

【译文】

再向东北二百里，是马成山，山上多出产有纹理的美石，山北面有丰富的金属矿物和玉石。山里有一种野兽，长得像普通的白狗却长着黑脑袋，一看见人就腾空飞起，叫作天马，它的叫声就是自身名称的读音。山里还有一种禽鸟，长得像一般的乌鸦，却长着白色的脑袋和青色的身子、黄色的爪，叫作䳢䳢，它的叫声便是自身名称的读音，吃了它的肉使人不感觉饥饿，还可以医治老年健忘症。

【原文】

又东北七十里，曰咸山，其上有玉，其下多铜，是多松柏，草多茈草。条菅之水出焉，而西南流注于长泽。其中多器酸[①]，三岁一成，食之已疠。

【注释】

①器酸：据古人讲，大概是一种可以吃而有酸味的东西，就像山西解州盐池所生产的盐之类的东西。

【译文】

再向东北七十里，是座咸山，山上盛产玉石，山下盛产铜。这里到处是松树和柏树，生长的草以紫草最多。条菅水从这座山发源，然后向西南流入长泽。水中多出产器酸，这种器酸三年才能收成一次，吃了它就能治愈人的麻风病。

【原文】

又东北二百里，曰天池之山，其上无草木，多文石。有兽焉，其状如兔而鼠首，以其背飞，其名曰飞鼠。渑水出焉，潜于其下，其中多黄垩。

【译文】

再向东北二百里，是座天池山，山上没有花草树木，到处是带有花纹的美石。山中有一种野兽，长得像一般的兔子却长着老鼠的头，借助它背上的毛飞行，叫作飞鼠。渑水从这座山发源，然后潜流到山下，水中有很多黄色垩土。

【原文】

又东三百里，曰阳山，其上多玉，其下多金铜。有兽焉，其状如牛而赤尾，其颈腎[①]，其状如句瞿[②]，其名曰领胡，其鸣自詨，食之已狂。有鸟焉，其状如赤雉，而五采以文，是自为牝牡，名曰象蛇，其鸣自詨。留水出焉，而南流注于河。其中有鱼䱻父之鱼，其状如鲋鱼，鱼首而彘身，食之已呕。

【注释】

①腎(shèn)：肉瘤。②句瞿：斗。

【译文】

再向东三百里，是座阳山，山上有丰富的玉石，山下有丰富的金属。山中有一种野兽，长得像普通的牛而长着红尾巴，脖子上有肉瘤，像斗的形状，叫作领胡，它发出的叫声便是自身名称的读音，人吃了它的肉就能治愈癫狂症。山中还有一种禽鸟，长得像红色野鸡，而羽毛上有五彩斑斓的花纹，这种鸟一身兼有雄雌两种性器官，叫作象蛇，它发出的叫声便是自身名称的读音。留水从这座山发源，然后向南流入黄河。水中生长着䱻父鱼，长得像一般的鲫鱼，长着鱼的头，却是猪的身子，人吃了它的肉可以治愈呕吐。

领胡

【原文】

又东三百五十里，曰贲闻之山，其上多苍玉，其下多黄垩，多涅石[①]。

【注释】

①涅石：一种黑色矾石，可做黑色染料。矾石是一种矿物，为透明结晶体，有白、黄、青、黑、绛五种。

【译文】

再向东三百五十里，是座贲闻山，山上盛产苍玉，山下盛产黄色垩土，也有许多涅石。

【原文】

又北百里，曰王屋之山[①]，是多石。滦水出焉，而西北流注于泰泽[②]。

【注释】

①王屋之山：在今山西省垣曲和河南省济源之间，与太行山相对。②泰泽：即渤海。

【译文】

再向北一百里，是座王屋山，这里到处是石头。滦水从这座山发源，然后向西北流入泰泽。

【原文】

又东北三百里，曰教山，其上多玉而无石。教水出焉，西流注于河，是水冬干而夏流，实惟干河。其中有两山。是山也，广员三百步，其名曰发丸之山[①]，其上有金玉。

【注释】

①发丸之山：据古人讲，发丸山居于水中，长得像神人所发射的两颗弹丸，故得名。

【译文】

再向东北三百里，是座教山，山上有丰富的玉而没有石头。教水从这座山发源，向西流入黄河，这条河冬季干枯，夏季流水，确实可以说是干河。教水的河道中有两座小山，方圆三百步，叫作发丸山，小山上蕴藏着金属矿物和玉石。

【原文】

又南三百里，曰景山，南望盐贩之泽，北望少泽。其上多草、藷萸[①]，其草多秦椒[②]，其阴多赭，其阳多玉。有鸟焉，其状如蛇，而四翼、六目、三足，名曰酸与，其鸣自詨，见则其邑有恐。

【注释】

①藷萸：一种植物，根像羊蹄，可以食用，就是今天所说的山药。②秦椒：一种草，所结的子实像花椒，叶子细长。

【译文】

再向南三百里，是景山，在山上向南可以望见盐贩泽，向北可以望见少泽。山上生长着茂密的草、藷萸，这里的草以秦椒最多，山北面多出产赭石，山南阳面多出产玉石。山里有一种禽鸟，长得像一般的蛇，却长有四只翅膀、六只眼睛、三只脚，叫作酸与，它发出的叫声便是自身名称的读音，在哪个地方出现哪里就会发生使人惊恐的事情。

酸与

【原文】

又东南三百二十里，曰孟门之山，其上多苍玉，多金，其下多黄垩，多涅石。

【译文】

再向东南三百二十里，是座孟门山，山上蕴藏着丰富的苍玉，还盛产金属矿物，山下到处是黄色垩土，还有许多涅石。

【原文】

又东南三百二十里，曰平山。平水出于其上，潜于其下，是多美玉。

【译文】

再向东南三百二十里，是座平山。平水从这座山的顶上发源，然后潜流到山下，水中有很多优良玉石。

【原文】

又东二百里，曰京山，有美玉，多漆木，多竹，其阳有赤铜，其阴有玄礵①。高水出焉，南流注于河。

【注释】

①礵：砥石，就是磨刀石。

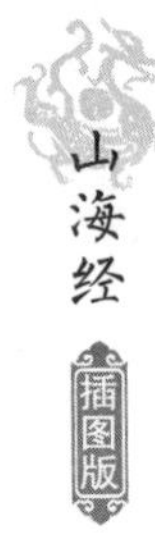

【译文】

再向东二百里，是座京山，盛产美玉，到处有漆树，遍山是竹林，这座山的南面出产黄铜，山北面出产黑色磨刀石。高水从这座山发源，向南流入黄河。

【原文】

又东二百里，曰虫尾之山，其上多金玉，其下多竹，多青碧。丹水出焉，南流注于河；薄水出焉，而东南流注于黄泽。

【译文】

再向东二百里，是座虫尾山，山上有丰富的金属矿物和玉石，山下到处是竹子，还有很多青石碧玉。丹水从这座山发源，向南流入黄河。薄水也从这座山发源，向东南流入黄泽。

【原文】

又东三百里，曰彭𣺌之山，其上无草木，多金玉，其下多水。蚤林之水出焉，东南流注于河。肥水出焉，而南流注于床水，其中多肥遗之蛇。

【译文】

再向东三百里，是座彭𣺌山，山上不生长花草树木，有丰富的金属矿物和玉石，山下到处是流水。蚤林水从这座山发源，向东南流入黄河。肥水也从这座山发源，然后向南流入床水，水中有很多叫作肥遗的蛇。

【原文】

又东百八十里，曰小侯之山。明漳之水出焉，南流注于黄泽。有鸟焉，其状如乌而白文，名曰鸪鹨，食之不灂①。

【注释】

①灂：眼昏花。

【译文】

再向东一百八十里，是座小侯山。明漳水从这座山发源，向南流入黄泽。山中有一种禽鸟，长得像一般的乌鸦却有白色斑纹，叫作鸪鹨，吃了它的肉就能使人的眼睛明亮而不昏花。

鸪鹨

【原文】

又东三百七十里，曰泰头之山。共水出焉，南注于虖池。其上多金玉，其下多竹箭[①]。

【注释】

①箭：一种较小的竹子，坚硬，可做箭矢。

【译文】

再向东三百七十里，是泰头山。共水从这座山发源，向南流入虖池。山上有丰富的金属矿物和玉石，山下到处是小竹丛。

【原文】

又东北二百里，曰轩辕之山，其上多铜，其下多竹。有鸟焉，其状如枭而白首，其名曰黄鸟，其鸣自设，食之不妒。

黄鸟

【译文】

再向东北二百里，是座轩辕山。山上多出产铜，山下到处是竹子。山中有一种禽鸟，形状像枭却长着白脑袋，叫作黄鸟，发出的叫声便是它自身名称的读音，吃了它的肉就能使人不生妒忌心。

【原文】

又北二百里，曰谒戾之山，其上多松柏，有金玉。沁水出焉，南流注于河。其东有林焉，名曰丹林。丹林之水出焉，南流注于河。婴侯之水出焉，北流注于汜水。

【译文】

再向北二百里，是座谒戾山，山上到处是松树和柏树，还蕴藏着金属矿物和玉石。沁水从这座山发源，向南流入黄河。在这座山的东面有一片树林，叫作丹林。丹林水便从这里发源，向南流入黄河。婴侯水也从这里发源，向北流入汜水。

【原文】

东三百里，曰沮洳之山，无草木，有金玉。濝水出焉，南流注于河。

【译文】

向东三百里，是座沮洳山，不生长花草树木，有金属矿物和玉石。濝水从这座山发源，向南流入黄河。

【原文】

又北三百里，曰神囷之山，其上有文石，其下有白蛇，有飞虫[①]。黄水出焉，而东流注于洹；滏水出焉，而东流注于欧水。

【注释】

①飞虫：指蠛蠓、蚊子之类的小飞虫，成群成堆地乱飞。

【译文】

再向北三百里，是座神囷山，山上有带花纹的漂亮石头，山下有白蛇，还有飞虫。黄水从这座山发源，然后向东流入洹水。滏水也从这座山发源，向东流入欧水。

【原文】

又北二百里，曰发鸠之山，其上多柘木[①]。有鸟焉，其状如乌，文首、白喙、赤足，名曰精卫，其鸣自詨。是炎帝[②]之少女，名曰女娃，女娃游于东海，溺而不返，故为精卫。常衔西山之木石，以堙[③]于东海。漳水出焉，东流注于河。

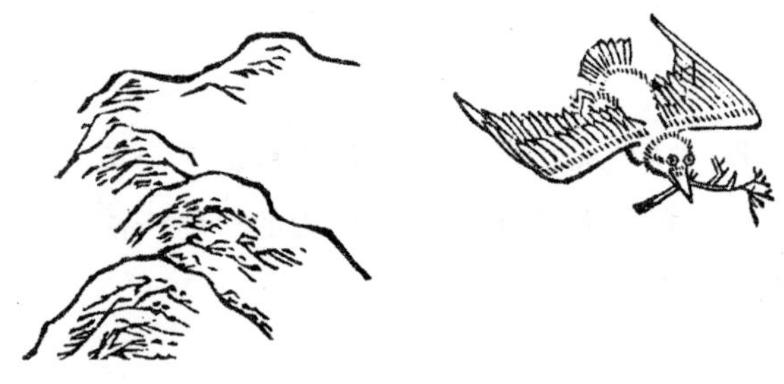

精卫

【注释】

①柘木：柘树，是桑树的一种，叶子可以喂养蚕，果实可以吃，树根树皮可作药用。②炎帝：号称神农氏，传说中的上古帝王。③堙：填塞。

【译文】

再向北二百里，是座发鸠山，山上生长着茂密的柘树。山中有一种禽鸟，长得像一般的乌鸦，却长着花脑袋、白嘴巴、红爪，叫作精卫，它发出的叫声就是自身名称的读音。精卫鸟原是炎帝的小女儿，名叫女娃。女娃到东海游玩，淹死在东海里没有返回，就变成了精卫鸟，常常衔着西山的树枝和石子，用来填塞东海。漳水从这座山发源，向东流入黄河。

【原文】

又东北百二十里，曰少山，其上有金玉，其下有铜。清漳之水出焉，东流注于浊漳之水。

【译文】

再向东北一百二十里，是座少山，山上出产金属矿物和玉石，山下出产铜。清漳水从这座山发源，向东流入浊漳水。

【原文】

又东北二百里，曰锡山，其上多玉，其下有砥。牛首之水出焉，而东流注于滏水。

【译文】

再向东北二百里，是座锡山，山上有丰富的玉石，山下出产磨刀石。牛首水从这座山发源，然后向东流入滏水。

【原文】

又北二百里，曰景山，有美玉。景水出焉，东南流注于海泽。

【译文】

再向北二百里，是座景山，山上出产优良玉石。景水从这座山发源，向东南流入海泽。

【原文】

又北百里，曰题首之山，有玉焉，多石，无水。

【译文】

再向北一百里，是座题首山，这里出产玉，也有许多石头，但没有水。

【原文】

又北百里，曰绣山，其上有玉、青碧，其木多栒[①]，其草多芍药[②]、

芎䓖。洧水出焉，而东流注于河，其中有鳠[3]、黾[4]。

【注释】

①栒：栒树，古人常用其树干部分的木材制作拐杖。②芍药：多年生草本花卉，初夏开花，与牡丹相似，花朵大而美丽，有白、红等颜色。③鳠：鳠鱼，体态较细，灰褐色，头扁平，背鳍、胸鳍相对有一硬刺，后缘有锯齿。④黾：蛙的一种，身体同虾蟆相似而小一些，皮肤青色。

黾

【译文】

再向北一百里，是座绣山，山上有玉石、青色碧玉，山中的树木大多是栒树，而草以芍药、芎䓖最多。洧水从这座山发源，然后向东流入黄河，水中有鳠鱼和黾蛙。

【原文】

又北百二十里，曰松山。阳水出焉，东北流注于河。

【译文】

再向北一百二十里，是座松山。阳水从这座山发源，向东北流入黄河。

【原文】

又北百二十里，曰敦与之山，其上无草木，有金玉。溹水出于其阳，而东流注于泰陆之水；泜水出于其阴，而东流注于彭水；槐水出焉，而东流注于泜泽。

【译文】

再向北一百二十里，是座敦与山，山上不生长花草树木，蕴藏着金属矿物和玉石。溹水从敦与山的南面流出，然后向东流入泰陆水；泜水从敦与山的北面流出，然后向东流入彭水；槐水也从这座山发源，然后向东流入泜泽。

【原文】

又北百七十里，曰柘山，其阳有金玉，其阴有铁。历聚之水出焉，而北流注于洧水。

【译文】

再向北一百七十里，是座柘山，山南面出产金属矿物和玉石，山北面出产铁。历聚水从这座山发源，然后向北流入洧水。

【原文】

又北三百里，曰维龙之山，其上有碧玉，其阳有金，其阴有铁。肥水出焉，而东流注于皋泽，其中多礨石①。敞铁之水出焉，而北流注于大泽。

【注释】

①礨石：礨的本义是地势突然高出的样子，这里指河道中的大石头高出水面许多，显得突兀。

【译文】

再向北三百里，是座维龙山，山上出产碧玉，山南面有金属矿物，山北面有铁。肥水从这座山发源，然后向东流入皋泽，水中有很多高耸的大石头。敞铁水也从这座山发源，然后向北流入大泽。

【原文】

又北百八十里，曰白马之山，其阳多石玉，其阴多铁，多赤铜。木马之水出焉，而东北流注于虖沱。

【译文】

再向北一百八十里，是座白马山，山南面有很多石头和玉石，山北面有丰富的铁，还多出产黄铜。木马水从这座山发源，然后向东北流入虖沱水。

【原文】

又北二百里，曰空桑之山，无草木，冬夏有雪。空桑之水出焉，东流注于虖沱。

【译文】

再向北二百里，是座空桑山，没有花草树木，冬天夏天都有雪。空桑水从这座山发源，向东流入虖沱水。

【原文】

又北三百里，曰泰戏之山，无草木，多金玉。有兽焉，其状如羊，一角一目，目在耳后，其名曰䍺䍺，其鸣自讠。虖沱之水出焉，而东流注

于溇水。液女之水出于其阳，南流注于沁水。

【译文】

辣辣

再向北三百里，是座泰戏山，不生长花草树木，到处有金属矿物和玉石。山中有一种野兽，长得像普通的羊，却长着一只角一只眼睛，眼睛在耳朵的背后，叫作辣辣，它发出的叫声便是自身名称的读音。虖沱水从这座山发源，然后向东流入溇水。液女水发源于这座山的南面，向南流入沁水。

【原文】

又北三百里，曰石山，多藏金玉。濩濩之水出焉，而东流注于虖沱；鲜于之水出焉，而南流注于虖沱。

【译文】

再向北三百里，是座石山，山中有丰富的金属矿物和玉石。濩濩水从这座山发源，然后向东流入虖沱；鲜于水也从这座山发源，然后向南流入虖沱。

【原文】

又北二百里，曰童戎之山。皋涂之水出焉，而东流注于溇液水。

【译文】

再向北二百里，是座童戎山。皋涂水从这座山发源，然后向东流入溇液水。

【原文】

又北三百里，曰高是之山。滋水出焉，而南流注于虖沱。其木多棕，其草多条。滱水出焉，东流注于河。

【译文】

再向北三百里，是座高是山。滋水从这座山发源，然后向南流入虖沱。山中的树木大多是棕树，草大多是条草。滱水也从这座山发源，然后向东流入黄河。

【原文】

又北三百里，曰陆山，多美玉。𨛬水出焉，而东流注于河。

【译文】

再向北三百里，是座陆山，有很多优良玉石。𨛬水从这座山发源，然后向东流入黄河。

【原文】

又北二百里，曰沂山。般水出焉，而东流注于河。

【译文】

再向北二百里，是座沂山。般水从这座山发源，然后向东流入黄河。

【原文】

北百二十里，曰燕山，多婴石①。燕水出焉，东流注于河。

【注释】

①婴石：一种像玉一样的带有彩色条纹的漂亮石头。

【译文】

向北一百二十里，是座燕山，出产很多的婴石。燕水从这座山发源，向东流入黄河。

【原文】

又北山行五百里，水行五百里，至于饶山。是无草木，多瑶碧，其兽多橐驼①，其鸟多鹠②。历虢之水出焉，而东流注于河，其中有师鱼③，食之杀人。

【注释】

①橐驼：就是骆驼。②鹠：即鸺鹠，也叫作横纹小鸮，头和颈侧及翼上覆羽暗褐色，密布棕白色狭横斑。③师鱼：即鲵鱼。

鹠

【译文】

再向北走五百里山路，又走五百里水路，便到了饶山。这座山不生长花草树木，到处是瑶、碧一类的美玉，山中的野兽大多是骆驼，而禽鸟大多是鸺鹠鸟。历虢水从这座山发源，然后向东流入黄河，水中有师鱼，人吃了它的肉就会中毒而死。

【原文】

又北四百里，曰乾山，无草木，其阳有金玉，其阴有铁而无水。有兽焉，其状如牛而三足，其名曰獂，其鸣自诶。

【译文】

再向北四百里，是座乾山，没有花草树木，山南面蕴藏着金属矿物和玉石，山北面蕴藏着铁，但没有水流。山中有一种野兽，长得像普通的牛却长着三只脚，叫作獂，它发出的叫声便是自身名称的读音。

【原文】

又北五百里，曰伦山。伦水出焉，而东流注于河。有兽焉，其状如麋，其州在尾上，其名曰罴。

【译文】

再向北五百里，是伦山。伦水从这座山发源，然后向东流入黄河。山中有一种野兽，长得像麋鹿，肛门却长在尾巴上面，叫作罴。

罴

【原文】

又北五百里，曰碣石之山。绳水出焉，而东流注于河，其中多蒲夷之鱼①。其上有玉，其下多青碧。

【注释】

①蒲夷之鱼：古人认为就是冉遗鱼，它的形体似蛇，有六只脚，眼睛像马的眼睛，人吃了它的肉就不会做噩梦。

【译文】

再向北五百里，是座碣石山。绳水从这座山发源，然后向东流入黄河，水中有很多蒲夷鱼。这座山上出产玉石，山下还有很多青石碧玉。

【原文】

又北水行五百里，至于雁门之山，无草木。

【译文】

再向北行五百里水路，便到了雁门山，这里没有花草树木。

【原文】

又北水行四百里，至于泰泽。其中有山焉，曰帝都之山，广员百里，无草木，有金玉。

【译文】

再向北行四百里水路，便到了泰泽。在泰泽中屹立着一座山，叫作帝都山，方圆一百里，不生长花草树木，有金属矿物和玉石。

【原文】

又北五百里，曰錞于毋逢之山，北望鸡号之山，其风如飚①。西望幽都之山，浴水出焉。是有大蛇，赤首白身，其音如牛，见则其邑大旱。

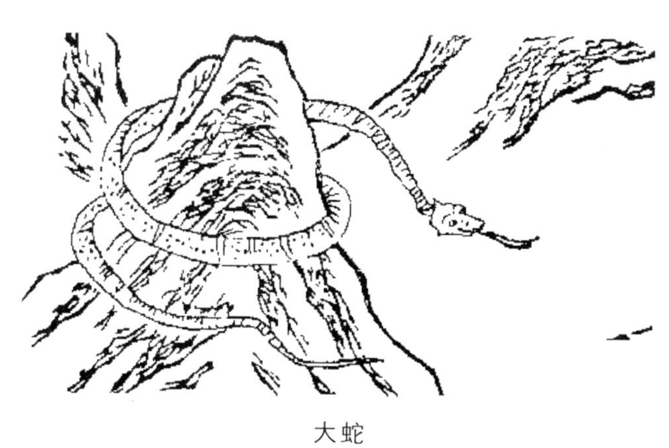

大蛇

【注释】

①飚：急风的样子。

【译文】

再向北五百里，是座錞于毋逢山，从山上向北可以望见鸡号山，从那里吹出的风如强劲的飚风。从錞于毋逢山向西可以望见幽都山，浴水从那里流出。这座錞于毋逢山中有一种大蛇，红色的脑袋，白色的身子，发出的声音如同牛叫，在哪个地方出现哪里就会有大旱灾。

【原文】

凡北次三经之首，自太行之山以至于毋逢之山，凡四十六山，万二千三百五十里。其神状皆马身而人面者廿神。其祠之，皆用一藻茝①瘗之。其十四神状皆彘身而载②玉。其祠之，皆玉，不瘗。其十神状皆彘

身而八足蛇尾。其祠之，皆用一璧瘗之。大凡四十四神，皆用稌糈米祠之。此皆不火食。

【注释】

①藻：聚藻，一种香草。茝：香草，属于兰草之类。②载：通“戴”。

彘身八足神

【译文】

总计北方第三列山系的开始，自太行山起到毋逢山止，一共四十六座山，途经一万二千三百五十里。其中有二十座山山神的形貌都是马一样的身子，人一样的面孔。祭祀这些山神都是把用作祭品的藻和茝之类的香草埋入地下。另外十四座山的山神是猪一样的身子，却佩戴着玉制饰品。祭祀这些山神都用祀神的玉器，不埋入地下。还有十座山山神的形貌都是猪一样的身子却长着八只脚和蛇一样的尾巴，祭祀这些山神要用一块玉璧祭祀后埋入地下。总共四十四个山神，都要用精米来祭祀。参加这项祭祀活动的人都吃未经火烤的食物。

【原文】

右北经之山志，凡八十七山，二万三千二百三十里。

【译文】

以上是北方山系的记录，总共八十七座山，二万三千二百三十里。

插图版

山海经

卷四　东山经

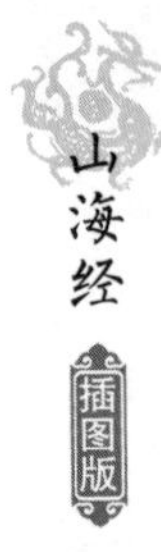

【原文】

东山经之首，曰樕螽之山，北临乾昧。食水出焉。而东北流注于海。其中多鳙鳙之鱼，其状如犁牛①，其音如彘鸣。

【注释】

①犁牛：毛色黄黑相杂的牛，像虎纹似的。

【译文】

东方第一列山系的首座山，叫作樕螽山，北面与乾昧山相邻。食水从这座山发源，然后向东北流入大海。水中有很多鳙鳙鱼，长得像犁牛，发出的声音如同猪叫。

【原文】

又南三百里，曰藟山，其上有玉，其下有金。湖水出焉，东流注于食水，其中多活师①。

【注释】

①活师：又叫活东，蝌蚪的别名，是青蛙、蛤蟆、娃娃鱼等两栖动物的幼体，头又圆又大而尾巴细小，游泳于水中。

【译文】

再向南三百里，是座藟山，山上有玉，山下有金。湖水从这座山发源，向东流入食水，水中有很多蝌蚪。

【原文】

又南三百里，曰栒状之山，其上多金玉，其下多青碧石。有兽焉，其状如犬，六足，其名曰从从，其鸣自设。有鸟焉，其状如鸡而鼠毛，其名曰蚩鼠，见则其邑大旱。沢水出焉。而北流注于湖水。其中多箴鱼，其状如儵，其喙如箴①，食之无疫疾。

从从

【注释】

①箴：同“针”。

【译文】

再向南三百里，是座栒状山，山上有丰富的金属矿物和玉石，山下有丰富的青石碧玉。山中有一种野兽，长得像一般的狗，却长着六只脚，叫作从从，它发出的叫声便是自身名称的读音。山中有一种禽鸟，长得像普通的鸡却长着老鼠一样的尾巴，叫作蚩鼠，在哪个地方出现哪里就会有大旱灾。识水从这座山发源，然后向北流入湖水。水中有很多箴鱼，长得像儵鱼，嘴巴像长针，人吃了它的肉就不会染上瘟疫病。

蚩鼠

【原文】

又南三百里，曰勃亝[①]之山，无草木，无水。

【注释】

①亝：“齐”的古字。

【译文】

再向南三百里，是勃齐山，没有花草树木，也没有水。

【原文】

又南三百里，曰番条之山，无草木，多沙。减水出焉，北流注于海，其中多鳡鱼[①]。

鳡鱼

【注释】

①鳡鱼：也叫作黄钻、竿鱼，体延长，亚圆筒形，青黄色，吻尖长，口大，眼小，性凶猛，捕食各种鱼类。

【译文】

再向南三百里，是番条山，没有花草树木，到处是沙子。減水从这座山发源，向北流入大海，水中有很多鳡鱼。

【原文】

又南四百里，曰姑儿之山，其上多漆，其下多桑柘。姑儿之水出焉，北流注于海，其中多鳡鱼。

【译文】

再向南四百里，是座姑儿山，山上有茂密的漆树，山下有茂密的桑树、柘树。姑儿水从这座山发源，向北流入大海，水中有很多鳡鱼。

【原文】

又南四百里，曰高氏之山，其上多玉，其下多箴石①。诸绳之水出焉，东流注于泽，其中多金玉。

【注释】

①箴石：石针是古代的一种医疗器具，用石头磨制而成，可以治疗痈肿疽疱，排出脓血。箴石就是一种专门制作石针的石头。

【译文】

再向南四百里，是座高氏山，山上盛产玉石，山下盛产箴石。诸绳水从这座山发源，向东流入湖泽，水中有许多金属矿物和玉石。

【原文】

又南三百里，曰岳山，其上多桑，其下多樗。泺水出焉，东流注于泽，其中多金玉。

【译文】

再向南三百里，是座岳山，山上有茂密的桑树，山下有茂密的臭椿树。泺水从这座山发源，向东流入湖泽，水中有许多金属矿物和玉石。

【原文】

又南三百里，曰犲山，其上无草木，其下多水，其中多堪孖之鱼。有兽焉，其状如夸父①而彘毛，其音如呼，见则天下大水。

【注释】

①夸父：即举父，一种长得像猕猴的野兽。

【译文】

再向南三百里，是座犲山，山上不生长花草树木，山下到处流水，水中有很多堪抒鱼。山中有一种野兽，长得像猕猴却长着一身猪毛，发出的声音如同人呼叫，一出现天下就会发生水灾。

【原文】

又南三百里，曰独山，其上多金玉，其下多美石，末涂之水出焉，而东流注于沔，其中多偹蛹，其状如黄蛇，鱼翼，出入有光，见则其邑大旱。

偹蛹

【译文】

再向南三百里，是座独山，山上有丰富的金属矿物和玉石，山下多的是美观漂亮的石头。末涂水从这座山发源，然后向东南流入沔水，水中有很多偹蛹，形状与黄蛇相似，长着鱼一样的鳍，出入水中时闪闪发光，在哪个地方出现哪里就会有大旱灾。

【原文】

又南三百里，曰泰山，其上多玉，其下多金。有兽焉，其状如豚而有珠，名曰狪狪，其鸣自训。环水出焉，东流注于江，其中多水玉。

【译文】

再向南三百里，是座泰山，山上盛产玉，山下盛产金。山中有一种

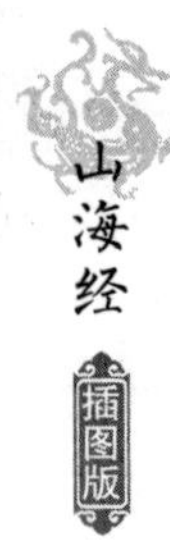

野兽，形状与一般的猪相似而体内却有珠子，叫作狪狪，它发出的叫声便是自身名称的读音。环水从这座山发源，向东流入江水，水中有很多水晶石。

【原文】

又南三百里，曰竹山，錞于江，无草木，多瑶碧。激水出焉，而东流注于娶檀之水，其中多茈蠃。

【译文】

再向南三百里，是座竹山，坐落于汶水边上，这座山没有花草树木，到处是瑶、碧一类的玉石。激水从竹山发源，然后向东南流入娶檀水，水中有很多紫色螺。

【原文】

凡东山经之首，自樕螽之山以至于竹山，凡十二山，三千六百里。其神状皆人身龙首。祠：毛用一犬祈，聃用鱼。

人身龙首神

【译文】

总计东方第一列山系的首尾，自樕螽山起到竹山止，一共十二座山，途经三千六百里。诸山山神的形貌都是人的身子龙的头。祭祀山神：在毛物中用一只狗作为祭品来祭祀，祷告时要用鱼。

【原文】

东次二经之首，曰空桑之山，北临食水，东望沮吴，南望沙陵，西望涽泽。有兽焉，其状如牛而虎文，其音如钦。其名曰軨軨，其鸣自叫，见则天下大水。

軨軨

【译文】

东方第二列山系的首座山，叫作空桑山，北面临近食水，在山上向东可以望见沮吴，向南可以望见沙陵，向西可以望见涽泽。山中有一种野兽，长得像普通的牛却有老虎一样的斑纹，发出的声音如同人在呻吟，叫作軨軨，它发出的叫声便是自身名称的读音，它一出现天下就会发生水灾。

【原文】

又南六百里，曰曹夕之山，其下多穀而无水，多鸟兽。

【译文】

再向南六百里，是座曹夕山，山下到处是构树，却没有水流，还有许多禽鸟野兽。

【原文】

又西南四百里，曰峄皋之山，其上多金玉，其下多白垩。峄皋之水出焉，东流注于激女之水，其中多蜃珧①。

【注释】

①蜃：即大蛤，一种软体动物，贝壳卵圆形或略带三角形，颜色和

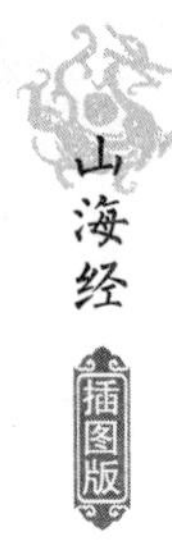

斑纹美丽。珧：小蚌。蚌是一种软体动物，贝壳长卵形，表面黑褐色或黄褐色。

【译文】

再向西南四百里，是座峄皋山，山上有丰富的金属矿物和玉石，山下有丰富的白垩土。峄皋水从这座山发源，向东流入激女水，水中有很多大蛤和小蚌。

【原文】

又南水行五百里，流沙三百里，至于葛山之尾，无草木，多砥砺。

【译文】

再向南行五百里水路，经过三百里流沙，便到了葛山的尾端，这里没有花草树木，到处是粗细磨石。

【原文】

又南三百八十里，曰葛山之首，无草木。澧水出焉，东流注于余泽，其中多珠蟞鱼，其状如肺而四目，六足有珠，其味酸甘，食之无疠。

珠蟞鱼

【译文】

再向南三百八十里，就是葛山的首端，这里没有花草树木。沣水从此发源，向东流入余泽，水中有很多珠蟞鱼，长得像动物的一叶肺器官却有四只眼睛，还有六只脚而且能吐珠子，这种珠蟞鱼的肉味是酸中带甜，人吃了它的肉就不会染上瘟疫。

【原文】

又南三百八十里，曰余峨之山。其上多梓枏，其下多荆芑[①]。杂余之水出焉，东流注于黄水。有兽焉，其状如菟而鸟喙，鸱目蛇尾，见人则眠[②]，名犰狳，其鸣自训，见则螽[③]蝗为败。

犰狳

【注释】

①芑：通“杞”。即枸杞树。②眠，装死。③螽：即螽斯，蝗虫之类的昆虫，体绿色或褐色，样子像蚱蜢，以翅摩擦发音，是害虫。

【译文】

再向南三百八十里，是余峨山，山上有茂密的梓树和楠木树，山下有茂密的牡荆树和枸杞树。杂余水从这座山发源，向东流入黄水。山中有一种野兽，长得像一般的兔子却是鸟的嘴，鹞鹰的眼睛和蛇的尾巴，一看见人就躺下装死，叫作犰狳，发出的叫声便是它自身名称的读音，它一出现就会有螽斯蝗虫出现而为害庄稼。

【原文】

又南三百里，曰杜父之山，无草木，多水。

【译文】

再向南三百里，是杜父山，没有花草树木，到处流水。

【原文】

又南三百里，曰耿山，无草木，多水碧[①]，多大蛇。有兽焉，其状如狐而鱼翼，其名曰朱獳，其鸣自训，见则其国有恐。

【注释】

①水碧：就是前文所说的水玉之类，即水晶石。

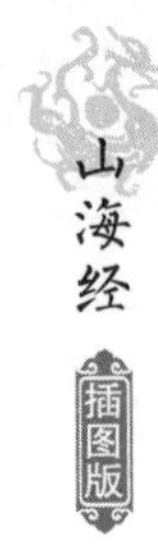

【译文】

再向南三百里，是耿山，没有花草树木，到处是水晶石，还有很多大蛇。山中有一种野兽，长得像狐狸却长着鱼鳍，叫作朱獳，发出的叫声便是它自身名称的读音，在哪个国家出现哪个国家里就会有恐怖的事发生。

【原文】

又南三百里，曰卢其之山，无草木，多沙石，沙水出焉，南流注于涔水，其中多鵹鹕①，其状如鸳鸯而人足，其鸣自训，见则其国多土功。

鵹鹕

【注释】

①鵹鹕：即鹈鹕鸟，也叫作伽蓝鸟、淘河鸟、塘鸟。它的体长可达二米，羽毛多是白色，翅大而阔，下颌底部有一大的皮囊，能伸缩，可以用来兜食鱼类动物。因为它的四趾之间有蹼相连，所以古人认为其足类似人脚。

【译文】

再向南三百里，是卢其山，不生长花草树木，到处是沙子石头。沙水从这座山发源，向南流入涔水，水中有很多鹈鹕，长得像一般的鸳鸯却长着人一样的脚，发出的叫声便是它自身名称的读音，在哪个国家出现哪个国家里就会有水土工程的劳役。

【原文】

又南三百八十里，曰姑射之山，无草木，多水。

【译文】

再向南三百八十里，是座姑射山，没有花草树木，到处流水。

【原文】

又南水行三百里，流沙百里，曰北姑射之山，无草木，多石。

【译文】

再向南行三百里水路，经过一百里流沙，是北姑射山，没有花草树木，到处是石头。

【原文】

又南三百里，曰南姑射之山，无草木，多水。

【译文】

再向南三百里，是南姑射山，没有花草树木，到处是河流。

【原文】

又南三百里，曰碧山，无草木，多大蛇，多碧、多水玉。

【译文】

再向南三百里，是碧山，没有花草树木，还盛产碧玉、水晶。

【原文】

又南五百里，曰缑氏之山，无草木，多金玉。原水出焉，东流注于沙泽。

【译文】

再向南三百里，是缑氏山，没有花草树木，盛产金银美玉。河流多源于此，向东注入沙泽。

【原文】

又南三百里，曰姑逢之山，无草木，多金玉。有兽焉，其状如狐而有翼，其音如鸿雁，其名曰獙獙，见则天下大旱。

獙獙

【译文】

再向南三百里，是座姑逢山，没有花草树木，有丰富的金属矿物和玉石。山中有一种野兽，长得像一般的狐狸却有翅膀，发出的声音如同大雁鸣叫，叫作獙獙，一出现天下就会发生大旱灾。

【原文】

又南五百里，曰凫丽之山，其上多金玉，其下多箴石，有兽焉，其状如狐，而九尾、九首、虎爪，名曰蛰侄，其音如婴儿，是食人。

【译文】

再向南五百里，是凫丽山，山上有丰富的金属矿物和玉石，山下盛产箴石。山中有一种野兽，长得像一般的狐狸，却有九条尾巴、九个脑袋、虎一样的爪子，叫作蛰侄，发出的声音如同婴儿啼哭，是能吃人的。

【原文】

又南五百里，曰碮山，南临碮水，东望湖泽，有兽焉，其状如马，而羊目、四角、牛尾，其音如嗥狗，其名曰峳峳。见则其国多狡客。有鸟焉，其状如凫而鼠尾，善登木，其名曰絜钩，见则其国多疫。

峳峳

【译文】

再向南五百里，是碮山，南面临近碮水，从山上向东可以望见湖泽。山中有一种野兽，长得像普通的马，却长着羊一样的眼睛、四只角、牛一样的尾巴，发出的声音如同狗叫，叫作峳峳，在哪个国家出现哪个国家里就会有很多奸猾的政客。山中还有一种禽鸟，长得像野鸭子却长着老鼠一样的尾巴，擅长攀缘树木，叫作絜钩，在哪个国家出现哪个国家里就多次发生瘟疫。

【原文】

凡东次二经之首，自空桑之山至于碮山，凡十七山，六千六百四十里。其神状皆兽身人面载觡①。其祠：毛用一鸡祈，婴②用一璧瘗。

【注释】

①载：戴。一般指将东西戴在头上。觡：骨角。专指麋、鹿等动物头上的角，这种角的骨质与角质合二为一，没有差异，所以叫骨角。②婴：古代人用玉器祭祀神的专称。

【译文】

总计东方第二列山系的首尾，自空桑山起到䃌山止，一共十七座山，途经六千六百四十里。诸山山神的形貌都是野兽的身子人的面孔，而且头上戴着觡角。祭祀山神：在毛物中用一只鸡献祭，在祀神的玉器中用一块玉璧献祭后埋入地下。

【原文】

又东次三经之首，曰尸胡之山，北望殍山，其上多金玉，其下多棘。有兽焉，其状如麋而鱼目，名曰妴胡，其鸣自训。

【译文】

东方第三列山系的首座山，是尸胡山，从山上向北可以望见殍山，山上有丰富的金属矿物和玉石，山下有茂密的酸枣树。山中有一种野兽，长得像麋鹿却长着鱼一样的眼睛，叫作妴胡，它发出的叫声便是自身名称的读音。

妴胡

【原文】

又南水行八百里，曰岐山，其木多桃李，其兽多虎。

【译文】

再向南行八百里水路，是座岐山，山中的树木大多是桃树和李树，而野兽大多是老虎。

【原文】

又南水行五百里，曰诸钩之山，无草木，多沙石。是山也，广员百里，多寐鱼①。

【注释】

①寐鱼：又叫嘉鱼，古人称为鮇鱼。这种鱼前部亚圆筒形，后部侧扁。体暗褐色。须二对，粗长。

【译文】

再向南行五百里水路，是诸钩山，没有花草树木，到处是沙子石头。这座山，方圆一百里，有很多寐鱼。

【原文】

又南水行七百里，曰中父之山，无草木，多沙。

【译文】

再向南行七百里水路，是中父山，没有花草树木，到处是沙子。

【原文】

又东水行千里，曰胡射之山，无草木，多沙石。

【译文】

再向东行一千里水路，是胡射山，没有花草树木，到处是沙子石头。

【原文】

又南水行七百里，曰孟子之山，其木多梓桐，多桃李，其草多菌蒲[①]，其兽多麋鹿。是山也，广员百里。其上有水出焉，名曰碧阳，其中多鳣鲔[②]。

鳣

【注释】

①菌蒲：即紫菜、石花菜、海带、海苔之类。②鳣：鳣鱼，据古人说是一种大鱼，体形像鱏鱼而鼻子短，口在颔下，体有斜行甲，没有鳞，肉是黄色，大的有二三丈长。鲔：鲔鱼，据说就是鱏鱼。

【译文】

再向南行七百里水路，是孟子山，山中的树木大多是梓树和桐树，还生长着茂密的桃树和李树，山中的草大多是菌蒲，山中的野兽大多是麋、鹿。这座山，方圆一百里。有条河水从山上流出，叫作碧阳，水中生长着很多鳣和鲔。

【原文】

又南水行五百里，曰流沙，行五百里，有山焉，曰跂踵之山，广员二百里，无草木，有大蛇，其上多玉。有水焉，广员四十里皆涌，其名曰深泽，其中多蠵龟[①]。有鱼焉，其状如鲤。而六足鸟尾，名曰鮯鮯之鱼，其鸣自叫。

【注释】

①蠵龟：也叫赤蠵龟，据古人说是一种大龟，甲有纹彩，像玳瑁而薄一些。

【译文】

再向南行五百里水路，经过流沙五百里，有一座山，叫跂踵山，方圆二百里，没有花草树木，有大蛇，山上有丰富的玉石。这里有一水潭，方圆四十里都在喷涌泉水，叫作深泽，水中有很多蠵龟。水中还生长着一种鱼，长得像一般的鲤鱼，却有六只脚和鸟一样的尾巴，叫作鮯鮯鱼，发出的叫声便是它自身名称的读音。

【原文】

又南水行九百里，曰踇隅之山，其上多草木，多金玉，多赭。有兽焉，其状如牛而马尾，名曰精精，其鸣自叫。

精精

【译文】

再向南行九百里水路，是踇隅山，山上有茂密的花草树木，有丰富的金属矿物和玉石，还有许多赭石。山中有一种野兽，长得像一般的牛却长着马一样的尾巴，叫作精精，它发出的叫声便是自身名称的读音。

【原文】

又南水行五百里，流沙三百里，至于无皋之山，南望幼海，东望榑木[①]，无草木，多风。是山也，广员百里。

【注释】

①榑木：即扶桑，神话传说中的神木，叶似桑树叶，长数千丈，粗

二十围，两两同根生，更相依倚，而太阳就是从这里升起的。

【译文】

再向南行五百里水路，经过三百里流沙，便到了无皋山，从山上向南可以望见幼海，向东可以望见榑木，这里不生长花草树木，到处刮大风。这座山，方圆一百里。

【原文】

凡东次三经之首，自尸胡之山至于无皋之山，凡九山，六千九百里。其神状皆人身而羊角。其祠：用一牡①羊，米用黍②。是神也，见则风雨水为败。

人身羊角神

【注释】

①牡：鸟兽的雄性。②黍：一种谷物，性黏，子粒供食用或酿酒。在脱皮以后，北方人称它为黄米。

【译文】

总计东方第三列山系的开始，自尸胡山起到无皋山止，一共九座山，途经六千九百里。诸山山神的形貌都是人的身子却长着羊角。祭祀山神：在毛物中用一只公羊做祭品，祀神的米用黄米。这些山神，一出现就会起大风、下大雨、发大水而损坏庄稼。

【原文】

又东次四经之首，曰北号之山，临于北海。有木焉，其状如杨，赤华，其实如枣而无核，其味酸甘，食之不疟。食水出焉，而东北流注于海。有兽焉，其状如狼，赤首鼠目，其音如豚，名曰猲狙，是食人。有鸟焉，其状如鸡而白首，鼠足而虎爪，其名曰鬿雀，亦食人。

【译文】

东方第四列山系的首座山，叫北号山，屹立在北海边上。山中有一种树木，长得像普通的杨树，开红色花朵，果实与枣子相似但没有核，味道是酸中带甜，吃了它就能使人不得疟疾病。食水从这座山发源，然后向东北流入大海。山中有一种野兽，长得像狼，长着红脑袋和老鼠一样的眼睛，发出的声音如同小猪叫，叫作猲狙，是能吃人的。山中还有一种禽鸟，长得像普通的鸡却长着白脑袋，老鼠一样的前爪和老虎一样的后爪，叫作鬿雀，也是能吃人的。

【原文】

又南三百里，曰旄山，无草木。苍体之水出焉，而西流注于展水，其中多鱃鱼①，其状如鲤而大首，食者不疣②。

鱃鱼

【注释】

①鱃鱼：即鳅鱼，也写成鰌鱼，长得像鳝鱼，长约三四寸，扁尾巴，青黑色，没有鳞甲而微有黏液。常潜居河湖池沼水田的泥土中，所以俗称泥鳅或泥鰌。②疣：一种小肉瘤，即长在人体皮肤上的小疙瘩，俗称瘊子。

【译文】

再向南三百里，是旄山，没有花草树木。苍体水从这座山发源，然后向西流入展水，水中生长着很多鱃鱼，长得像鲤鱼而头长得很大，吃了它的肉就能使人皮肤上不生瘊子。

【原文】

又南三百二十里，曰东始之山，上多苍玉。有木焉，其状如杨而赤理，其汁如血，不实，其名曰芑，可以服马，泚水出焉，而东北流注于海，其中多美贝，多茈鱼，其状如鲋①，一首而十身，其臭如蘪芜②，食之不糟③。

茈鱼

【注释】

①鲋：即鲫鱼，体侧扁，背面青褐色，腹部银灰色，肉味鲜美。②蘪芜：就是蘼芜，一种香草，叶子像当归草的叶子，气味像白芷草的香气。据古人讲，因为它的茎叶靡弱而繁芜，所以这样叫。③糟：同“屁”。

【译文】

再向南三百二十里，是东始山，山上多出产苍玉。山中有一种树木，长得像一般的杨树却有红色纹理，树干中的液汁与血相似，不结果实，叫作芑，把液汁涂在马身上就可使马驯服。泚水从这座山发源，然后向东北流入大海，水中有许多美丽的贝，还有很多茈鱼，长得像一般的鲫鱼，却长着一个脑袋而十个身子，它的气味与蘼芜草相似，人吃了它就不放屁。

【原文】

又东南三百里，曰女烝之山，其上无草木，石膏水出焉，而西流注于鬲水，其中多薄鱼，其状如鳣鱼[①]而一目，其音如欧[②]，见则天下大旱。

【注释】

①鳣：通“鳝”。即鳝鱼，俗称黄鳝。②欧：呕吐。

【译文】

再向东南三百里，是女烝山，山上没有花草树木。石膏水从这座山发源，然后向西流入鬲水，水中有很多薄鱼，长得像一般的鳝鱼却长着一只眼睛，发出的声音如同人在呕吐，一出现天下就会发生大旱灾。

【原文】

又东南二百里，曰钦山，多金玉而无石。师水出焉，而北流注于皋泽，其中多鱃鱼，多文贝。有兽焉，其状如豚而有牙[①]，其名曰当康，其鸣自叫，见则天下大穰。

当康

【注释】

①牙：这里指尖锐锋利的露出嘴唇之外的大牙齿。

【译文】

再向东南二百里，是座钦山，山中有丰富的金属矿物和玉石却没有石头。师水从这座山发源，然后向北流入皋泽，水中有很多鱃鱼，还有很多色彩斑斓的贝。山中有一种野兽，长得像小猪却长着大獠牙，叫作当康，它发出的叫声就是自身名称的读音，一出现天下就要大丰收。

【原文】

又东南二百里，曰子桐之山。子桐之水出焉，而西流注于余如之泽。其中多䱻鱼，其状如鱼而鸟翼，出入有光。其音如鸳鸯，见则天下大旱。

【译文】

再向东南二百里，是子桐山。子桐水从这座山发源，然后向西流入余如泽。水中生长着很多䱻鱼，形状与一般的鱼相似却长着禽鸟翅膀，出入水中时闪闪发光，发出的声音如同鸳鸯鸣叫，一出现天下就会发生大旱灾。

【原文】

又东北二百里，曰剡山，多金玉。有兽焉，其状如彘而人面。黄身而赤尾，其名曰合窳，其音如婴儿，是兽也，食人，亦食虫蛇，见则天下大水。

【译文】

再向东北二百里，是座剡山，有丰富的金属矿物和玉石。山中有一种野兽，长得像猪却是人的面孔，黄色的身子上长着红色尾巴，叫作合窳，发出的声音如同婴儿啼哭。这种合窳兽，是吃人的，也吃虫和蛇，一出现天下就会发生水灾。

【原文】

又东二百里，曰太山，上多金玉、桢木①。有兽焉，其状如牛而白首，一目而蛇尾，其名曰蜚，行水则竭，行草则死，见则天下大疫，钩水出焉，而北流注于劳水，其中多鱃鱼。

【注释】

①桢木：即女桢，一种灌木，叶子对生，卵状披针形，在冬季不凋

落，四季常青。初夏开花，是白色，果实椭圆形。

【译文】

再向东二百里，是太山，山上有丰富的金属矿物和玉石、茂密的女桢树。山中有一种野兽，长得像一般的牛却是白脑袋，长着一只眼睛和蛇一样的尾巴，叫作蜚，它行经有水的地方水就干涸，行经有草的地方草就枯死，一出现而天下就会发生大瘟疫。钩水从这座山发源，然后向北流入劳水，水中有很多鱃鱼。

蜚

【原文】

凡东次四经之首，自北号之山至于太山，凡八山，一千七百二十里。

【译文】

总计东方第四列山系的首尾，自北号山起到太山止，一共八座山，途经一千七百二十里。

【原文】

右东经之山志，凡四十六山，万八千八百六十里。

【译文】

以上是东方山系的记录，总共四十六座山，一万八千八百六十里。

卷五　中山经

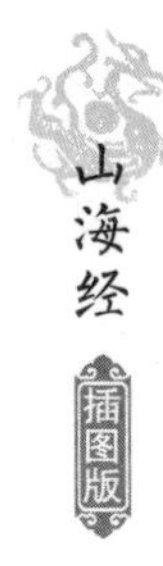

【原文】

中山经薄山之首，曰甘枣之山，共水出焉，而西流注于河。其上多杻木。其下有草焉，葵本[①]而杏叶。黄华而荚[②]实，名曰箨，可以已瞢[③]。有兽焉，其状如��鼠而文题，其名曰𪊽，食之已瘿。

𪊽

【注释】

①本：草木的根或茎、干。这里指茎。②荚：凡草木果实狭长而没有隔膜的，都叫作荚。③瞢：眼目不明。

【译文】

中央第一列山系薄山山系的首座山，叫作甘枣山。共水从这座山发源，然后向西流入黄河。山上有茂密的杻树。山下有一种草，葵菜一样的茎杏树一样的叶子，开黄色的花朵而结带荚的果实，叫作箨，人吃了它可以治愈眼睛昏花。山中还有一种野兽，长得像䶄鼠而额头上有花纹，叫作𪊽，吃了它的肉就能治好人脖子上的赘瘤。

【原文】

又东二十里，曰历儿之山，其上多橿，多枥木，是木也，方茎而员叶，黄华而毛，其实如楝[①]，服之不忘。

【注释】

①楝：楝树，也叫苦楝，落叶乔木，春夏之交开花，淡紫色，核果球形或长圆形，熟时黄色。木材坚实，易加工，供家具、乐器、建筑、农具等用。

【译文】

再向东二十里，是历儿山，山上有茂密的橿树，还有茂密的枥树，这种树木，树干是方形的而叶子是圆形的，开黄色花而花瓣上有茸毛，果实像楝树结的果实，人服食它可以不忘事。

【原文】

又东十五里，曰渠猪之山，其上多竹，渠猪之水出焉，而南流注于河。其中是多豪鱼，状如鲔，赤喙尾赤羽，可以已白癣[①]。

豪鱼

【注释】

①癣：皮肤感染真菌后引起的一种疾病。

【译文】

再向东十五里，是渠猪山，山上有茂盛的竹子。渠猪水从这座山发源，然后向南流入黄河。水中有很多豪鱼，长得像一般的鲔鱼，但长着红嘴巴和带羽毛的红尾巴，人吃了它的肉就能治愈白癣病。

【原文】

又东三十五里，曰葱聋之山，其中多大谷，是多白垩，黑、青、黄垩。

【译文】

再向东三十五里，是葱聋山，山中有许多又深又长的峡谷，到处是白垩土，还有黑垩土、青垩土、黄垩土。

【原文】

又东十五里，曰涹山，其上多赤铜，其阴多铁。

【译文】

再向东十五里，是座涹山，山上有丰富的铜，山北面盛产铁。

【原文】

又东七十里，曰脱扈之山。有草焉，其状如葵叶而赤华，荚实，实如棕荚，名曰植楮，可以已癙[①]，食之不眯[②]。

【注释】

①瘋：忧病。②眯：梦魇。梦魇就是人在睡梦中遇见可怕的事而呻吟、惊叫。

【译文】

又向东七十里，是脱扈山。山中有一种草，长得像葵菜的叶子而开红花，结的是带荚的果实，果实的荚像棕树的果荚，叫作植楮，可以用它治愈精神抑郁症，而服食它就能使人不做噩梦。

【原文】

又东二十里，曰金星之山，多天婴，其状如龙骨[①]，可以已痤[②]。

【注释】

①龙骨：据古人讲，在山岩河岸的土穴中常有死龙的骨，而生长在这种地方的植物就叫龙骨。②痤：即痤疮，一种皮肤病。

【译文】

再向东二十里，是金星山，山中有很多天婴，形状与龙骨相似，可以用来医治痤疮。

【原文】

又东七十里，曰泰威之山。其中有谷，曰梟谷，其中多铁。

【译文】

再向东七十里，是座泰威山。山中有一道峡谷叫作梟谷，那里盛产铁。

【原文】

又东十五里，曰橿谷之山。其中多赤铜。

【译文】

再向东十五里，是橿谷山，山中有丰富的铜。

【原文】

又东百二十里，曰吴林之山，其中多葌草[①]。

【注释】

①葌草：葌，同“蕑”，而蕑即兰，则葌草就是兰草。

【译文】

再向东一百二十里，是吴林山，山中生长着茂盛的兰草。

【原文】

又北三十里，曰牛首之山。有草焉，名曰鬼草，其叶如葵而赤茎，其秀[1]如禾，服之不忧。劳水出焉，而西流注于潏水，是多飞鱼，其状如鲋鱼，食之已痔衕。

飞鱼

【注释】

①秀：指禾类植物开花，又引申而泛指草木开花。

【译文】

再向北三十里，是牛首山。山中生长着一种草，叫作鬼草，叶子像葵菜叶却是红色茎干，开的花像禾苗吐穗时的花，服食它就能使人无忧无虑。劳水从这座山发源，然后向西流入潏水，水中有很多飞鱼，长得像一般的鲫鱼，人吃了它的肉就能治愈痔疮和痢疾。

【原文】

又北四十里，曰霍山，其木多榖。有兽焉，其状如狸[1]，而白尾有鬣，名曰朏朏，养之可以已忧。

朏朏

【注释】

①狸：俗称野猫，似狐狸而小一些，身肥胖而短一点儿。

【译文】

再向北四十里，是霍山，这里到处是茂密的构树。山中有一种野兽，

长得像一般的野猫，却长着白尾巴，脖子上有鬃毛，叫作朏朏，人饲养它就可以消除忧愁。

【原文】

又北五十二里，曰合谷之山，是多薝棘。

【译文】

再向北五十二里，是合谷山，这里到处是薝棘。

【原文】

又北三十五里，曰阴山，多砺石、文石。少水出焉，其中多雕棠，其叶如榆叶而方，其实如赤菽[①]，食之已聋。

【注释】

①菽：本义是指大豆，引申为豆类的总称。

【译文】

再向北三十五里，是阴山，多的是粗磨刀石、色彩斑斓的石头。少水从这座山发源。山中有茂密的雕棠树，叶子像榆树叶却呈四方形，结的果实像红豆，服食它就能治愈人的耳聋病。

【原文】

又东北四百里，曰鼓镫之山，多赤铜。有草焉，名曰荣草，其叶如柳，其本如鸡卵，食之已风。

【译文】

再向东四百里，是鼓镫山，有丰富的铜。山中有一种草，叫作荣草，叶子与柳树叶相似，根茎与鸡蛋相似，人吃了它就能治愈风痹病。

【原文】

凡薄山之首，自甘枣之山至于鼓镫之山，凡十五山，六千六百七十里。历儿，冢也，其祠礼：毛，太牢之具；县[①]以吉玉。其余十三山者，毛用一羊，县婴用桑封，瘗而不糈。桑封者，藻玉也，方其下而锐[②]其上，而中穿之加金。

【注释】

①县：同“悬”。②锐：上小下大，这里指三角形尖角。

【译文】

总计薄山山系的首尾，自甘枣山起到鼓镫山止，一共十五座山，途经六千六百七十里。历儿山，是诸山的宗主，祭祀宗主山山神，毛物须用猪、牛、羊齐全的三牲做祭品，再悬挂上吉玉献祭。祭祀其余十三座山的山神，毛物用一只羊做祭品，再悬挂上祀神玉器中的藻珪献祭，祭礼完毕把它埋入地下而不用米祀神。所谓藻珪，就是藻玉，下端呈长方形而上端有尖角，中间有穿孔并加上金饰物。

【原文】

中次二经济山之首，曰辉诸之山，其上多桑，其兽多闾①、麋，其鸟多鹖②。

鹖

【注释】

①闾：就是前文所说的长得像驴而长着羚羊角的山驴。②鹖：鹖鸟。

【译文】

中央第二列山系济山山系的首座山，叫作辉诸山，山上有茂密的桑树，山中的野兽大多是山驴和麋鹿，而禽鸟大多是鹖鸟。

【原文】

又西南二百里，曰发视之山，其上多金玉，其下多砥砺。即鱼之水出焉，而西流注于伊水。

【译文】

再向西南二百里，是座发视山，山上有丰富的金属矿物和玉石，山下多出产磨刀石。即鱼水从这座山发源，然后向西流入伊水。

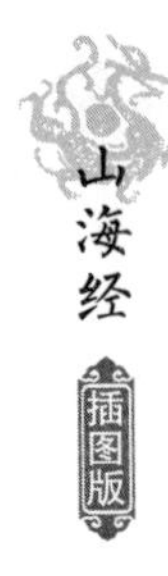

【原文】

又西三百里，曰豪山，其上多金玉而无草木。

【译文】

再向西三百里，是豪山，山上有丰富的金属矿物和玉石，而没有花草树木。

【原文】

又西三百里，曰鲜山，多金玉，无草木，鲜水出焉，而北流注于伊水。其中多鸣蛇，其状如蛇而四翼，其音如磬，见则其邑大旱。

鸣蛇

【译文】

再向西三百里，是座鲜山，有丰富的金属矿物和玉石，但不生长花草树木。鲜水从这座山发源，然后向北流入伊水。水中有很多鸣蛇，长得像一般的蛇，却长着四只翅膀，叫声如同敲磬的声音，在哪个地方出现哪里就会发生大旱灾。

【原文】

又西三百里，曰阳山，多石，无草木。阳水出焉，而北流注于伊水。其中多化蛇，其状如人面而豺①身，鸟翼而蛇行②，其音如叱呼，见则其邑大水。

【注释】

①豺：一种凶猛的动物，比狼小一些，毛色一般是棕红，尾巴的末端是黑色，腹部和喉部是白色。②蛇行：蜿蜒曲折地爬行。

【译文】

再向西三百里，是阳山，到处是石头，没有花草树木。阳水从这座山发源，然后向北流入伊水。水中有很多化蛇，形貌是人的面孔、豺一样的身子，有禽鸟的翅膀却像蛇一样爬行，发出的声音如同人在呵斥，在哪个地方出现哪里就会发生水灾。

【原文】

又西二百里，曰昆吾之山，其上多赤铜[1]。有兽焉，其状如彘而有角，其音如号，名曰蠪蚳，食之不眯。

【注释】

①赤铜：指传说中的昆吾山所特有的一种铜，色彩鲜红，和赤火一样。用这里生产的赤铜所制作的刀剑，是非常锋利的，切割玉石如同削泥一样。

蠪蚳

【译文】

再向西二百里，是昆吾山，山上有丰富的赤铜。山中有一种野兽，长得像一般的猪却长着角，发出的声音如同人号啕大哭，叫作蠪蚳，吃了它的肉就会使人不做噩梦。

【原文】

又西百二十里，曰葌山。葌水出焉，而北流注于伊水，其上多金玉，其下多青、雄黄。有木焉，其状如棠而赤叶，名曰芒草[1]，可以毒鱼。

【注释】

①芒草：又称莽草，也可单称为芒，一种有毒性的草，与另一种类似于茅草的芒草是同名异物。可能芒草长得高大如树，所以这里称它为树木，其实是草。

【译文】

再向西一百二十里，是葌山。葌水从这座山发源，然后向北流入伊水。山上盛产金属矿物和玉石，山下盛产石青、雄黄。山中有一种树木，长得像棠梨树而叶子是红色的，叫作芒草，能够毒死鱼。

【原文】

又西一百五十里，曰独苏之山，无草木而多水。

【译文】

再向西一百五十里，是独苏山，这里没有花草树木而到处是水。

【原文】

又西二百里，曰蔓渠之山，其上多金玉，其下多竹箭。伊水出焉，而东流注于洛。有兽焉，其名曰马腹，其状如人面虎身，其音如婴儿，是食人。

马腹

【译文】

再向西二百里，是蔓渠山，山上有丰富的金属矿物和玉石，山下到处是小竹丛。伊水从这座山发源，然后向东流入洛水。山中有一种野兽，叫作马腹，形貌是人一样的面孔虎一样的身子，发出的声音如同婴儿啼哭，是能吃人的。

【原文】

凡济山之首，自辉诸之山至于蔓渠之山，凡九山，一千六百七十里，其神皆人面而鸟身。祠用毛，用一吉玉，投而不糈。

【译文】

总计济山山系的首尾，自辉诸山起到蔓渠山止，一共九座山，途经一千六百七十里。诸山山神的形貌都是人的面孔鸟的身子。祭祀山神要用毛物做祭品，再用一块吉玉，把这些投向山谷而不用米祀神。

【原文】

中次三经萯山之首，曰敖岸之山，其阳多㻬琈之玉，其阴多赭、黄金。神熏池居之。是常出美玉。北望河林，其状如茜如举[①]。有兽焉，其状如白鹿而四角，名曰夫诸，见则其邑大水。

【注释】

①茜：茜草，一种多年生攀缘草本植物，根是黄红色，可做染料。举：即榉柳，落叶乔木，生长得又快又高大，木材坚实，用途很广。

【译文】

中央第三列山系萯山山系的首座山，叫作敖岸山，山南面多出产琇琈玉，山北面多出产赭石、黄金。天神熏池住在这里。这座山还常常生出美玉来。从山上向北可以望见奔腾的黄河和葱郁的丛林，它们的形状好像是茜草和榉柳。山中有一种野兽，长得像一般的白鹿却长着四只角，叫作夫诸，在哪个地方出现哪里就会发生水灾。

夫诸　　熏池

【原文】

又东十里，曰青要之山，实惟帝之密都①。北望河曲，是多驾鸟②。南望墠渚，禹父③之所化，是多仆累④、蒲卢。䰠武罗司之，其状人面而豹文，小要而白齿，而穿耳以鐻，其鸣如鸣玉。是山也，宜女子。畛水出焉，而北流注于河。其中有鸟焉，名曰鴢，其状如凫，青身而朱目赤尾，食之宜子。有草焉，其状如葌，而方茎、黄华、赤实，其本如藁本⑤，名曰荀草，服之美人色。

【注释】

①密都：隐秘深邃的都邑。②驾鸟：野鹅。③禹父：指大禹的父亲鲧。相传禹是夏朝的开国国王。④仆累：即蜗牛。⑤藁本：也叫抚芎、西芎，一种香草，根茎含挥发油，可作药用。

【译文】

再向东十里，是青要山，实际上是天帝的密都。从青要山上向北可以望见黄河的弯曲处，这里有许多野鹅。从青要山向南可以望见墠渚，是大禹的父亲鲧变化成为黄熊的地方，这里有很多蜗牛、蒲卢。山神武罗掌管着这里，这位山神的形貌是人的面孔却浑身长着豹子一样的斑纹，

细小的腰身洁白的牙齿，耳朵上穿挂着金银环，发出的声音像玉石碰击作响。这座青要山，适宜女子居住。畛水从这座山发源，然后向北流入黄河。山中有一种禽鸟，叫作䳄，长得像野鸭子，青色的身子却是浅红色的眼睛、深红色的尾巴，吃了它的肉就能使人多生孩子。山中生长着一种草，长得像兰草，却是四方形的茎、黄色的花朵、红色的果实，根部像藁本的根，叫作荀草，服用它就能使人的肤色洁白漂亮。

魌武罗

【原文】

又东十里，曰騩山，其上有美枣，其阴有㻬琈之玉。正回之水出焉，而北流注于河。其中多飞鱼[①]，其状如豚而赤文，服之不畏雷，可以御兵[②]。

【注释】

①飞鱼：与上文所述飞鱼的形状不同，当为同名异物。②兵：指兵器的锋刃，引申为战乱。

【译文】

再向东十里，是座騩山，山上盛产味道甜美的枣子，山北面还盛产㻬琈玉。正回水从这座山发源，然后向北流入黄河。水中生长着许多飞鱼，长得像小猪却浑身是红色斑纹，吃了它的肉就能使人不怕打雷，还可以防御兵灾。

【原文】

又东四十里，曰宜苏之山，其上多金玉，其下多蔓居[①]之木。滽滽之水出焉，而北流注于河，是多黄贝。

【注释】

①蔓居：一种灌木，长在水边，苗茎蔓延，高一丈多，六月开红白色花，九月结成的果实上有黑斑，冬天则叶子凋落。

【译文】

再向东四十里，是宜苏山，山上有丰富的金属矿物和玉石，山下有繁茂的蔓居。滽滽水从这座山流出，然后向北流入黄河，水中有很多黄色的贝类。

【原文】

又东二十里，曰和山，其上无草木而多瑶碧，实惟河之九都[①]。是山也，五曲，九水出焉，合而北流注于河，其中多苍玉。吉神[②]泰逢司之，其状如人而虎尾，是好居于萯山之阳，出入有光。泰逢神动天地气也。

泰逢

【注释】

①都：会聚。②吉神：对神的美称，即善神的意思。

【译文】

再向东二十里，是和山，山上不生长花草树木但到处是瑶、碧一类的美玉，确实是黄河中的九条水源所会聚的地方。这座山盘旋回转了五层，有九条水从这里发源，然后汇合起来向北流入黄河，水中有很多苍玉。吉神泰逢主管这座山，他的形貌像人却长着老虎一样的尾巴，喜欢住在萯山向阳的南面，出入时都有闪光。泰逢这位吉神能兴起风云。

【原文】

凡萯山之首，自敖岸之山至于和山，凡五山，四百四十里。其祠：泰逢、熏池、武罗皆一牡羊副[①]，婴用吉玉。其二神用一雄鸡瘗之。糈用稌。

【注释】

①副：裂开，剖开。

【译文】

总计萯山山系的首尾，自敖岸山起到和山止，一共五座山，途经

四百四十里。祭祀泰逢、熏池、武罗三位神都是把一只公羊劈开来祭祀，祀神的玉器要用吉玉。其余二位山神是用一只公鸡献祭后埋入地下。祀神的米用稻米。

【原文】

中次四经厘山之首，曰鹿蹄之山，其上多玉，其下多金。甘水出焉，而北流注于洛，其中多汵石①。

【注释】

①汵石：一种柔软如泥的石头。

【译文】

中央第四列山系厘山山系的首座山，是鹿蹄山，山上盛产玉，山下盛产金属矿物。甘水从这座山发源，然后向北流入洛水，水中有很多汵石。

【原文】

西五十里，曰扶猪之山，其上多礝石①。有兽焉，其状如貉②而人目，其名曰麐。虢水出焉，而北流注于洛，其中多礝石。

麐

【注释】

①礝石：次于玉一等的美石。礝，也写成“碝”、“瑌”。②貉：也叫狗獾，是一种野兽。外形像狐狸而体态较肥胖，尾巴较短，尾毛蓬松，耳朵短而圆，两颊有长毛，体色棕灰。

【译文】

向西五十里，是座扶猪山，山上到处是礝石。山中有一种野兽，长得像貉，却长着人的眼睛，叫作麐。虢水从这座山发源，然后向北流入洛水，水中有很多礝石。

【原文】

又西一百二十里，曰厘山，其阳多玉，其阴多蒐①。有兽焉，其状如牛，苍身，其音如婴儿，是食人，其名曰犀渠。滽滽之水出焉，而南流注于伊水。有兽焉，名曰獙，其状如獳犬②而有鳞，其毛如彘鬣。

犀渠

【注释】

①蒐：即茅蒐，现在称茜草。它的根是紫红色，可做染料，并能入药。②獳犬：发怒样子的狗。

【译文】

再向西一百二十里，是座厘山，山南面有很多玉石，山北面有茂密的茜草。山中有一种野兽，长得像一般的牛，全身青黑色，发出的声音如同婴儿啼哭，是能吃人的，叫作犀渠。滽滽水从这座山发源，然后向南流入伊水。这里还有一种野兽，叫作獙，长得像獳犬却全身有鳞甲，长在鳞甲间的毛像猪鬃一样。

獙

【原文】

又西二百里，曰箕尾之山，多穀，多涂石①，其上多㻬琈之玉。

【注释】

①涂石：就是上文所说的汵石，石质如泥一样柔软。

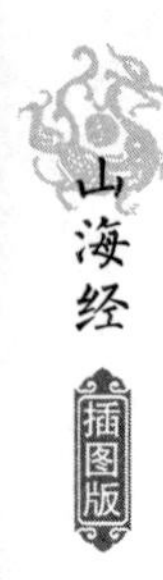

【译文】

再向西二百里，是座箕尾山，有茂密的构树，盛产涂石，山上还有许多瑀琈玉。

【原文】

又西二百五十里，曰柄山，其上多玉，其下多铜。滔雕之水出焉，而北流注于洛。其中多羬羊。有木焉，其状如樗，其叶如桐而荚实，其名曰茇[①]，可以毒鱼。

【注释】

①茇：可能是“芫”的误写。芫即芫华，也叫芫花，是一种落叶灌木，春季先开花，后生叶，花蕾可入药，根茎有毒性。

【译文】

再向西二百五十里，是柄山，山上盛产玉，山下盛产铜。滔雕水从这座山发源，然后向北流入洛水。山中有许多羬羊。山中还有一种树木，长得像臭椿树，叶子像梧桐叶而结出带荚的果实，叫作茇，是能毒死鱼的。

【原文】

又西二百里，曰白边之山，其上多金玉，其下多青、雄黄。

【译文】

再向西二百里，是白边山，山上有丰富的金属矿物和玉石，山下盛产石青、雄黄。

【原文】

又西二百里，曰熊耳之山，其上多漆，其下多棕。浮濠之水出焉，而西流注于洛，其中多水玉，多人鱼。有草焉，其状如苏[①]而赤华，名曰葶苧，可以毒鱼。

【注释】

①苏：即紫苏，又叫山苏，一年生草本植物，茎呈方形，叶子紫红色。枝、叶、茎、果都可作药用。

【译文】

再向西二百里，是熊耳山，山上是茂密的漆树，山下是茂密的棕树。浮濠水从这座山发源，然后向西流入洛水，水中有很多水晶石，还有很多人鱼。山中有一种草，长得像苏草而开红花，叫作葶苧，是能毒死鱼的。

【原文】

又西三百里，曰牡山，其上多文石，其下多竹箭竹䉋，其兽多㸲牛、羬羊，鸟多赤鷩①。

【注释】

①赤鷩：即鷩雉，也叫锦鸡，像野鸡但小一些，冠子羽毛都很美，色彩艳丽。

【译文】

再向西三百里，是牡山，山上到处是色彩斑斓的石头，山下到处是竹箭、竹䉋之类的竹丛。山中的野兽以㸲牛、羬羊最多，而禽鸟以赤鷩最多。

【原文】

又西三百五十里，曰讙举之山。雒水出焉，而东北流注于玄扈之水，其中多马肠①之物。此二山者，洛间也。

【注释】

①马肠：即上文所说的怪兽马腹，人面虎身，叫声如婴儿哭，吃人。

【译文】

再向西三百五十里，是讙举山。雒水从这座山发源，然后向东北流入玄扈水。玄扈山中生有很多马肠这样的怪物。在讙举山与玄扈山之间，夹着一条洛水。

【原文】

凡厘山之首，自鹿蹄之山至于玄扈之山，凡九山，千六百七十里。其神状皆人面兽身。其祠之：毛用一白鸡，祈而不糈，以采衣①之。

【注释】

①衣：作动词用，穿的意思。这里是包裹的意思。

人面兽身

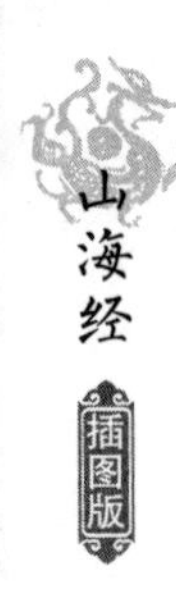

【译文】

总计厘山山系的开始，自鹿蹄山起到玄扈山止，一共九座山，途经一千六百七十里。诸山山神的形貌都是人的面孔，兽的身子。祭祀山神：在毛物中用一只白色鸡献祭，祀神不用米，用彩色帛把鸡包裹起来。

【原文】

中次五经薄山之首，曰苟林之山，无草木，多怪石。

【译文】

中央第五列山系薄山山系的首座山，叫作苟林山，不生长花草树木，到处是奇形怪状的石头。

【原文】

东三百里，曰首山，其阴多榖柞①，其草多茉芫，其阳多㻬琈之玉，木多槐。其阴有谷，曰机谷，多䲦鸟，其状如枭而三目，有耳，其音如录，食之已垫。

【注释】

①柞：柞树，也叫蒙子树、凿刺树、冬青，常绿灌木，初秋开花，雌雄异株，花小，黄白色，浆果小球形，黑色。

䲦鸟

【译文】

向东三百里，是座首山，山北面有茂密的构树、柞树，这里的草以茉草、芫华居多。山南面盛产㻬琈玉，这里的树木以槐树居多。这座山的北面有一峡谷，叫作机谷，峡谷里有许多䲦鸟，长得像猫头鹰却长着三只眼睛，还有耳朵，发出的声音如同鹿鸣叫，人吃了它的肉就会治好湿气病。

【原文】

又东三百里，曰县斸之山，无草木，多文石。

【译文】

再向东三百里，是县斸山，没有花草树木，到处是色彩斑斓的石头。

【原文】

又东三百里，曰葱聋之山，无草木，多㻬石①。

【注释】

①㻬石：即玤石，是次于玉石一等的石头。

【译文】

再向东三百里，是葱聋山，没有花草树木，到处是㻬石。

【原文】

东北五百里，曰条谷之山，其木多槐桐，其草多芍药、虋冬①。

【注释】

①虋冬：药草名，即门冬，分为麦门冬和天门冬两种。

【译文】

再向东北行五百里，是条谷山，山上多槐树、梧桐之类的树木，另外还有芍药、门冬这些草药。

【原文】

又北十里，曰超山，其阴多苍玉，其阳有井①，冬有水而夏竭。

【注释】

①井：井是人工开挖的，泉是自然形成的，而本书记述的山之所有皆为自然事物，所以，这里的井当是指泉眼下陷而低于地面的水泉，形似水井，故称。

【译文】

再向北十里，是超山，山北面到处是青玉，山南面有一眼水泉，冬天有水而到夏天就干枯了。

【原文】

又东五百里，曰成侯之山，其上多櫄木①，其草多芃②。

【注释】

①櫄木：与高大的臭椿树相似，树干可以做车辕。②芃：音交，即

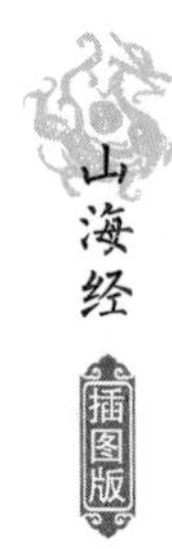

秦艽，一种可作药用的草。

【译文】

再向东五百里，是成侯山，山上是茂密的櫄树，这里的草以秦艽居多。

【原文】

又东五百里，曰朝歌之山，谷多美垩。

【译文】

再向东五百里，是朝歌山，山谷里多出产优良垩土。

【原文】

又东五百里，曰槐山，谷多金锡①。

【注释】

①锡：这里指天然锡矿石，而非提炼的纯锡。

【译文】

再向东五百里，是槐山，山谷里有丰富的铜和锡。

【原文】

又东十里，曰历山，其木多槐，其阳多玉。

【译文】

再向东十里，是历山，这里的树大多是槐树，山南面多出产玉石。

【原文】

又东十里，曰尸山，多苍玉，其兽多麖①。尸水出焉，南流注于洛水，其中多美玉。

【注释】

①麖：鹿的一种，体型较大。

【译文】

再向东十里，是尸山，到处是苍玉，这里的野兽以麖居多。尸水从这座山发源，向南流入洛水，水中有很多优良玉石。

【原文】

又东十里，曰良余之山，其上多榖柞，无石。余水出于其阴，而北流注于河；乳水出于其阳，而东南流注于洛。

【译文】

再向东十里，是良余山，山上有茂密的构树和柞树，没有石头。余水从良余山北麓流出，然后向北流入黄河；乳水从良余山南麓流出，然后向东南流入洛水。

【原文】

又东南十里，曰蛊尾之山，多砺石、赤铜。龙余之水出焉，而东南流注于洛。

【译文】

再向东南十里，是蛊尾山，盛产粗磨刀石、黄铜。龙余水从这座山发源，然后向东南流入洛水。

【原文】

又东北二十里，曰升山，其木多穀柞棘，其草多藷萸蕙[①]，多寇脱[②]。黄酸之水出焉，而北流注于河，其中多璇玉[③]。

【注释】

①藷萸：也叫山药。它的块茎不仅可以食用，并且可作药用。蕙：一种香草。②寇脱：古人说是一种生长在南方的草，有一丈多高，叶子与荷叶相似，茎中有瓤，纯白色。③璇玉：古人说是质料成色比玉差一点儿的玉石。

【译文】

再向东北二十里，是升山，这里的树以构树、柞树、酸枣树居多，而草以山药、惠草居多，还有茂密的寇脱草。黄酸水从这座山发源，然后向北流入黄河，水中有很多璇玉。

【原文】

又东二十里，曰阳虚之山，多金，临于玄扈之水。

【译文】

再向东二十里，是阳虚山，盛产金属矿物，阳虚山临近玄扈水。

【原文】

凡薄山之首，自苟林之山至于阳虚之山，凡十六山，二千九百八十二里。升山，冢也，其祠礼：太牢，婴用吉玉。首山，䰠[①]也，其祠用稌、黑牺太牢之具、蘖酿[②]；干儛[③]，置鼓；婴用一璧。尸水，合天也，

肥牲祠之；用一黑犬于上，用一雌鸡于下，刉④一牝羊，献血。婴用吉玉，采之，飨之。

【注释】

①魋：神灵。②糵酿：糵，酒曲，酿酒用的发酵剂。糵酿就是用曲糵酿造的醴酒。这里泛指美酒。③干儛：古代在举行祭祀活动时跳的一种舞蹈。干，即盾牌，是古代一种防御性兵器。儛，同“舞”。干儛就是手拿盾牌起舞，表示庄严隆重。④刉：亦作“刏”。划破，割。

【译文】

总计薄山山系的开始，自苟林山起到阳虚山止，一共十六座山，途经二千九百八十二里。升山，是诸山的宗主，祭祀升山山神的典礼：在毛物中用猪、牛、羊齐全的三牲做祭品，祀神的玉器要用吉玉。首山，是神灵显应的大山，祭祀首山山神用稻米、整只黑色皮毛的猪、牛、羊、美酒；手持盾牌起舞，摆上鼓并敲击应和；祀神的玉器用一块玉璧。尸水，是上通到天的，要用肥壮的牲畜做祭品献祭；用一只黑狗做祭品供在上面，用一只母鸡做祭品供在下面，杀一只母羊，献上血。祀神的玉器要用吉玉，并用彩色帛包装祭品，请神享用。

【原文】

中次六经缟羝山之首，曰平逢之山，南望伊、洛，东望谷城之山，无草木，无水，多沙石。有神焉，其状如人而二首，名曰骄虫，是为螫虫①，实惟蜂蜜②之庐，其祠之：用一雄鸡，禳③而勿杀。

【注释】

①螫虫：指一切身上长有毒刺能伤人的昆虫。②蜜：也是一种蜂。③禳：祭祀祈祷神灵以求消除灾害。

【译文】

中央第六列山系缟羝山山系的首座山，叫作平逢山，从平逢山上向南可以望见伊水和洛水，向东可以望见谷城山，这座山不生长花草树木，没有水，到处是沙子石头。山中有一山神，形貌像人却长着两个脑袋，叫作骄虫，是所有螫虫的

骄虫

首领，也确实是各种蜜蜂聚集做巢的地方。祭祀这位山神：用一只公鸡做祭品，在祈祷后放掉而不杀。

【原文】

西十里，曰缟羝之山，无草木，多金玉。

【译文】

向西十里，是缟羝山，没有花草树木，有丰富的金属矿物和玉石。

【原文】

又西十里，曰廆山，其阴多瑻琈之玉。其西有谷焉，名曰雚谷，其木多柳楮。其中有鸟焉，状如山鸡而长尾，赤如丹火而青喙，名曰鸰鹦，其鸣自呼，服之不眯。交觞之水出于其阳，而南流注于洛；俞随之水出于其阴，而北流注于谷水。

【译文】

再向西十里，是廆山，山的北面盛产瑻琈玉。在这座山的西面有一道峡谷，叫作雚谷，这里的树木大多是柳树、构树。山中有一种禽鸟，长得像野鸡拖着一条长长的尾巴，身上通红如火却是青色嘴巴，叫作鸰鹦，它发出的叫声便是自身名称的读音，吃了它的肉就能使人不做噩梦。交觞水从这座山的南麓流出，然后向南流入洛水；俞随水从这座山的北麓流出，然后向北流入谷水。

鸰鹦

【原文】

又西三十里，曰瞻诸之山，其阳多金，其阴多文石。谢水出焉，而东南流注于洛，少水出其阴，而东流注于谷水。

【译文】

再向西三十里，是座瞻诸山，山南面盛产金属矿物，山北面盛产带有花纹的石头。谢水从这座山发源，然后向东南流入洛水；少水从这座山的北麓流出，然后向东流入谷水。

【原文】

又西三十里，曰娄涿之山，无草木，多金玉。瞻水出于其阳，而东流注于洛；陂水出于其阴，而北流注于谷水，其中多茈石、文石。

【译文】

再向西三十里，是娄涿山，没有花草树木，有丰富的金属矿物和玉石。瞻水从这座山的南麓流出，然后向东流入洛水；陂水从这座山的北麓流出，然后向北流入谷水，水中有很多紫颜色的石头、带有花纹的石头。

【原文】

又西四十里，曰白石之山，惠水出于其阳，而南流注于洛，其中多水玉，涧水出于其阴，西北流注于谷水，其中多麋石①、栌丹②。

【注释】

①麋石：麋，通“眉”，眉毛。麋石即画眉石，一种可以描饰眉毛的矿石。②栌丹：栌，通“卢”。卢是黑色的意思。栌丹即黑丹砂，一种黑色矿物。

【译文】

再向西四十里，是白石山。惠水从白石山的南麓流出，然后向南流入洛水，水中有很多水晶石。涧水从白石山的北麓流出，向西北流入谷水，水中有很多画眉石、黑丹砂。

【原文】

又西五十里，曰谷山，其上多榖，其下多桑。爽水出焉，而西北流注于谷水，其中多碧绿①。

【注释】

①碧绿：可能指现在所说的孔雀石，色彩艳丽，可以制作装饰品和绿色涂料。

【译文】

再向西五十里，是谷山，山上是茂密的构树，山下是茂密的桑树。爽水从这座山发源，然后向西北流入谷水，水中有很多孔雀石。

【原文】

又西七十二里，曰密山，其阳多玉，其阴多铁。豪水出焉，而南流注于洛，其中多旋龟，其状鸟首而鳖尾，其音如判木。无草木。

旋龟

【译文】

再向西七十二里，是密山，山南面盛产玉，山北面盛产铁。豪水从这座山发源，然后向南流入洛水，水中有很多旋龟，长得像鸟一样的头、鳖一样的尾巴，发出的声音好像劈木头声。这座山不生长花草树木。

【原文】

又西百里，曰长石之山，无草木，多金玉。其西有谷焉，名曰共谷，多竹。共水出焉，西南流注于洛，其中多鸣石①。

【注释】

①鸣石：古人说是一种青色玉石，撞击后发出巨大鸣响，七八里以外都能听到，属于能制作乐器的磬石之类。

【译文】

再向西一百里，是长石山，没有花草树木，有丰富的金属矿物和玉石。这座山的西面有一道峡谷，叫作共谷，生长许多竹子。共水从这座山发源，向西南流入洛水，水中多产鸣石。

【原文】

又西一百四十里，曰傅山，无草木，多瑶碧。厌染之水出于其阳，而南流注于洛，其中多人鱼。其西有林焉，名曰墦冢。谷水出焉，而东流注于洛，其中多珚玉①。

【注释】

①珚玉：玉的一种。

【译文】

再向西一百四十里，是傅山，没有花草树木，到处是瑶、碧之类的美玉。厌染水从这座山的南麓流出，然后向南流入洛水，水中有很多人鱼。这座山的西面有一片树林，叫作墦冢。谷水从这里流出，然后向东流入洛水，水中有很多珚玉。

【原文】

又西五十里，曰橐山，其木多樗，多𣘸木[①]，其阳多金玉，其阴多铁，多萧[②]。橐水出焉，而北流注于河。其中多脩辟之鱼，状如黾[③]而白喙，其音如鸱，食之已白癣。

脩辟鱼

【注释】

①𣘸木：古人说这种树在七八月间吐穗，穗成熟后，像有盐粉沾在上面。②萧：蒿草的一种。③黾：青蛙的一种。

【译文】

再向西五十里，是橐山，山中的树木大多是臭椿树，还有很多𣘸树，山南面有丰富的金属矿物和玉石，山北面有丰富的铁，还有茂密的萧草。橐水从这座山发源，然后向北流入黄河。水中有很多脩辟鱼，长得像一般的蛙却长着白色嘴巴，发出的声音如同鹞鹰鸣叫，人吃了它的肉就能治愈白癣病。

【原文】

又西九十里，曰常烝之山，无草木，多垩，潐水出焉，而东北流注于河，其中多苍玉。菑水出焉，而北流注于河。

【译文】

再向西九十里，是常烝山，没有花草树木，有多种颜色的垩土。潐水从这座山发源，然后向东北流入黄河，水中有很多苍玉。菑水也从这座山发源，然后向北流入黄河。

【原文】

又西九十里，曰夸父之山，其木多棕枏，多竹箭，其兽多㸲牛、羬羊，其鸟多赤鷩，其阳多玉，其阴多铁。其北有林焉，名曰桃林，是广员三百里，其中多马。湖水出焉，而北流注于河，其中多珚玉。

【译文】

再向西九十里，是座夸父山，山中的树木以棕树和楠木树最多，还有茂盛的小竹丛，山中的野兽，以㸲牛、羬羊最多，而禽鸟以赤鷩最多，山南面盛产玉，山北面盛产铁。这座山北面有一片树林，叫作桃林，这片树林方圆三百里，林子里有很多马。湖水从这座山发源，然后向北流入黄河，水中多出产珚玉。

【原文】

又西九十里，曰阳华之山，其阳多金玉，其阴多青、雄黄，其草多藷萸，多苦辛，其状如橚①，其实如瓜，其味酸甘，食之已疟。杨水出焉，而西南流注于洛，其中多人鱼。门水出焉，而东北流注于河，其中多玄䃶。缙姑之水出于其阴，而东流注于门水，其上多铜。门水出于河，七百九十里入雒水。

【注释】

①橚：同“楸”。楸树是落叶乔木，树高大，树干端直。夏季开花，子实可作药用，主治热毒及各种疮疥。

【译文】

再向西九十里，是阳华山，山南面有丰富的金属矿物和玉石，山北面盛产石青、雄黄，山中的草以山药最多，还有茂密的苦辛草，长得像楸木，结的果实像瓜，味道是酸中带甜，人服食它就能治愈疟疾。杨水从这座山发源，然后向西南流入洛水，水中有很多人鱼。门水也从这座山发源，然后向东北流入黄河，水中有很多黑色磨刀石。缙姑水从阳华山北麓流出，然后向东流入门水，缙姑水两岸山间有丰富的铜。从门水

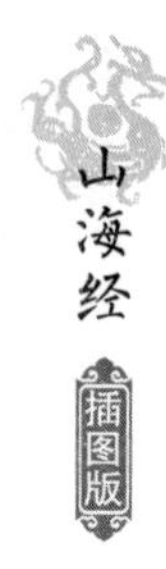

到黄河，流经七百九十里后注入雒水。

【原文】

凡缟羝山之首，自平逢之山至于阳华之山，凡十四山，七百九十里。岳[1]在其中，以六月祭之，如诸岳之祠法，则天下安宁。

【注释】

①岳：高大的山。

【译文】

总计缟羝山山系的开始，自平逢山起到阳华山止，一共十四座山，行经七百九十里。有变大的山岳在这一山系中，在每年六月祭祀它，像祭祀其他山岳的方法一样，那么天下就会安宁。

【原文】

中次七经苦山之首，曰休与之山。其上有石焉，名曰帝台[1]之棋，五色而文，其状如鹑卵，帝台之石，所以祷百神者也，服之不蛊。有草焉，其状如蓍[2]，赤叶而本丛生。名曰夙条，可以为簳[3]。

【注释】

①帝台：神人之名。②蓍：蓍草，又叫锯齿草，蚰蜒草，多年生直立草本植物，叶互生，无柄。古人取蓍草的茎作占筮之用。③簳：小竹子，可以做箭杆。

【译文】

中央第七列山系苦山山系的首座山，是休与山。山上有一种石子，是神仙帝台的棋，它们有五种颜色并带着斑纹，形状与鹌鹑蛋相似。神仙帝台的石子，是用来祷祀百神的，人佩戴上它就不会受邪毒之气侵染。休与山还有一种草，长得像一般的蓍草，叶子为红色，而根茎连接丛生在一起，叫作夙条，可以用来做箭杆。

【原文】

东三百里，曰鼓钟之山，帝台之所以觞[1]百神也。有草焉，方茎而黄华，员叶而三成[2]，其名曰焉酸，可以为毒[3]。其上多砺，其下多砥。

【注释】

①觞：向人敬酒或自饮。这里指设酒席招待。②成：重，层。③为毒：除去毒性物质。

【译文】

向东三百里，是鼓钟山，神仙帝台正是在此演奏钟鼓之乐而宴会诸位天神的。山中有一种草，方形的茎干上开着黄色花朵，圆形的叶子重叠为三层，叫作焉酸，可以用来解毒。山上多出产粗磨刀石，山下多出产细磨刀石。

【原文】

又东二百里，曰姑媱之山。帝女死焉，其名曰女尸，化为䔄草，其叶胥[①]成，其华黄，其实如菟丘[②]，服之媚于人。

【注释】

①胥：相与，皆。②菟丘：即菟丝子，一年生缠绕寄生草本植物，茎细柔，呈丝状，橙黄色，夏秋开花，花细小，白色，果实扁球形。

【译文】

再向东二百里，是姑媱山，天帝的女儿就死在这座山，她的名字叫女尸，死后化成了䔄草，叶子都是一层一层的，花儿是黄色的，果实与菟丝子的果实相似，女子服用了就能变漂亮而讨人喜爱。

【原文】

又东二十里，曰苦山。有兽焉，名曰山膏，其状如豚，赤若丹火，善詈[①]。其上有木焉，名曰黄棘，黄华而员叶，其实如兰，服之不字[②]。有草焉，员叶而无茎，赤华而不实，名曰无条，服之不瘿。

【注释】

①詈：骂，责骂。②字：怀孕，生育。

山膏

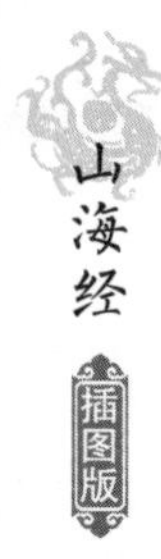

【译文】

再向东二十里，是苦山。山中有一种野兽，叫作山膏，长得像普通的小猪，身上红得如同丹火，喜欢骂人。山上有一种树木，叫作黄棘，黄色花、圆叶子，果实与兰草的果实相似，女人服用了它就不生育孩子。山中又有一种草，圆圆的叶子而没有茎，开红色花却不结果实，叫作无条，服用了它就能使人的脖子不生长肉瘤。

【原文】

又东二十七里，曰堵山，神天愚居之，是多怪风雨，其上有木焉，名曰天楄，方茎而葵状，服者不㖞[1]。

【注释】

①㖞：食物塞住咽喉。

【译文】

再向东二十七里，是堵山，神人天愚住在这里，所以这座山上时常刮起怪风下起怪雨。山上生长着一种树木，叫作天楄，方方的茎而像葵菜形状，服用了它就能使人吃饭不噎住。

天愚神

【原文】

又东五十二里，曰放皋之山。明水出焉。南流注于伊水，其中多苍玉。有木焉，其叶如槐，黄华而不实，其名曰蒙木，服之不惑。有兽焉，其状如蜂，枝尾而反舌，善呼，其名曰文文。

【译文】

再向东五十二里，是放皋山。明水从这座山发源，向南流入伊水，水中有很多苍玉。山中有一种树木，叶子与槐树叶相似，开黄色花却不结果实，叫作蒙木，服用了它就能使人不糊涂。山中有一种野兽，长得像蜜蜂，长着分叉的尾巴和倒转的舌头，喜欢呼叫，叫作文文。

【原文】

又东五十七里，曰大𫶇之山，多㻬琈之玉，多麋玉[1]。有草焉，其状叶如榆，方茎而苍伤[2]，其名曰牛伤[3]，其根苍文，服者为厥[4]，可以御兵。其阳狂水出焉，西南流注于伊水，其中多三足龟，食者无大疾，可以已肿。

【注释】

①麋玉：据古人说，可能就是瑂玉，一种像玉的石头。②苍伤：就是苍刺，即青色的棘刺。③牛伤：如同说牛棘。④厥：古代中医学上指昏厥或手脚逆冷的病症，即突然昏倒，不省人事，手脚僵硬冰冷。

三足龟

【译文】

再向东五十里，是座大苦山，盛产㻬琈玉，还有许多麋玉。山中有一种草，叶子与榆树叶相似，方方的茎上长满刺，叫作牛伤，根茎上有青色斑纹，服用了它就能使人不容易昏厥，还能辟兵器。狂水从这座山的南麓流出，向西南流入伊水，水中有很多长着三只脚的龟，吃了它的肉就能使人不生大病，还能消肿。

【原文】

又东七十里，曰半石之山。其上有草焉，生而秀[①]，其高丈余，赤叶赤华，华而不实，其名曰嘉荣，服之者不霆[②]。来需之水出于其阳，而西流注于伊水，其中多鲶鱼，黑文，其状如鲋，食者不睡。合水出于其阴，而北流注于洛，多䲢鱼[③]，状如鳜[④]，居逵[⑤]，苍文赤尾，食者不痈，可以为瘘[⑥]。

【注释】

①秀：草类植物结实。这里指不开花就先结出果实。②霆：响声又震人又迅疾的雷。③䲢鱼：也叫瞻星鱼，体粗壮，亚圆筒形，后部侧扁，有粗糙骨板。④鳜：鳜鱼，也叫鳌花鱼、桂鱼，体侧扁，背部隆起，青

黄色，有不规则黑色斑纹，口大，下颌突出，鳞小，圆形。⑤逵：四通八达的大路。这里指水底相互贯通着的洞穴。⑥瘘：人的脖子上生疮，长时间不愈，常常流脓水，还生出蛆虫，古时把这种病状称作瘘。

【译文】

再向东七十里，是半石山。山上长着一种草，一出土就结子实，高一丈多，红色叶子红色花，开花后不结子实，叫作嘉荣，服用它就能使人不畏惧霹雳雷响。来需水从半石山南麓流出，然后向西流入伊水，水中生长着很多鲶鱼，浑身长满黑色斑纹，长得像普通的鲫鱼，人吃了它的肉不感觉瞌睡。合水从半石山北麓流出，然后向北流入洛水，水中生长着很多䲢鱼，长得像一般的鳜鱼，隐居水底洞穴，浑身青色斑纹却拖着一条红尾巴，人吃了它的肉就不患痈病，还可以治好瘘疮。

【原文】

又东五十里，曰少室之山，百草木成囷[①]，其上有木焉，名曰帝休，叶状如杨，其枝五衢[②]，黄华黑实，服者不怒。其上多玉，其下多铁。休水出焉，而北流注于洛，其中多䲃鱼，状如盩蜼[③]而长距，足白而对，食者无蛊疾，可以御兵。

䲃鱼

【注释】

①囷（qūn）：圆形谷仓。②衢（qú）：交错岐出的样子。③盩蜼：据古人说是一种与猕猴相似的野兽。

【译文】

再向东五十里，是少室山，各种花草树木丛集像圆的谷仓。山上有一种树木，叫作帝休，叶子的形状与杨树叶相似，树枝相互交叉着伸向四方，开黄色花结黑色果实，服用了它就能使人心平气和不恼怒。少室山上有丰富的玉石，山下有丰富的铁。休水从这座山发源，然后向北流入洛水，水中有很多䲃鱼，长得像猕猴却有长长的像公鸡一样的爪子，白白的足趾而相对着，人吃了它的肉就没有疑心病，还能防御兵器之伤。

【原文】

又东三十里，曰泰室之山。其上有木焉，叶状如梨而赤理，其名曰楠木，服者不妒。有草焉，其状如茱，白华黑实，泽如蘡薁[1]，其名曰䔄草，服之不昧。上多美石。

【注释】

①蘡薁：一种藤本植物，俗称野葡萄。夏季开花，果实黑色，可以酿酒，也可入药。

【译文】

再向东三十里，是泰室山。山上有一种树木，叶子长得像梨树却有红色纹理，叫作楠木，人服用了它就没了嫉妒心。山中还有一种草，长得像苍术或白术，开白色花结黑色果实，果实的光泽就像野葡萄，叫作䔄草，服用了它就能使人的眼睛明亮不昏花。山上还有很多漂亮的石头。

【原文】

又北三十里，曰讲山，其上多玉，多柘，多柏。有木焉，名曰帝屋，叶状如椒[1]，反伤[2]赤实，可以御凶。

【注释】

①椒：有三种，一种是木本植物，即花椒；一种是藤本植物，即胡椒；一种是蔬类植物。这里指花椒，枝干有针刺，叶子尖而滑泽，果实红色，种子黑色，可以入药，也可调味。②反伤：指倒生的刺。

【译文】

再向北三十里，是讲山，山上盛产玉石，有很多的柘树、许多的柏树。山中有一种树木，叫作帝屋，叶子的形状与花椒树叶相似，长着倒刺而结红色果实，可以辟凶邪之气。

【原文】

又北三十里，曰婴梁之山，上多苍玉，錞[1]于玄石。

【注释】

①錞：依附。

【译文】

再向北三十里，是婴梁山，山上盛产苍玉，而苍玉都附着在黑色石头上面。

【原文】

又东三十里，曰浮戏之山。有木焉，叶状如樗而赤实，名曰亢木，食

之不蛊，汜水出焉，而北流注于河。其东有谷，因名曰蛇谷，上多少辛[1]。

【注释】

①少辛：即细辛，一种药草。

【译文】

再向东三十里，是浮戏山。山中生长着一种树木，叶子长得像臭椿树叶而结红色果实，叫作亢木，人吃了它可以驱虫辟邪。汜水从这座山发源，然后向北流入黄河。在浮戏山的东面有一道峡谷，因峡谷里有很多蛇而取名叫蛇谷，峡谷上面还多产细辛。

【原文】

又东四十里，曰少陉之山。有草焉，名曰岗草，叶状如葵，而赤茎白华，实如蘡薁，食之不愚。器难之水出焉，而北流注于役水。

【译文】

再向东四十里，是少陉山。山中有一种草，叫作岗草，叶子形状与葵菜叶相似，又是红色的茎白色的花，果实很像野葡萄，服食了它就能使人增长智慧而不笨拙。器难水从这座山发源，然后向北流入役水。

【原文】

又东南十里，曰太山。有草焉，名曰梨，其叶状如萩[1]而赤华，可以已疽。太水出于其阳，而东南流注于役水；承水出于其阴，而东北流注于役。

【注释】

①萩：一种蒿类植物，叶子是白色，像艾蒿分杈多，茎尤其高大，约有一丈余。

【译文】

再向东南十里，是太山。山里有一种草，叫作梨，叶子长得像蒿草叶而开红色花，可以用来治疗痈疽。太水从这座山的南麓流出，然后向东南流入役水；承水从这座山的北麓流出，然后向东北流入役水。

【原文】

又东二十里，曰末山，上多赤金，末水出焉，北流注于役。

【译文】

再向东二十里，是末山，山上到处是黄金。末水从这座山发源，向北流入役水。

【原文】

又东二十五里，曰役山，上多白金，多铁。役水出焉，北流注于河。

【译文】

再向东二十五里，是役山，山上有丰富的白银，还有丰富的铁。役水从这座山发源，向北流入黄河。

【原文】

又东三十五里，曰敏山。上有木焉，其状如荆，白华而赤实，名曰葪柏，服者不寒。其阳多㻬琈之玉。

【译文】

再向东三十五里，是敏山。山上生长着一种树木，形状与牡荆相似，开白色花朵而结红色果实，叫作葪柏，吃了它的果实就能使人不怕寒冷。敏山南面还盛产㻬琈玉。

【原文】

又东三十里，曰大騩之山，其阴多铁、美玉、青垩。有草焉，其状如蓍而毛，青华而白实，其名曰蒗，服之不夭，可以为腹病。

【译文】

再向东三十里，是大騩山，山北面有丰富的铁、优质玉石、青色垩土。山中有一种草，长得像蓍草却长着茸毛，开青色花而结白色果实，叫作蒗，人服食了它就能不夭折而延年益寿，还可以医治肠胃上的各种疾病。

【原文】

凡苦山之首，自休与之山至于大騩之山，凡十有九山，千一百八十四里。其十六神者，皆豕①身而人面。其祠：毛牷用一羊羞，婴用一藻玉瘗。苦山、少室、太室皆冢也，其祠之，太牢之具，婴以吉玉。其神状皆人面而三首。其余属皆豕身人面也。

豕身人面

【注释】

①豕：猪。

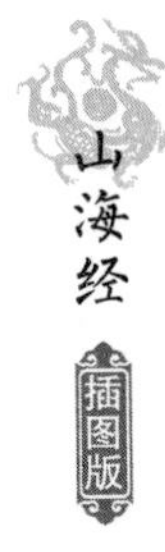

【译文】

总计苦山山系的首尾，自休与山起到大䰢山止，一共十九座山，途经一千一百八十四里。其中有十六座山的山神，形貌都是猪的身子人的面孔。祭祀这些山神：在毛物中用一只纯色的羊献祭，祀神的玉器用一块藻玉而在祭祀后埋入地下。苦山、少室山、太室山都是诸山的宗主。祭祀这三座山的山神：在毛物中用猪、牛、羊齐全的三牲做祭品，在祀神的玉器中用吉玉。这三个山神的形貌都是人的面孔却长着三个脑袋。另外那十六座山的山神都是猪的身子而人的面孔。

人面三首

【原文】

中次八经荆山之首，曰景山，其上多金玉，其木多杼[①]檀。睢水出焉，东南流注于江，其中多丹粟，多文鱼。

【注释】

①杼：杼树，就是柞树。

【译文】

中央第八列山系荆山山系的首座山，叫作景山，山上有丰富的金属矿物和玉石，这里的树木以柞树和檀树为多。睢水从这座山发源，向东南流入江水，水中有很多粟粒大小的丹砂，还生长着许多有彩色斑纹的鱼。

【原文】

东北百里，曰荆山，其阴多铁，其阳多赤金，其中多犛牛[①]，多豹虎，其木多松柏，其草多竹，多橘櫾[②]。漳水出焉，而东南流注于睢，其中多黄金，多鲛鱼[③]，其兽多闾麋。

犛牛

【注释】

①犛牛：一种毛皮纯黑的牛，属于牦牛之类。②櫾：同“柚”。柚子与橘子相似而大一些，皮

厚而且味道酸。③鲛鱼：就是现在所说的鲨鱼，体型很大，性凶猛，能吃人。

【译文】

向东北一百里，是荆山，山北面有丰富的铁，山南面有丰富的黄金，山中生长着许多犛牛，还有众多的豹子和老虎，这里的树木以松树和柏树最多，这里的花草以丛生的小竹子最多，还有许多的橘子树和柚子树。漳水从这座山发源，然后向东南流入睢水，水中盛产黄金，并生长着很多鲨鱼。山中的野兽以山驴和麋鹿最多。

【原文】

又东北百五十里，曰骄山，其上多玉，其下多青雘，其木多松柏，多桃枝钩端。神蟲围处之，其状如人面，羊角虎爪，恒游于睢漳之渊，出入有光。

蟲围

【译文】

再向东北一百五十里，是骄山，山上有丰富的玉石，山下有丰富的青雘，这里的树木以松树和柏树居多，到处是桃枝和钩端一类的丛生小竹子。神仙蟲围居住在这座山中，形貌像人而长着羊一样的角，虎一样的爪子，常常在睢水和漳水的深渊里畅游，出入时都有闪光。

【原文】

又东北百二十里，曰女几之山，其上多玉，其下多黄金，其兽多豹虎，多闾麋麖麂①，其鸟多白鵺②，多翟，多鸩③。

【注释】

①麂：一种小鹿。②白鵺：也叫“鵺雉”，一种像野鸡而尾巴较长的鸟，常常是一边飞行一边鸣叫。③鸩：鸩鸟，传说中的一种身体有毒的鸟，大小如雕鹰，羽毛紫绿色，长脖子红嘴巴，吃有毒蝮蛇的头。

【译文】

再向东北一百二十里，是女几山，山上盛产玉石，山下盛产黄金，山中的野兽以豹子和老虎最多，还有许许多多的山驴、麋鹿、麖、麂，

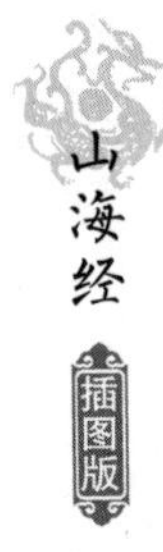

这里的禽鸟以白鵺最多，还有很多的长尾巴野鸡，很多的鸩鸟。

【原文】

又东北二百里，曰宜诸之山，其上多金玉，其下多青雘。洈水出焉，而南流注于漳，其中多白玉。

【译文】

再向东北二百里，是宜诸山，山上多出产金属矿物和玉石，山下多出产青雘。洈水从这座山发源，然后向南流入漳水，水中有很多白色玉石。

【原文】

又东北三百五十里，曰纶山，其木多梓枏，多桃枝，多柤[①]栗橘櫾，其兽多闾麈麢㚟。

【注释】

①柤：柤树长得像梨树，而树干、树枝都是红色的，开黄色花朵，结黑色果子。

【译文】

再向东北三百五十里，是纶山，在山中茂密的丛林中多的是梓树、楠木树，又有很多丛生的桃枝竹，还有许多的柤树、栗子树、橘子树、柚子树，这里的野兽以山驴、麈、羚羊、㚟最多。

【原文】

又东二百里，曰陆郇之山，其上多㻬琈之玉，其下多垩，其木多杻橿。

【译文】

再向东二百里，是陆郇山，山上盛产㻬琈玉，山下盛产各种颜色的垩土，这里的树木以杻树和橿树居多。

【原文】

又东百三十里，曰光山，其上多碧，其下多水。神计蒙处之，其状人身而龙首，恒游于漳渊，出入必有飘风[①]暴雨。

计蒙

【注释】

①飘风：旋风，暴风。

【译文】

再向东一百三十里，是光山，山上到处有碧玉，山下到处流水。神仙计蒙居住在这座山里，形貌是人的身子而龙的头，常常在漳水的深渊里畅游，出入时一定有旋风急雨相伴随。

【原文】

又东百五十里，曰岐山，其阳多赤金，其阴多白珉[①]，其上多金玉，其下多青雘，其木多樗。神涉蟲处之，其状人身而方面三足。

涉蟲

【注释】

①珉：一种似玉的美石。

【译文】

再向东一百五十里，是岐山，山南面多出产黄金，山北面多出产白色珉石，山上有丰富的金属矿物和玉石，山下有丰富的青雘，这里的树木以臭椿树居多。神仙涉蟲就住在这座山里，形貌是人的身子而方形面孔和三只脚。

【原文】

又东百三十里，曰铜山，其上多金银铁，其木多穀柞柤栗橘櫾，其兽多犳。

【译文】

再向东一百三十里，是铜山，山上有丰富的金、银、铁，这里的树木以构树、柞树、柤树、栗子树、橘子树、柚子树最多，而野兽多是长着豹子斑纹的犳。

【原文】

又东北一百里，曰美山，其兽多兕牛，多闾麈，多豕鹿，其上多金，其下多青雘。

【译文】

再向东北一百里，是美山，山中的野兽以兕、野牛最多，又有很多

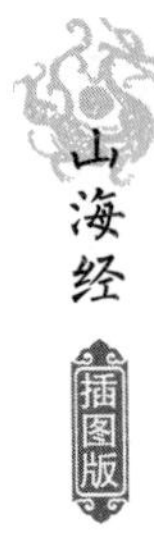

山驴、麈，还有许多野猪、鹿，山上多出产金，山下多出产青雘。

【原文】

又东北百里，曰大尧之山，其木多松柏，多梓桑，多机①，其草多竹，其兽多豹虎麢㚟。

【注释】

①机：机木树，就是桤木树。是一种落叶乔木，木材坚韧，生长很快，容易成林。

【译文】

再向东北一百里，是大尧山，在山里的树木中以松树和柏树居多，又有众多的梓树和桑树，还有许多机木树，这里的草大多是丛生的小竹子，而野兽以豹子、老虎、羚羊、㚟最多。

【原文】

又东北三百里，曰灵山，其上多金玉，其下多青雘，其木多桃李梅杏。

【译文】

再向东北三百里，是灵山，山上有丰富的金属矿物和玉石，山下盛产青雘，这里的树木大多是桃树、李树、梅树、杏树。

【原文】

又东北七十里，曰龙山，上多寓木，其上多碧，其下多赤锡，其草多桃枝钩端。

【译文】

再向东北七十里，是龙山，山上到处是寄生树，还盛产碧玉，山下有丰富的红色锡，而草大多是桃枝、钩端之类的小竹丛。

【原文】

又东南五十里，曰衡山，上多寓木榖柞，多黄垩白垩。

【译文】

再向东南五十里，是衡山，山上有许多寄生树、构树、柞树，还盛产黄色垩土、白色垩土。

【原文】

又东南七十里，曰石山，其上多金，其下多青雘，多寓木。

【译文】

再向东南七十里，是石山，山上多出产金，山下有丰富的青雘，还有许多寄生树。

【原文】

又南百二十里，曰若山，其上多㻬琈之玉，多赭，多邽石，多寓木，多柘。

【译文】

再向南一百二十里，是若山，山上多出产㻬琈玉，又多出产赭石，也有很多邽石，到处长着寄生树，还生长着许许多多的柘树。

【原文】

又东南一百二十里，曰彘山，多美石，多柘。

【译文】

再向东南一百二十里，是彘山，有很多漂亮的石头，到处生长着柘树。

【原文】

又东南一百五十里，曰玉山，其上多金玉，其下多碧、铁，其木多柏。

【译文】

再向东南一百五十里，是玉山，山上有丰富的金属矿物和玉石，山下有丰富的碧玉、铁，这里的树木以柏树居多。

【原文】

又东南七十里，曰灌山，其木多檀，多邽石，多白锡。郁水出于其上，潜于其下，其中多砥砺。

【译文】

再向东南七十里，是灌山，这里的树木大多是檀树，还盛产邽石，又多出产白锡。郁水从这座山顶上发源，潜流到山下，水中有很多磨石。

【原文】

又东北百五十里，曰仁举之山，其木多榖柞，其阳多赤金，其阴多赭。

【译文】

再向东北一百五十里，是仁举山，这里的树木以构树和柞树居多，山南面有丰富的金，山北面多出产赭石。

【原文】

又东五十里，曰师每之山，其阳多砥砺，其阴多青雘，其木多柏，多檀，多柘，其草多竹。

【译文】

再向东五十里，是师每山，山南面多出产磨石，山北面多出产青雘，山中的树木以柏树居多，又有很多檀树，还生长着大量柘树，而草大多是丛生的小竹子。

【原文】

又东南二百里，曰琴鼓之山，其木多榖柞椒[1]柘，其上多白珉，其下多洗石，其兽多豕鹿，多白犀，其鸟多鸩。

【注释】

①椒：据古人说，这种椒树矮小而丛生，如果旁边有草木生长就会被刺死。

【译文】

再向东南二百里，是琴鼓山，这里的树木大多是构树、柞树、椒树、柘树，山上多出产白色珉石，山下多出产洗石，这里的野兽，以野猪、鹿最多，还有许多白色犀牛，而禽鸟大多是鸩鸟。

【原文】

凡荆山之首，自景山至琴鼓之山，凡二十三山，二千八百九十里。其神状皆鸟身而人面。其祠：用一雄鸡祈瘗，用一藻圭，糈用稌。骄山，冢也，其祠：用羞酒少牢祈瘗，婴毛一璧。

鸟身人面神

【译文】

总计荆山山系的首尾，自景山起到琴鼓山止，一共二十三座山，途经二千八百九十里。诸山山神的形貌都是鸟的身子而人的面孔。祭祀山神：在毛物中用一只公鸡祭祀后埋入地下，并用一块藻圭献祭，祀神的米用稻米。骄山，是诸山之宗主。祭祀骄山山神：用进献的美酒和猪、羊来祭祀而后埋入地下，在祀神的玉器中用一块玉璧。

【原文】

中次九经岷山之首，曰女几之山，其上多石涅①，其木多杻橿，其草多菊茉。洛水出焉，东注于江，其中多雄黄，其兽多虎豹。

【注释】

①石涅：即涅石，一种矿物，可做黑色染料。

【译文】

中央第九列山系岷山山系的首座山，是女几山，山上多出产石涅，这里的树木以杻树、橿树居多，而花草以野菊、苍术或白术居多。洛水从这座山发源，向东流入长江。山里到处有雄黄，而野兽以老虎、豹子最多。

【原文】

又东北三百里，曰岷山。江水出焉，东北流注于海，其中多良龟，多鼍①，其上多金玉，其下多白珉，其木多梅棠，其兽多犀象，多夔牛②，其鸟多翰、鷩③。

夔牛

【注释】

①鼍：古人说是长得像蜥蜴，身上有花纹鳞，大的长达二丈，皮可以做鼓。也就是现在所说的扬子鳄，俗称猪婆龙。②夔牛：古人说是一种重达几千斤的大牛。③鷩：即锦鸡。

【译文】

再向东北三百里，是岷山。长江从岷山发源，向东北流入大海，水中生长着许多优良的龟，还有许多鼍。山上有丰富的金属矿物和玉石，山下盛产白色珉石。山中的树木以梅树和海棠树最多，而野兽以犀牛和大象最多，还有大量的夔牛，这里的禽鸟大多是白翰鸟和赤鷩鸟。

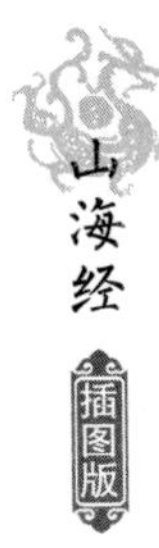

【原文】

又东北一百四十里，曰崃山。江水出焉，东流注于大江。其阳多黄金，其阴多麋麈，其木多檀柘，其草多䪥韭，多药[①]、空夺[②]。

【注释】

①药：指白芷，一种香草。②空夺：即上文提到的寇脱。

【译文】

再向东北一百四十里，是崃山。江水从这座山发源，向东流入长江。山南面盛产黄金，山北面到处有麋鹿和麈，这里的树木大多是檀树和柘树，而花草大多是野薤菜和野韭菜，还有许多白芷和寇脱。

【原文】

又东一百五十里，曰崌山。江水出焉，东流注于大江，其中多怪蛇[①]，多鳌鱼，其木多楢杻，多梅梓，其兽多夔牛、麢、㚟、犀、兕。有鸟焉，状如鸮而赤身白首，其名曰窃脂，可以御火。

【注释】

①怪蛇：据古人讲，有一种钩蛇长达几丈，尾巴分叉，在水中钩取岸上的人、牛、马而吞食掉。怪蛇就指这样一类的蛇。

【译文】

再向东一百五十里，是崌山。江水从这座山发源，向东流入长江，水中生长着许多怪蛇，还有很多鳌鱼。这里的树木以楢树和杻树居多，还有很多梅树与梓树，而野兽以夔牛、羚羊、㚟、犀牛、兕最多。山中有一种禽鸟，长得像一般的猫头鹰却是红色的身子白色的脑袋，叫作窃脂，人饲养它可以辟火。

【原文】

又东三百里，曰高梁之山，其上多垩，其下多砥砺，其木多桃枝钩端。有草焉，状如葵而赤华、荚实、白柎，可以走马。

【译文】

再向东三百里，是高梁山，山上盛产垩土，山下盛产磨石，这里的草木大多是桃枝竹和钩端竹。山中生长着一种草，长得像葵菜却是红色的花朵、带荚的果实、白色的花萼，给马吃了就能使马跑得快。

【原文】

又东四百里，曰蛇山，其上多黄金，其下多垩，其木多栒，多豫章，其草多嘉荣、少辛。有兽焉，其状如狐，而白尾长耳，名㸬狼，见则国内有兵。

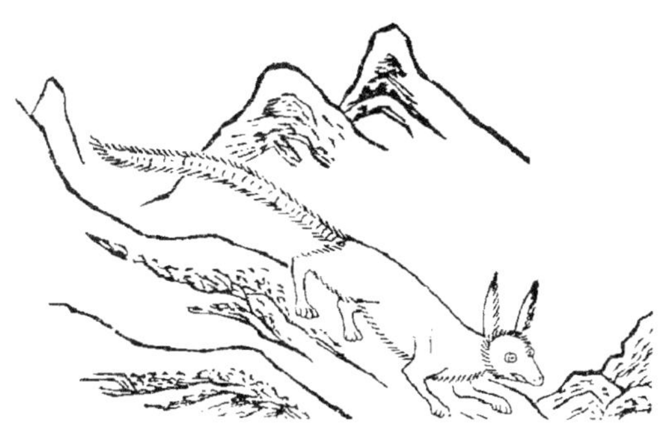

㸬狼

【译文】

再向东四百里，是蛇山，山上多出产黄金，山下多出产垩土，这里的树木以栒树最多，还有许多豫章树，而花草以嘉荣、细辛最多。山中有一种野兽，长得像一般的狐狸，却长着白尾巴和长耳朵，叫作㸬狼，在哪个国家出现哪个国家就会有战争。

【原文】

又东五百里，曰鬲山，其阳多金，其阴多白珉。蒲鸃之水出焉，而东流注于江，其中多白玉，其兽多犀象熊罴，多猿蜼①。

蜼

【注释】

①蜼：据古人说是一种长尾巴猿猴，鼻孔朝上，尾巴分叉，天下雨时就自己悬挂在树上，用尾巴塞住鼻孔。

【译文】

再向东五百里，是鬲山，山南面盛产金，山北面盛产白色珉石。蒲鸏水从这座山发源，然后向东流入长江，水中有很多白色玉石。山中的野兽以犀牛、大象、熊、罴最多，还有许多猿猴、长尾猿。

【原文】

又东北三百里，曰隅阳之山，其上多金玉，其下多青雘，其木多梓桑，其草多茈。徐之水出焉，东流注于江，其中多丹粟。

【译文】

再向东北三百里，是座隅阳山，山上有丰富的金属矿物和玉石，山下有丰富的青雘，这里的树木大多是梓树和桑树，而草大多是紫草。徐水从这座山发源，向东流入长江，水中有许多粟粒大小的丹砂。

【原文】

又东二百五十里，曰岐山，其上多白金，其下多铁。其木多梅梓，多杻楢。减水出焉，东南流注于江。

【译文】

再向东二百五十里，是岐山，山上有丰富的白银，山下有丰富的铁，这里的树木以梅树和梓树居多，还有许多杻树和楢树。减水从这座山发源，向东南流入长江。

【原文】

又东三百里，曰勾祢之山，其上多玉，其下多黄金，其木多栎柘，其草多芍药。

【译文】

再向东三百里，是座勾祢山，山上盛产玉石，山下盛产黄金，这里的树木大多是栎树和柘树，而花草大多是芍药。

【原文】

又东一百五十里，曰风雨之山，其上多白金，其下多石涅，其木多棷椫①、多杨。宣余之水出焉，东流注于江，其中多蛇，其兽多闾麋，多麈豹虎，其鸟多白鷮。

【注释】

①梓：梓树，也叫白理木。木质坚硬，木纹洁白，可以制梳子、勺子等器物。

【译文】

再向东一百五十里，是风雨山，山上多出产白银，山下多出产石涅，这里的树木以椒树和梓树居多，杨树也不少。宣余水从这座山发源，向东流入长江，水中有很多水蛇。山里的野兽以山驴和麋鹿最多，还有许多的麈、豹子、老虎，而禽鸟大多是白鷮。

【原文】

又东北二百里，曰玉山，其阳多铜，其阴多赤金，其木多豫章、楢、杻，其兽多豕鹿麢㚟，其鸟多鸩。

【译文】

再向东北二百里，是玉山，山南面多出产铜，山北面多出产黄金，这里的树木以豫章树、楢树、杻树最多，而野兽以野猪、鹿、羚羊、㚟最多，禽鸟大多是鸩鸟。

【原文】

又东一百五十里，曰熊山。有穴焉，熊之穴，恒出神人。夏启而冬闭。是穴也，冬启乃必有兵。其上多白玉，其下多白金。其木多樗柳，其草多寇脱。

【译文】

再向东一百五十里，是熊山。山中有一洞穴，是熊的巢穴，常有神人出入。洞穴一般是夏季开启而冬季关闭。就是这个洞穴，如果冬季开启就一定发生战争。山上多出产白色玉石，山下多出产白银。山里的树木以臭椿树和柳树居多，而花草以寇脱草最多见。

熊山神

【原文】

又东一百四十里，曰騩山，其阳多美玉赤金，其阴多铁，其木多桃

枝荆芭。

【译文】

再向东一百四十里，是骢山，山南面盛产美玉黄金，山北面盛产铁，这里的草木以桃枝竹、牡荆树、芭蕉树最多。

【原文】

又东二百里，曰葛山，其上多赤金，其下多瑊石[①]，其木多柤栗橘櫾楢杻，其兽多麢臭，其草多嘉荣。

【注释】

①瑊石：是一种比玉差一等的美石。

【译文】

再向东二百里，是葛山，山上多出产黄金，山下多出产瑊石，这里的树木以柤树、栗子树、橘子树、柚子树、楢树、杻树居多，而野兽以羚羊和臭居多，花草大多是嘉荣。

【原文】

又东一百七十里，曰贾超之山，其阳多黄垩，其阴多美赭，其木多柤栗橘櫾，其中多龙脩[①]。

【注释】

①龙脩：就是龙须草，与莞草相似而细一些，生长在山石缝隙中，草茎倒垂，可以用来编织席子。

【译文】

再向东一百七十里，是贾超山，山南面多出产黄色垩土，山北面多出产精美赭石，这里的树木大多是柤树、栗子树、橘子树、柚子树，山中的草以龙须草最多。

【原文】

凡岷山之首，自女几山至于贾超之山，凡十六山，三千五百里。其神状皆马身而龙首。其祠：毛用一雄鸡瘗。糈用稌。文山[①]、勾祢、风雨、骢之山，是皆冢也，其祠之：羞酒，少牢具，婴毛一吉玉。熊山，席也，其祠：羞酒，太牢具，婴毛一

马身而龙首

璧。干儛，用兵以禳；祈，璆②冕舞。

【注释】

①文山：指岷山。②璆：同“球”，美玉。

【译文】

总计岷山山系的首尾，自女几山起到贾超山止，一共十六座山，途经三千五百里，诸山山神的形貌都是马的身子而龙的脑袋。祭祀山神：在毛物中用一只公鸡做祭品埋入地下，祀神的米用稻米。文山、勾檷山、风雨山、騩山，是诸山的宗主。祭祀这几座山的山神：进献美酒，用猪、羊做祭品，在祀神的玉器中用一块吉玉。熊山，是诸山的首领。祭祀这个山神：进献美酒，用猪、牛、羊齐全的三牲做祭品，在祀神的玉器中用一块玉璧。手拿盾牌舞蹈，为了禳除战争灾祸；祈求福祥，就穿戴礼服并手持美玉而舞蹈。

【原文】

中次十经之首，曰首阳之山，其上多金玉，无草木。

【译文】

中央第十列山系的首座山，是首阳山，山上有丰富的金属矿物和玉石，没有花草树木。

【原文】

又西五十里，曰虎尾之山，其木多椒椐，多封石，其阳多赤金，其阴多铁。

【译文】

再向西五十里，是虎尾山，这里树木以花椒树、椐树为多，到处有封石，山南面有丰富的黄金，山北面有丰富的铁。

【原文】

又西南五十里，曰繁缋之山，其木多楢杻，其草多枝勾。

【译文】

再向西南五十里，是繁缋山，这里的树木大多是楢树和杻树，而草大多是桃枝、钩端之类的小竹丛。

【原文】

又西南二十里，曰勇石之山，无草木，多白金，多水。

【译文】

再向西南二十里，是勇石山，不生长花草树木，有丰富的白金，到处流水。

【原文】

又西二十里，曰复州之山，其木多檀，其阳多黄金。有鸟焉，其状如鸮，而一足彘尾，其名曰跂踵，见则其国大疫。

跂踵

【译文】

再向西二十里，是复州山，这里的树木以檀树居多，山南面有丰富的黄金。山中有一种禽鸟，长得像一般的猫头鹰，却长着一只爪子和猪一样的尾巴，叫作跂踵，在哪个国家出现哪个国家就会发生大瘟疫。

【原文】

又西三十里，曰楮山，多寓木，多椒椐，多柘，多垩。

【译文】

再向西三十里，是楮山，生长着茂密的寄生树，到处是花椒树、椐树，柘树也不少，还有大量的垩土。

【原文】

又西二十里，曰又原之山，其阳多青雘，其阴多铁，其鸟多鸜鹆。

【译文】

再向西二十里，是又原山，山南面有丰富的青雘，山北面有丰富的铁，这里的禽鸟以八哥最多。

【原文】

又西五十里，曰涿山，其木多榖柞杻，其阳多㻬琈之玉。

【译文】

再向西五十里，是涿山，这里的树木大多是构树、柞树、杻树，山南面多出产㻬琈玉。

【原文】

又西七十里，曰丙山，其木多梓檀，多弞杻[1]。

【注释】

①弞杻：杻树的树干都是弯曲的，而弞杻的树干长得比较直，不同于一般的杻树。

【译文】

再向西七十里，是丙山，这里的树木大多是梓树、檀树，还有很多弞杻树。

【原文】

凡首阳山之首，自首山至于丙山，凡九山，二百六十七里。其神状皆龙身而人面。其祠之：毛用一雄鸡瘗，糈用五种之糈[1]。堵山[2]，冢也，其祠之：少牢具，羞酒祠，婴毛用一璧瘗。騩山，帝也，其祠羞酒，太牢具，巫祝[3]二人儛，婴一璧。

龙身人面神

【注释】

①五种之糈：指黍、稷、稻、粱、麦五种粮米。②堵山：指楮山。③巫：古代称能以舞降神的人，即女巫。祝：古代在祠庙中主管祭礼的人，即男巫。

【译文】

总计首阳山山系的开始，自首阳山起到丙山止，一共九座山，途经二百六十七里。诸山山神的形貌都是龙的身子而人的面孔。祭祀山神：在毛物中用一只公鸡献祭后埋入地下，祀神的米用五种粮米。堵山，是诸山的宗主，祭祀这个山神：用猪、羊二牲做祭品，进献美酒来祭祀，在玉器中用一块玉璧。騩山，是诸山的首领，祭祀騩山山神要进献美酒，用猪、牛、羊齐全的三牲做祭品；让女巫师和男巫师二人一起跳舞，用一块玉璧来祭祀。

【原文】

中次一十一山经荆山之首，曰翼望之山。湍水出焉，东流注于济；贶水出焉，东南流注于汉，其中多蛟[1]。其上多松柏，其下多漆梓，其阳多赤金，其阴多珉。

【注释】

①蛟：据古人说是像蛇的样子，却有四只脚，小小的头，细细的脖子，脖颈上有白色肉瘤，大的有十几围粗，卵有瓮大小，能吞食人。

【译文】

中央第十一列山系荆山山系的首座山，是翼望山。湍水从这座山发源，向东流入济水；贶水也从这座山发源，向东南流入汉水，水中有很多蛟。山上到处是松树和柏树，山下有茂密的漆树和梓树，山南面多出产黄金，山北面多出产珉石。

【原文】

又东北一百五十里，曰朝歌之山，潕水出焉，东南流注于荥，其中多人鱼。其上多梓枏，其兽多麢麋。有草焉，名曰莽草[①]，可以毒鱼。

【注释】

①莽草：又叫鼠莽。

【译文】

再向东北一百五十里，是朝歌山。潕水从这座山发源，向东南流入荥水，水中生长着很多人鱼。山上有茂密的梓树、楠木树，这里的野兽以羚羊、麋鹿最多。山中有一种草，叫作莽草，能够毒死鱼。

【原文】

又东南二百里，曰帝囷之山，其阳多㻬琈之玉，其阴多铁。帝囷之水出于其上，潜于其下，多鸣蛇。

【译文】

再向东南二百里，是帝囷山，山南面有丰富的㻬琈玉，山北面有丰富的铁。帝囷水从这座山顶上发源，潜流到山下，水中有很多长着四只翅膀的鸣蛇。

【原文】

又东南五十里，曰视山，其上多韭。有井焉，名曰天井[①]，夏有水，冬竭。其上多桑，多美垩金玉。

【注释】

①井：也和上文所说的井一样，是指自然形成的水泉，而非人工挖掘的水井。古人把四周高峻中间低洼的地形，或四面房屋和围墙中间的

空地称作天井，因其形如井而露天。所以，这里也把处在低洼地的水泉叫作天井。

【译文】

再向东南五十里，是视山，山上到处是野韭菜。山中有一低洼处，叫作天井，夏天有水，冬天枯竭。山上有茂密的桑树，还有丰富的优良垩土、金属矿物、玉石。

【原文】

又东南二百里，曰前山，其木多槠①，多柏，其阳多金，其阴多赭。

【注释】

①槠：槠树，结的果实如同橡树的果实，可以吃，木质耐腐蚀，常用来做房屋的柱子。

【译文】

再向东南二百里，是前山，这里的树木以槠树居多，还有不少的柏树，山南面盛产金属矿物，山北面盛产赭石。

【原文】

又东南三百里，曰丰山。有兽焉，其状如猿，赤目、赤喙、黄身，名曰雍和，见则国有大恐。神耕父处之，常游清泠之渊，出入有光，见则其国为败。有九钟焉，是和霜鸣。其上多金，其下多榖柞杻橿。

耕父

雍和

【译文】

再向东南三百里，是丰山。山中有一种野兽，长得像猿猴，却有着

红眼睛、红嘴巴、黄色的身子，叫作雍和，在哪个国家出现哪个国家里就会发生大恐慌。神仙耕父住在这座山里，常常在清泠渊畅游，出入时都有闪光，在哪个国家出现哪个国家就要衰败。这座山还有九口钟，它们都应和霜的降落而鸣响。山上有丰富的金属矿物，山下有茂密的构树、柞树、杻树、橿树。

【原文】

又东北八百里，曰兔床之山，其阳多铁，其木多槠芧，其草多鸡谷，其本如鸡卵，其味酸甘，食者利于人。

【译文】

再向东北八百里，是兔床山，山南面有丰富的铁，山里的树木以槠树和小栗树最多，而花草以鸡谷草最多，它的根茎像鸡蛋似的，味道酸中带甜，服食它是对人的身体有益的。

【原文】

又东六十里，曰皮山，多垩，多赭，其木多松柏。

【译文】

再向东六十里，是皮山，有大量的垩土，还有大量的赭石，这里的树木大多是松树和柏树。

【原文】

又东六十里，曰瑶碧之山，其木多梓枏，其阴多青雘，其阳多白金。有鸟焉，其状如雉，恒食蜚①，名曰鸩。

【注释】

①蜚：一种有害的小飞虫，形状椭圆，散发恶臭。

鸩

【译文】

再向东六十里，是瑶碧山，这里的树木以梓树和楠木树最多，山北面盛产青雘，山南面盛产白金。山中有一种禽鸟，长得像一般的野鸡，常吃蜚虫，叫作鸩。

【原文】

又东四十里，曰支离之山。济水出焉，南流注于汉。有鸟焉，其名曰婴勺，其状如鹊，赤目、赤喙、白身，其尾若勺，其鸣自呼。多㸲牛，多羬羊。

【译文】

再向东四十里，是支离山。济水从这座山发源，向南流入汉水。山中有一种禽鸟，叫作婴勺，长得像普通的喜鹊，却长着红眼睛、红嘴巴、白色的身子，尾巴与汤勺的形状相似，它发出的叫声便是自身名称的读音。这座山中还有很多㸲牛、羬羊。

【原文】

又东北五十里，曰祑篙之山，其上多松柏机[①]桓。

【注释】

①机：即桤树。

【译文】

再向东北五十里，是祑篙山，山上有茂密的松树、柏树、桤树、桓树。

【原文】

又西北一百里，曰堇理之山，其上多松柏，多美梓，其阴多丹雘，多金，其兽多豹虎。有鸟焉，其状如鹊，青身白喙，白目白尾，名曰青耕，可以御疫，其鸣自叫。

青耕

【译文】

再向西北一百里，是堇理山，山上有茂密的松树、柏树，还有很多优良梓树，山北面多出产丹雘，并且有丰富的金属矿物，这里的野兽以豹子和老虎最多。山中有一种禽鸟，长得像一般的喜鹊，却是青色的身子白色的嘴巴，白色的眼睛白色的尾巴，叫作青耕，人饲养它可以辟瘟疫，它发出的叫声便是自身名称的读音。

【原文】

又东南三十里，曰依轱之山，其上多杻橿，多苴[①]。有兽焉，其状如

犬，虎爪有甲，其名曰獜，善驶坌②，食者不风。

【注释】

①苴：通“柤”。即柤树。②驶坌：跳跃自扑。

【译文】

再向东南三十里，是依轱山，山上有茂密的杻树和橿树，柤树也不少。山中有一种野兽，长得像普通的狗，长着老虎一样的爪子，身上又有鳞甲，叫作獜，擅长跳跃扑腾，吃了它的肉就能使人不患风痹病。

獜

【原文】

又东南三十五里，曰即谷之山，多美玉，多玄豹，多闾麈，多麢㲋。其阳多珉，其阴多青雘。

【译文】

再向东南行三十五里，是即谷山，盛产美玉，有很多的玄豹、闾麈和麢㲋，山的阳面有很多珉，阴面有很多青雘。

【原文】

又东南四十里，曰鸡山，其上多美梓，多桑，其草多韭。

【译文】

再向东南四十里，是鸡山，山上到处是优良梓树，还有茂密的桑树，而花草以野韭菜为最多。

【原文】

又东南五十里，曰高前之山，其上有水焉，甚寒而清，帝台之浆也，饮之者不心痛。其上有金，其下有赭。

【译文】

再向东南五十里，是高前山。这座山上有一条溪水，非常凉而又特别清澈，是神仙帝台所用过的浆水，饮用了它就能使人不患心痛病。山上有丰富的金属矿物，山下有丰富的赭石。

【原文】

又东南三十里，曰游戏之山，多杻橿穀，多玉，多封石。

【译文】

再向东南三十里，是游戏山，这里有茂密的杻树、橿树、构树，还有丰富的玉石，封石也很多。

【原文】

又东南三十五里，曰从山，其上多松柏，其下多竹。从水出于其上，潜于其下，其中多三足鳖，枝①尾，食之无蛊疫。

三足鳖

【注释】

①枝：分开的，分叉的。

【译文】

再向东南三十五里，是从山，山上到处是松树和柏树，山下有茂密的竹丛。从水由这座山顶上发源，潜流到山下，水中有很多三足鳖，长着叉开的尾巴，吃了它的肉就能使人不患疑心病。

【原文】

又东南三十里，曰婴硜之山，其上多松柏，其下多梓櫄①。

【注释】

①櫄：又叫杶树，长得像臭椿树，树干可制作车辕。

【译文】

再向东南三十里，是婴硜山，山上到处是松树柏树，山下有茂密的梓树、櫄树。

【原文】

又东南三十里，曰毕山。帝苑之水出焉，东北流注于视，其中多水玉，多蛟。其上多㻬琈之玉。

【译文】

再向东南三十里，是毕山。帝苑水从这座山发源，向东北流入视水，水中多出产水晶石，还有很多蛟。山上有丰富的㻬琈玉。

【原文】

又东南二十里，曰乐马之山。有兽焉，其状如彚，赤如丹火，其名曰狭，见则其国大疫。

【译文】

再向东南二十里，是乐马山。山中有一种野兽，长得像一般的刺猬，全身赤红如丹火，叫作狭，在哪个国家出现哪个国家里就会发生大瘟疫。

【原文】

又东南二十五里，曰葴山。视水出焉，东南流注于汝水，其中多人鱼，多蛟，多颉[①]。

【注释】

①颉：据古人说是一种皮毛青色而形态像狗的动物。可能就是今天所说的水獭。

颉

【译文】

再向东南二十五里，是葴山，视水从这座山发源，向东南流入汝水，水中有很多人鱼，又有很多蛟，还有很多的颉。

【原文】

又东四十里，曰婴山，其下多青雘，其上多金玉。

【译文】

再向东四十里，是婴山，山下有丰富的青雘，山上有丰富的金属矿物和玉石。

【原文】

又东三十里，曰虎首之山，多苴椆[①]椐。

【注释】

①椆：据古人说是一种耐寒冷而不凋落的树木。

【译文】

再向东三十里，是虎首山，有茂密的柤树、椆树、椐树。

【原文】

又东二十里，曰婴侯之山，其上多封石，其下多赤锡。

【译文】

再向东二十里，是婴侯山，山上多出产封石，山下多出产红色锡。

【原文】

又东五十里，曰大孰之山。杀水出焉，东北流注于视水，其中多白垩。

【译文】

再向东五十里，是大孰山。杀水从这座山发源，向东北流入视水，沿岸到处是白色垩土。

【原文】

又东四十里，曰卑山，其上多桃李苴梓，多纍①。

【注释】

①纍：同“藟”，蔓生植物。

【译文】

再向东四十里，是卑山，山上有茂密的桃树、李树、柤树、梓树，还有很多紫藤树。

【原文】

又东三十里，曰倚帝之山，其上多玉，其下多金。有兽焉，状如鼣鼠，白耳白喙，名曰狙如，见则其国有大兵。

狙如

【译文】

再向东三十里，是倚帝山，山上有丰富的玉石，山下有丰富的金属矿物。山中有一种野兽，长得像鼣鼠，长着白耳朵白嘴巴，叫作狙如，在哪个国家出现哪个国家里就会发生大战争。

【原文】

又东三十里，曰鲵山。鲵水出于其上，潜于其下，其中多美垩。其上多金，其下多青雘。

【译文】

再向东三十里，是鲵山。鲵水从这座山顶上发源，潜流到山下，这里有很多优良垩土。山上有丰富的金属矿物，山下有丰富的青雘。

【原文】

又东三十里，曰雅山。澧水出焉，东流注于视水，其中多大鱼。其上多美桑，其下多苴，多赤金。

【译文】

再向东三十里，是雅山。澧水从这座山发源，向东流入视水，水中有很多大鱼。山上有茂密的优良桑树，山下有茂密的柤树，这里还多出产黄金。

【原文】

又东五十五里，曰宣山。沦水出焉，东南流注于视水，其中多蛟。其上有桑焉，大五十尺，其枝四衢，其叶大尺余，赤理黄华青柎，名曰帝女之桑。

【译文】

再向东五十五里，是宣山。沦水从这座山发源，向东南流入视水，水中有很多蛟。山上有一种桑树，树干合抱有五十尺粗细，树枝交叉伸向四方，树叶大有一尺多，红色的纹理、黄色的花朵、青色的花萼，叫作帝女桑。

【原文】

又东四十五里，曰衡山，其上多青雘，多桑，其鸟多鸜鹆。

【译文】

再向东四十五里，是衡山，山上盛产青雘，还有茂密的桑树，这里的禽鸟以八哥最多。

【原文】

又东四十里，曰丰山，其上多封石，其木多桑，多羊桃，状如桃而方茎，可以为[1]皮张。

【注释】

①为：治理。这里是治疗的意思。

【译文】

再向东四十里，是丰山，山上多出产封石，这里的树木大多是桑树，还有大量的羊桃，长得像一般的桃树却是方方的茎干，可以用它医治人的皮肤肿胀病。

【原文】

又东七十里，曰妪山，其上多美玉，其下多金，其草多鸡谷。

【译文】

再向东七十里，是妪山，山上盛产优良玉石，山下盛产金，这里的花草以鸡谷草最为繁盛。

【原文】

又东三十里，曰鲜山，其木多楢杻苴，其草多亹冬，其阳多金，其阴多铁。有兽焉，其状如膜犬①，赤喙、赤目、白尾，见则其邑有火，名曰狢即。

狢即

【注释】

①膜犬：据古人说是西膜之犬，这种狗的体形高大，长着浓密的毛，性情凶悍，力量很大。

【译文】

再向东三十里，是鲜山，这里的树木以楢树、杻树、柤树最多，花草以蔷薇最多，山南面有丰富的金属矿物，山北面有丰富的铁。山中有

一种野兽，长得像膜犬，长着红嘴巴、红眼睛、白尾巴，在哪个地方出现哪里就会有火灾，叫作䝞即。

【原文】

又东三十里，曰章山，其阳多金，其阴多美石。皋水出焉，东流注于澧水，其中多脃石①。

【注释】

①脃石：一种又轻又软而易断易碎的石头。脃，即“脆”的本字。

【译文】

再向东三十里，是章山，山南面多出产金属矿物，山北面多出产漂亮的石头。皋水从这座山发源，向东流入澧水，水中有许多脆石。

【原文】

又东二十五里，曰大支之山，其阳多金，其木多穀柞，无草木。

【译文】

再向东二十五里，是大支山，山南面有丰富的金属矿物，这里的树木大多是构树和柞树，但不生长草。

【原文】

又东五十里，曰区吴之山，其木多苴。

【译文】

再向东五十里，是座区吴山，这里的树木以柤树最为繁盛。

【原文】

又东五十里，曰声匈之山，其木多穀，多玉，上多封石。

【译文】

再向东五十里，是声匈山，这里有茂密的构树，到处是玉石，山上还盛产封石。

【原文】

又东五十里，曰大騩之山，其阳多赤金，其阴多砥石。

【译文】

再向东五十里，是座大騩山，山南面多出产黄金，山北面多出产细磨刀石。

【原文】

又东十里，曰踵臼之山，无草木。

【译文】

再向东十里，是座踵臼山，不生长花草树木。

【原文】

又东北七十里，曰历石之山，其木多荆芑，其阳多黄金。其阴多砥石。有兽焉，其状如狸，而白首虎爪，名曰梁渠，见则其国有大兵。

【译文】

再向东北七十里，是历石山，这里的树木以牡荆和枸杞最多，山南面盛产黄金，山北面盛产细磨刀石。山中有一种野兽，长得像野猫，却长着白色的脑袋、老虎一样的爪子，叫作梁渠，在哪个国家出现哪个国家里就会发生大战争。

梁渠

【原文】

又东南一百里，曰求山。求水出于其上，潜于其下，中有美赭。其木多苴，多䉋。其阳多金，其阴多铁。

【译文】

再向东南一百里，是求山，求水从这座山顶上发源，潜流到山下，这里有很多优良赭石。山中到处是柤树，还有矮小丛生的䉋竹。山南面有丰富的金属矿物，山北面有丰富的铁。

【原文】

又东二百里，曰丑阳之山，其上多椆椐。有鸟焉，其状如乌而赤足，名曰𫛷鵌，可以御火。

【译文】

再向东二百里，是丑阳山，山上有茂密的椆树和椐树。山中有一种禽鸟，长得像一般的乌鸦却长着红色爪子，叫作𫛷鵌，人饲养它可

𫛷鵌

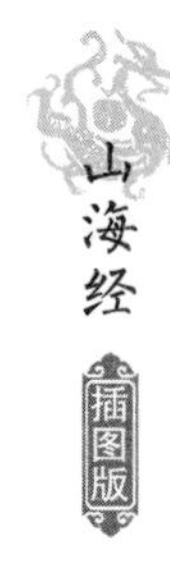

以防御火灾。

【原文】

又东三百里，曰奥山，其上多柏杻橿，其阳多㻬琈之玉。奥水出焉，东流注于视水。

【译文】

再向东三百里，是奥山，山上有茂密的柏树、杻树、橿树，山南面盛产㻬琈玉。奥水从这座山发源，向东流入视水。

【原文】

又东三十五里，曰服山，其木多苴，其上多封石，其下多赤锡。

【译文】

再向东三十五里，是服山，这里的树木以柤树最多，山上有丰富的封石，山下多出产红色锡。

【原文】

又东百十里，曰杳山，其上多嘉荣草，多金玉。

【译文】

再向东一百多里，是杳山，山上到处是嘉荣草，还有丰富的金属矿物和玉石。

【原文】

又东三百五十里，曰几山，其木多楢檀杻，其草多香。有兽焉，其状如彘，黄身、白头、白尾，名曰闻豨，见则天下大风。

闻豨

【译文】

再向东三百五十里，是几山，这里的树木，以楢树、檀树、杻树最多，而草类主要是各种香草。山中有一种野兽，长得像普通的猪，却是黄色的身子、白色的脑袋、白色的尾巴，叫作闻豨，一出现天下就会刮起大风。

【原文】

凡荆山之首，自翼望之山至于几山，凡四十八山，三千七百三十二里。其神状皆彘身人首。其祠：毛用一雄鸡祈瘗，婴用一珪，糈用五种之糈。禾山，帝也，其祠：太牢之具，羞瘗，倒毛[1]；婴用一璧，牛无常。堵山、玉山，冢也，皆倒祠[2]，羞毛少牢，婴毛吉玉。

【注释】

①倒毛：毛指毛物，即作为祭品的牲畜。倒毛就是在祭礼举行完后，把猪、牛、羊三牲反倒着身子埋掉。②倒祠：也是倒毛的意思。

【译文】

总计荆山山系的开始，自翼望山起到几山止，一共四十八座山，途经三千七百三十二里。诸山山神的形貌都是猪的身子、人的头。祭祀山神：在毛物中用一只公鸡来祭祀后埋入地下，在祀神的玉器中用一块玉珪献祭，祀神的米用黍、稷、稻、粱、麦五种粮米。禾山，是诸山的首领。祭祀禾山山神：在毛物中用猪、牛、羊齐全的三牲做祭品，进献后埋入地下，而且将牲畜倒着埋；在祀神的玉器中用一块玉璧献祭，但也不必三牲全备。堵山、玉山，是诸山的宗主，祭祀后都要将牲畜倒着埋掉，进献的祭祀品是猪、羊，在祀神的玉器中要用一块吉玉。

彘身人首

【原文】

中次十二经洞庭山之首，曰篇遇之山，无草木，多黄金。

【译文】

中央第十二列山系洞庭山山系的首座山，是篇遇山，这里不生花草树木，蕴藏着丰富的黄金。

【原文】

又东南五十里，曰云山，无草木。有桂竹[1]，甚毒，伤[2]人必死，其上多黄金，其下多㻬琈之玉。

【注释】

①桂竹：竹子的一种。古人说它有四五丈高，茎干合围有二尺粗，

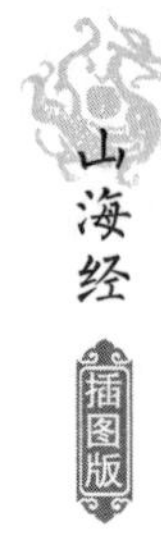

叶大节长，长得像甘竹但皮是红色。②伤：刺的意思。作动词用。

【译文】

再向东南五十里，是座云山，不生长花草树木。但有一种桂竹，毒性特别大，枝叶刺着人就必死。山上盛产黄金，山下盛产瑨琈玉。

【原文】

又东南一百三十里，曰龟山，其木多穀柞椆椐，其上多黄金，其下多青、雄黄，多扶竹①。

【注释】

①扶竹：即邛竹。节较长，中间实心，可以制作手杖，所以又叫扶老竹。

【译文】

再向东南一百三十里，是龟山，这里的树木以构树、柞树、椆树、椐树最为繁盛，山上多出产黄金，山下多出产石青、雄黄，还有很多扶竹。

【原文】

又东七十里，曰丙山，多筀竹①，多黄金铜铁，无木。

【注释】

①筀竹：就是桂竹。据古人讲，因它是生长在桂阳地方的竹子，所以叫作桂竹。

【译文】

再向东七十里，是丙山，有茂密的桂竹，还有丰富的黄金、铜、铁，但没有树木。

【原文】

又东南五十里，曰风伯之山，其上多金玉，其下多痠石文石，多铁，其木多柳杻檀楮。其东有林焉，曰莽浮之林，多美木鸟兽。

【译文】

再向东南五十里，是风伯山，山上有丰富的金属矿物和玉石，山下盛产痠石、色彩斑斓的石头，还盛产铁，这里的树木以柳树、杻树、檀树、构树最多。在风伯山东面有一片树林，叫作莽浮林，其中有许多的优良树木和禽鸟野兽。

【原文】

又东一百五十里，曰夫夫之山，其上多黄金，其下多青、雄黄，其木多桑楮，其草多竹、鸡鼓。神于儿居之，其状人身而手操两蛇，常游于江渊，出入有光。

【译文】

再向东一百五十里，是夫夫山，山上多出产黄金，山下多出产石青、雄黄，这里的树木以桑树、构树最多，而花草以竹子、鸡谷草最为繁盛。神仙于儿就住在这座山里，形貌是人的身子却手握两条蛇，常常游玩于长江水的深渊中，出没时都有闪光。

于儿

【原文】

又东南一百二十里，曰洞庭之山，其上多黄金，其下多银铁，其木多柤梨橘櫾，其草多葌、蘪芜[1]、芍药、芎䓖。帝之二女居之，是常游于江渊。澧沅之风，交潇湘[2]之渊，是在九江之间，出入必以飘风暴雨，是多怪神，状如人而载[3]蛇，左右手操蛇，多怪鸟。

【注释】

①蘪芜：一种香草，可以入药。②潇湘：潇水、湘水，在湖南境内。③载：戴。这里是缠绕的意思。

【译文】

再向东南一百二十里，是洞庭山，山上多出产黄金，山下多出产银和铁，这里的树木以柤树、梨树、橘子树、柚子树居多，而花草以兰草、蘪芜、芍药、芎䓖等香草居多。天帝的两个女儿住在这座山里，她俩常在长江水的深渊中游玩。从澧水和沅水吹来的清风，交会在幽清的湘水渊潭上，这里正是九条江水汇合的中间，她俩出入时都有狂风急雨相伴随。洞庭山中还住着很多怪神，形貌像人但身上绕着蛇，左右两

帝二女

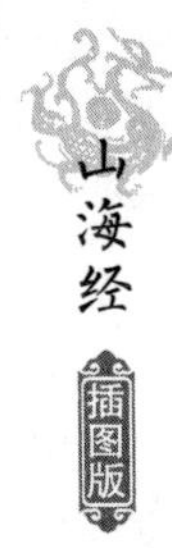

只手也握着蛇。这里还有许多怪鸟。

【原文】

又东南一百八十里，曰暴山，其木多棕枏荆芑竹箭䉋箘[①]，其上多黄金玉，其下多文石铁，其兽多麋鹿麐[②]，其鸟多就[③]。

【注释】

①箘：一种小竹子，可以制作箭杆。②麐：即麂，一种小型的鹿。③就：即鹏，今写作雕。

【译文】

再向东南一百八十里，是座暴山，在茂密的草木中以棕树、楠木树、牡荆树、枸杞树和竹子、箭竹、䉋竹、箘竹居多，山上多出产黄金、玉石，山下多出产彩色花纹的石头、铁，这里的野兽以麋鹿、鹿、麂居多，这里的禽鸟大多是雕。

【原文】

又东南二百里，曰即公之山，其上多黄金，其下多㻬琈之玉，其木多柳杻檀桑。有兽焉，其状如龟，而白身赤首，名曰蛫，是可以御火。

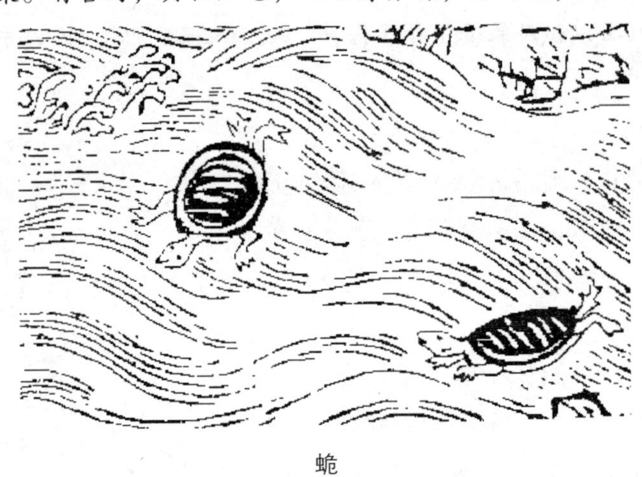

蛫

【译文】

再向东南二百里，是即公山，山上多出产黄金，山下多出产㻬琈玉，这里的树木以柳树、杻树、檀树、桑树最多。山中生长着一种野兽，长得像一般的乌龟，却是白身子红脑袋，叫作蛫，人饲养它可以防御火灾。

【原文】

又东南一百五十九里，曰尧山，其阴多黄垩，其阳多黄金，其木多荆芑柳檀，其草多藷萸苿。

【译文】

再向东南一百五十九里，是尧山，山北面多出产黄色垩土，山南面多出产黄金，这里的树木以牡荆树、枸杞树、柳树、檀树最多，而草以山药、苍术或白术最为繁盛。

【原文】

又东南一百里，曰江浮之山，其上多银、砥砺，无草木，其兽多豕鹿。

【译文】

再向东南一百里，是江浮山，山上盛产银、磨刀石，这里没有花草树木，而野兽以野猪、鹿居多。

【原文】

又东二百里，曰真陵之山，其上多黄金，其下多玉，其木多榖柞柳杻，其草多荣草。

【译文】

再向东二百里，是真陵山，山上多出产黄金，山下多出产玉石，这里的树木以构树、柞树、柳树、杻树最多，而草大多是荣草。

【原文】

又东南一百二十里，曰阳帝之山，多美铜，其木多橿杻檿[①]楮，其兽多麢麝。

【注释】

①檿：即山桑，是一种野生桑树，木质坚硬，可以制作弓和车辕。

【译文】

再向东南一百二十里，是阳帝山，到处是优质铜，这里的树木大多是橿树、杻树、山桑树、楮树，而野兽以羚羊和麝香鹿最多。

【原文】

又南九十里，曰柴桑之山，其上多银，其下多碧，多汵石、赭，其木多柳、芑、楮、桑，其兽多麋、鹿，多白蛇、飞蛇[①]。

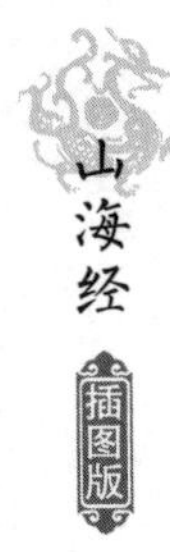

【注释】

①飞蛇：即螣蛇，也作“腾蛇”。传说是能够驾雾腾云的蛇，属于龙一类。

飞蛇

【译文】

再向南九十里，是柴桑山，山上盛产银，山下盛产碧玉，到处是柔软如泥的汵石、赭石，这里的树木以柳树、构杞树、楮树、桑树居多，而野兽以麋鹿、鹿居多，还有许多白色蛇、飞蛇。

【原文】

又东二百三十里，曰荣余之山，其上多铜，其下多银，其木多柳芑，其虫多怪蛇怪虫①。

【注释】

①虫：古时南方人也称蛇为虫。

【译文】

再向东二百三十里，是荣余山，山上多出产铜，山下多出产银，这里的树木大多是柳树、构杞树，这里的虫类有很多怪蛇、怪虫。

【原文】

凡洞庭山之首，自篇遇之山至于荣余之山，凡十五山，二千八百里。其神状皆鸟身而龙首。其祠：毛用一雄鸡、一牝豚钊，糈用稌。凡夫夫之山、即公之山，尧山、阳帝之山皆冢也，其祠：皆肆①瘗，祈用酒，毛用少牢，婴毛一吉玉。洞庭、荣余山，神也，其祠：皆肆瘗，祈酒太牢祠，婴用圭璧十五，五采惠之。

【注释】

①肆：陈设。

【译文】

鸟身龙首

总计洞庭山山系的首尾，自篇遇山起到荣余山止，一共十五座山，途经二千八百里。诸山山神的形貌都是鸟的身子、龙的脑袋。祭祀山神：在毛物中宰杀一只公鸡、一头母猪做祭品，祀神的米用稻米。凡夫夫山、即公山、尧山、阳帝山，都是诸山的宗主，祭祀这几座山的山神：都要陈列牲畜、玉器而后埋入地下，祈神用美酒献祭，在毛物中用猪、羊二牲做祭品，在祀神的玉器中要用吉玉。洞庭山、荣余山，是神灵显应之山，祭祀这二位山神：都要陈列牲畜、玉器而后埋入地下，祈神用美酒及猪、牛、羊齐全的三牲献祭，祀神的玉器要用十五块玉圭十五块玉璧，用青、黄、赤、白、黑五样色彩绘饰它们。

【原文】

右中经之山志，大凡百九十七山，二万一千三百七十一里。

【译文】

以上是中央山系的记录，总共一百九十七座山，二万一千三百七十一里。

【原文】

大凡天下名山五千三百七十，居地，大凡六万四千五十六里。

【译文】

总计天下名山共有五千三百七十座，分布在大地之东西南北中各方，一共六万四千零五十六里。

【原文】

禹曰：天下名山，经五千三百七十山，六万四千五十六里，居地也。言其《五臧》①，盖其余小山甚众，不足记云。天地之东西二万八千里，南北二万六千里，出水之山者八千里，受水者八千里，出铜之山

四百六十七，出铁之山三千六百九十。此天地之所分壤树谷[2]也，戈矛之所发也，刀铩[3]之所起也，能者有余，拙者不足。封于太山，禅于梁父，七十二家，得失之数，皆在此内，是谓国用。

【注释】

①五臧：即五脏。臧，通“脏”。五脏，指人的脾、肺、肾、肝、心五种主要器官。②树：种植，栽培。谷：这里泛指农作物。③铩：古代一种兵器，即铍。大矛。

【译文】

大禹说：天下的名山，共有五千三百七十座，六万四千零五十六里，这些山分布在大地东西南北中各方。把以上山记在《五臧山经》中，原因是除此以外的小山太多，不值得一一记述。广阔的天地从东方到西方共二万八千里，从南方到北方共二万六千里，江河源头所在之山是八千里，江河流经之地是八千里，出产铜的山有四百六十七座，出产铁的山有三千六百九十座。这些是世间划分疆土、种植庄稼的凭借，也是戈和矛产生的缘故，刀和铩兴起的根源，因而能干的人富裕有余，笨拙的人贫穷不足。国君在泰山上行祭天礼，在梁父山上行祭地礼，一共有七十二家，或得或失的运数，都在这个范围内，国家财用也可以说是从这块大地取得的。

【原文】

右《五臧山经》五篇，大凡一万五千五百三字。

【译文】

以上是《五臧山经》五篇，一共有一万五千五百零三个字。

卷六　海外南经

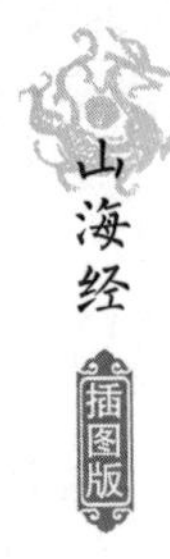

【原文】

地之所载，六合[①]之间，四海之内，照之以日月，经之以星辰，纪之以四时[②]，要之以太岁[③]，神灵所生，其物异形，或夭或寿，唯圣人能通其道。

【注释】

①六合：古人以东、西、南、北、上、下六方为六合，泛指天下或宇宙。②四时：古人以春、夏、秋、冬四季为四时。③太岁：又叫岁星，即木星。木星在黄道带里每年经过一宫，约十二年运行一周天，所以古人用以纪年。

【译文】

大地所负载的，包括宇宙之间，四海以内，以太阳和月亮照明，以大小星辰划界，以春夏秋冬记录四时，以太岁正天时。大地上的一切都是神灵造化所生成，故万物各有不同的形状，有的短寿，有的长寿，只有圣明的人才能懂得其中的道理。

【原文】

海外自西南陬[①]至东南陬者。

【注释】

①陬：角。

【译文】

海外从西南角到东南角的国家地区、山丘河川分别如下。

【原文】

结匈[①]国在其[②]西南，其为人结匈。

【注释】

①结匈：可能指现在所说的鸡胸。匈，同“胸”。②其：指邻近结匈国的灭蒙鸟。可参看《海外西经》。

【译文】

结胸国在灭蒙鸟的西南面，那里的人都长着像鸡一样的胸脯。

结匈

【原文】

南山在其东南。自此山来，虫为蛇，蛇号为鱼。一曰南山在结匈东南。

【译文】

南山在灭蒙鸟的东南面。从这座山来的人，把虫叫作蛇，把蛇叫作鱼。也有一种说法认为南山在结胸国的东南面。

【原文】

比翼鸟在其东，其为鸟青、赤，两鸟比翼。一曰在南山东。

【译文】

比翼鸟在灭蒙鸟的东面，它作为一种鸟有青色、红色间杂的羽毛，两只鸟的翅膀配合起来才能飞翔。也有一种说法认为比翼鸟在南山的东面。

【原文】

羽民国在其东南，其为人长头，身生羽。一曰在比翼鸟东南，其为人长颊①。

羽民国

【注释】

①颊：面颊，脸的两侧。

【译文】

羽民国在灭蒙鸟的东南面，那里的人都长着长长的脑袋，全身生满羽毛。有人认为羽民国在比翼鸟的东南面，那里的人都长着一副长长的脸颊。

【原文】

有神人二八，连臂，为帝司夜①于此野。在羽民东。其为人小颊赤肩。尽十六人。

【注释】

①司夜：主管夜间的报时。这里是守候的意思。

【译文】

有叫二八的神人，手臂连在一起，在这旷野中为天帝守夜。这位神人在羽民国的东面，那里的人都是狭小的脸颊和赤红的肩膀，总共有十六个人。

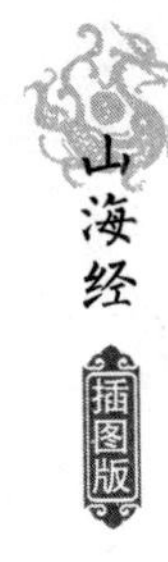

【原文】

毕方鸟在其东，青水西，其为鸟人面一脚。一曰在二八神东。

【译文】

毕方鸟在它的东面，在青水的西面，这种鸟长着一副人的面孔却是一只脚。有人认为毕方鸟在二八神人的东面。

【原文】

讙头国在其南，其为人人面有翼，鸟喙，方[1]捕鱼。一曰在毕方东。或曰讙朱国。

【注释】

①方：正在，正当。

【译文】

讙头国在它的南面，那里的人都是人的面孔却有两只翅膀，还长着鸟嘴，正在捕鱼。有人认为讙头国在毕方鸟的东面。还有人认为讙头国就是讙朱国。

讙头国

【原文】

厌火国在其国南，兽身黑色。生火出其口中。一曰在讙朱东。

【译文】

厌火国在它的南面，那里的人都长着野兽一样的身子而且是黑色的，火从他们的口中吐出。有人认为厌火国在讙朱国的东面。

厌火国

【原文】

三株树在厌火北，生赤水上，其为树如柏，叶皆为珠。一曰其为树若彗。

【译文】

三珠树在厌火国的北面，生长在赤水岸边，那里的树与普通的柏树相似，叶子都是珍珠。有人认为那里的树像彗星的样子。

【原文】

三苗国在赤水东，其为人相随。一曰三毛国。

【译文】

三苗国在赤水的东面，那里的人是一个跟着一个地行走。有人认为它就是三毛国。

【原文】

䰠国在其东，其为人黄，能操弓射蛇。一曰䰠国在三毛东。

䰠国

【译文】

䰠国在它的东面，那里的人都是黄色皮肤，能操持弓箭射死蛇。有人认为䰠国在三毛国的东面。

【原文】

贯匈国在其东，其为人匈有窍。一曰在䰠国东。

【译文】

贯胸国在它的东边，那里的人都是胸膛上穿个洞。有人认为贯胸国在䰠国的东面。

【原文】

交胫国在其东，其为人交胫①。一曰在穿匈东。

【注释】

①胫：人的小腿。这里指整个腿脚。

【译文】

交胫国在它的东面，那里的人总是互相交叉着双腿双脚。有人认为交胫国在穿胸国的东面。

【原文】

不死民在其东，其为人黑色，寿考[①]，不死。一曰在穿匈国东。

【注释】

①寿考：长寿。

【译文】

不死民在它的东面，那里的人都是黑色的，个个长寿不老。有人认为不死民在穿胸国的东面。

不死民

【原文】

反舌国在其东。一曰在不死民东。

【译文】

反舌国在它的东面。有人认为反舌国在不死民的东面。

【原文】

昆仑虚[①]在其东，虚四方。一曰在反舌东，为虚四方。

【注释】

①虚：大丘。这里是山的意思。

【译文】

昆仑山在它的东面，山基是四方形。有人认为昆仑山在反舌国的东面，山基向四方延伸。

【原文】

羿[①]与凿齿[②]战于寿华之野，羿射杀之。在昆仑虚东。羿持弓矢，凿齿持盾。一曰戈。

【注释】

①羿：神话传说中的天神。②凿齿：传说是亦人亦兽的神人，有一个牙齿露在嘴外，有五六尺长，长得像一把凿子。

【译文】

羿与凿齿在寿华的荒野交战厮杀，羿射死了凿齿。地方就在昆仑山的东面。在那次交战中羿手拿弓箭，凿齿手拿盾牌。有人认为凿齿拿着戈。

【原文】

三首国在其东，其为人一身三首。

【译文】

三首国在它的东面，那里的人都是一个身子三个头。

三首国

【原文】

周饶国在其东，其为人短小，冠带①。一曰焦侥国②在三首东。

【注释】

①冠带：这里都作动词用，即戴上冠帽、系上衣带。②焦侥国：即周饶国。

【译文】

周饶国在它的东面，那里的人都是身材矮小，戴帽子系腰带。有人认为周饶国在三首国的东面。

【原文】

长臂国在其东，捕鱼水中，两手各操一鱼。一曰在焦侥东，捕鱼海中。

【译文】

长臂国在它的东面，那里的人正在水中捕鱼，左右两只手各抓着一条鱼。有人认为长臂国在焦侥国的东面，那里的人是在大海中捕鱼的。

【原文】

狄山，帝尧葬于阳，帝喾①葬于阴。爰有熊、罴、文虎、蜼、豹、离朱、视肉；吁咽、文王皆葬其所。一曰汤山。一曰爰有熊、罴、文虎、蜼、豹、离朱、鴟久、视肉、虖交。其范林②方三百里。

【注释】

①帝喾：传说中的上古帝王唐尧的父亲。②范林：树林繁衍茂密。

【译文】

狄山那个地方，唐尧死后葬在这座山的南面，帝喾死后葬在这座山的北面。这里有熊、罴、花斑虎、长尾猿、豹子、离朱鸟、视肉。吁咽

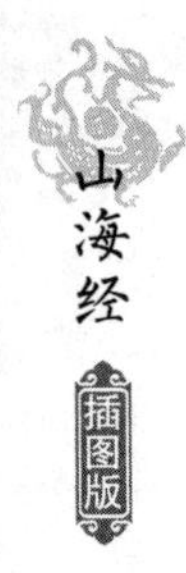

和文王也埋葬在这里。有人认为是在汤山。还有一种说法认为这里有熊、罴、花斑虎、长尾猿、豹子、离朱鸟、鹞鹰、视肉、虖交。它的树木繁衍茂密，方圆达三百里。

【原文】

南方祝融①，兽身人面，乘两龙。

【注释】

①祝融：神话传说中的火神。

【译文】

南方的祝融神，长着野兽的身子、人的面孔，乘着两条龙。

祝融

插图版

山海经

卷七 海外西经

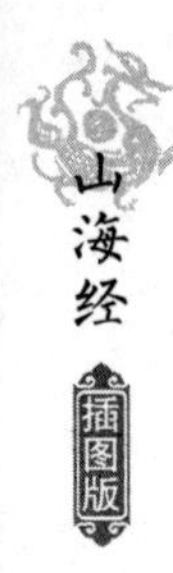

【原文】

海外自西南陬至西北陬者。

【译文】

海外从西南角到西北角的国家地区、山丘河川分别如下。

【原文】

灭蒙鸟在结匈国北，为鸟青，赤尾。

【译文】

灭蒙鸟在结胸国的北面，那里的鸟是青色羽毛，拖着红色尾巴。

【原文】

大运山高三百仞，在灭蒙鸟北。

【译文】

大运山高三百仞，屹立在灭蒙鸟的北面。

【原文】

大乐之野，夏后启[①]于此儛九代，乘两龙，云盖三层。左手操翳，右手操环，佩玉璜。在大运山北。一曰大遗之野。

夏后启

【注释】

①夏后启：传说是大禹的儿子，夏朝第一代国君。

【译文】

大乐野，夏后启在这个地方观看《九代》乐舞，乘驾着两条龙，飞腾在三重云雾之上。他左手握着一把华盖，右手拿着一只玉环，腰间佩挂着一块玉璜。大乐野就在大运山的北面。有人认为夏后启观看乐舞《九代》是在大遗野。

【原文】

三身国在夏后启北，一首而三身。

【译文】

三身国在夏后启所在之地的北面，那里的人都长着一个脑袋三个身子。

【原文】

一臂国在其北，一臂、一目、一鼻孔。有黄马虎文，一目而一手。

【译文】

一臂国在三身国的北面，那里的人都是一条胳膊、一只眼睛、一个鼻孔。那里还有黄色的马，身上有老虎斑纹，长着一只眼睛和一条腿。

【原文】

奇肱之国在其北。其人一臂三目，有阴有阳，乘文马①。有鸟焉，两头，赤黄色，在其旁。

【注释】

①文马：即吉良马，白身子红鬃毛，眼睛像黄金，骑上它，寿命可达一千年。

奇肱之国

【译文】

奇肱国在一臂国的北面。那里的人都是一条胳膊和三只眼睛，眼睛分为阴阳，骑着名叫吉良的马。那里还有一种鸟，长着两个脑袋，红黄色的身子，栖息在他们的身旁。

【原文】

形天①与帝至此争神，帝断其首，葬之常羊之山。乃以乳为目，以脐为口，操干戚②以舞。

【注释】

①形天：即刑天，是神话传说中一个没有头的神。②干戚：指盾和斧。干：盾。戚：斧。

【译文】

刑天与天帝争夺神位，天帝砍断了刑天的头，把他的头埋在常羊山。没了头的刑天便以乳头做眼睛，以肚脐做嘴巴，一手持盾牌一手操大斧而舞动。

刑天

【原文】

女祭、女戚在其北，居两水间，戚操鱼䱇①，祭操俎②。

【注释】

①䱇：就是小觯。䱇是古代的一种酒器。②俎：古代祭祀时盛供品的礼器。

【译文】

一个叫作祭的女巫和一个叫作戚的女巫住在刑天与天帝发生争斗之地的北面，正好处于两条水流的中间，女巫戚手里拿着兕角小酒杯，女巫祭手里捧着俎器。

【原文】

鸾鸟、鶬鸟，其色青黄，所经国亡。在女祭北。鸾鸟人面，居山上。一曰维鸟，青鸟、黄鸟所集。

【译文】

一种鸾鸟、一种鶬鸟，它们的颜色是青中带黄，经过哪个国家哪个国家就会败亡。它们栖息在女巫祭的北面。鵹鸟长着人的面孔，立在山上。有人认为这两种鸟统称维鸟，是青色鸟、黄色鸟聚集在一起的混称。

【原文】

丈夫国在维鸟北，其为人衣冠带剑。

【译文】

丈夫国在维鸟的北面，那里的人都是穿衣戴帽而佩带宝剑的模样。

丈夫国

【原文】

女丑之尸，生而十日炙①杀之。在丈夫北。以右手鄣②其面。十日居上，女丑居山之上。

【注释】

①炙：烧烤。②鄣：同“障”。挡住，遮掩。

【译文】

女丑的尸体，她生前是被十个太阳的热气烤死的。她横卧在丈夫国的北面，用右手遮住她的脸。十个太阳高高挂在天上，女丑的尸体横卧在山顶上。

【原文】

巫咸国在女丑北，右手操青蛇，左手操赤蛇。在登葆山，群巫所从上下也。

【译文】

巫咸国在女丑的北面，那里的人是右手握着一条青蛇，左手握着一条红蛇。有座登葆山，是一群巫师来往于天上与人间的地方。

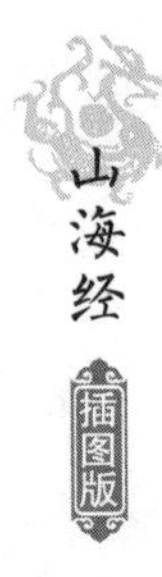

【原文】

并封在巫咸东，其状如彘，前后皆有首，黑。

【译文】

称作并封的怪兽在巫咸国的东面，它长得像普通的猪，却前后都有头，是黑色的。

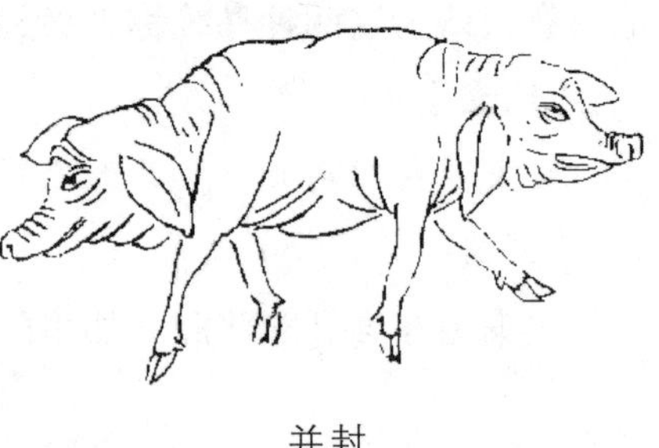

并封

【原文】

女子国在巫咸北，两女子居，水周之。一曰居一门中。

【译文】

女子国在巫咸国的北面，有两个女子住在这里，四周有水环绕着。有人认为她们住在一道门的中间。

【原文】

轩辕之国在此穷山之际，其不寿者八百岁。在女子国北。人面蛇身，尾交首上。

【译文】

轩辕国在穷山的旁边，那里的人就是不长寿的也能活八百岁。轩辕国在女子国的北面，他们长着人的面孔，却是蛇的身子，尾巴盘绕在头顶上。

轩辕国

【原文】

穷山在其北，不敢西射，畏轩辕之丘。在轩辕国北。其丘方，四蛇相绕。

【译文】

穷山在轩辕国的北面，那里的人拉弓射箭不敢向着西方射，是因为敬畏黄帝威灵所在的轩辕丘。轩辕丘位于轩辕国北部，这个轩辕丘呈方形，被四条大蛇相互围绕着。

【原文】

此诸天[1]之野，鸾鸟自歌，凤鸟自舞；凤皇卵，民食之；甘露[2]，民饮之。所欲自从也。百兽相与群居。在四蛇北。其人两手操卵食之，两鸟居前导之。

【注释】

①夭：沃子省文。②甘露：古人所谓甜美的露水，以为天下太平，就会天降甘露。

【译文】

有个叫作沃野的地方，鸾鸟自由自在地歌唱，凤鸟自由自在地舞蹈；凤凰生下的蛋，那里的居民食用它；苍天降下的甘露，那里的居民饮用它。凡是他们所想要的都能遂心如意。那里的各种野兽与人一起居住。沃野在四条蛇的北面，那里的人用双手捧着凤凰蛋正在吃，有两只鸟在前面引导。

【原文】

龙鱼陵居在其北，状如鲤。一曰鰕[①]。即有神圣乘此以行九野。一曰鳖鱼在夭野北，其为鱼也如鲤。

【注释】

①鰕：体型大的鲵鱼叫作鰕鱼。

龙鱼

【译文】

既可在水中居住又可在山陵居住的龙鱼在沃野的北面，龙鱼长得像一般的鲤鱼。有人认为像鰕鱼。就有神圣的人骑着它遨游在广大的原野上。还有一种说法认为鳖鱼在沃野的北面，这种鱼的形状也与鲤鱼相似。

【原文】

白民之国在龙鱼北，白身被[①]发。有乘黄，其状如狐，其背上有角，乘之寿二千岁。

【注释】

①被：通“披”。

乘黄

【译文】

白民国在龙鱼所在地的北面，那里

的人都是白皮肤而披散着头发。有一种叫作乘黄的野兽，长得像一般的狐狸，脊背上有角，人要是骑上它就能活两千年。

【原文】

肃慎之国在白民北。有树名曰雄常，圣人代立，于此取衣①。

【注释】

①圣人代立，于此取衣：据古人解说，肃慎国的习俗是人们平时没衣服，一旦中原地区有英明的帝王继位，那么，雄常树就生长出一种树皮，那里的人取它可以制成衣服穿。

【译文】

肃慎国在白民国的北面。有一种树木叫作雄常树，每当中原地区有圣明的天子继位，那里的人就取雄常树的树皮来做衣服。

【原文】

长股之国在雄常北，被发。一曰长脚。

【译文】

长股国在雄常树的北面，那里的人都披散着头发。有人认为长股国叫长脚国。

【原文】

西方蓐收①，左耳有蛇，乘两龙。

【注释】

①蓐收：神话传说中的金神，样子是人面孔、虎爪子、白毛发，手执钺斧。

【译文】

西方的蓐收神，左耳上有一条蛇，乘驾两条龙飞行。

蓐收神

卷八 海外北经

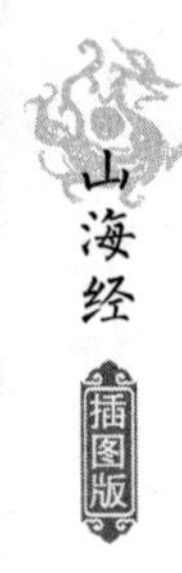

【原文】

海外自东北陬至西北陬者。

【译文】

海外从西北角到东北角的国家地区、山丘河川分别如下。

【原文】

无启[1]之国在长股东，为人无启。

【注释】

①无启：无嗣。

【译文】

无启国在长股国的东面，那里的人不生育子孙后代。

【原文】

钟山之神，名曰烛阴，视为昼，瞑为夜，吹为冬，呼为夏，不饮，不食，不息，息为风。身长千里。在无启之东。其为物，人面，蛇身，赤色，居钟山下。

烛阴

【译文】

钟山的山神，名叫烛阴，他睁开眼睛便是白天，闭上眼睛便是黑夜，一吹气便是寒冬，一呼气便是炎夏，不喝水，不吃食物，不呼吸，一呼吸就生成风。身子有一千里长。这位烛阴神在无启国的东面。他的形貌是人一样的面孔，蛇一样的身子，全身赤红色，住在钟山脚下。

【原文】

一目国在其东，一目中其面而居。一曰有手足。

【译文】

一目国在钟山的东面，那里的人是在脸的中间长着一只眼睛。有人认为像普通的人有手有脚。

【原文】

柔利国在一目东，为人一手一足，反膝，曲足居上。一云留利之国，人足反折。

【译文】

柔利国在一目国的东面，那里的人是一只手一只脚，膝盖反长着，脚弯曲朝上。有人认为柔利国叫作留利国，人的脚是反折着的。

【原文】

共工之臣曰相柳氏，九首，以食于九山。相柳之所抵，厥[1]为泽溪。禹杀相柳，其血腥，不可以树五谷[2]种。禹厥之，三仞三沮，乃以为众帝之台。在昆仑之北，柔利之东。相柳者，九首人面，蛇身而青。不敢北射，畏共工之台。台在其东。台四方，隅有一蛇，虎色，首冲南方。

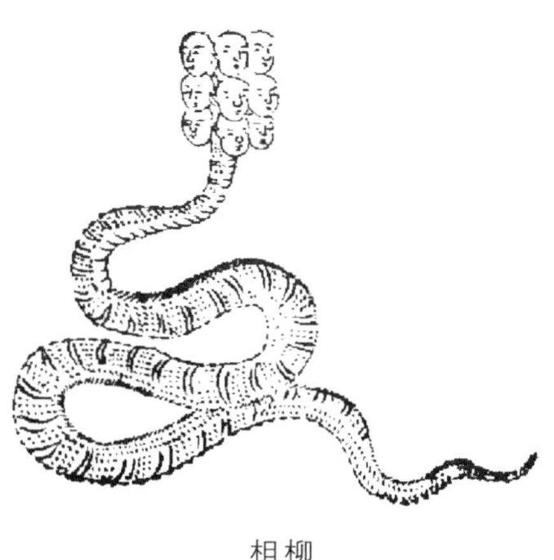

相柳

【注释】

①厥：通“撅”。掘。②五谷：五种谷物。泛指庄稼。

【译文】

天神共工的臣子叫相柳氏，有九个头，九个头分别在九座山上吃食物。相柳氏所触动之处，便掘成沼泽和溪谷。大禹杀死了相柳氏，他的血流过的地方发出腥臭味，不能种植五谷。大禹挖填这地方，多次填满而多次塌陷下去，于是大禹便把挖掘出来的泥土为众帝修造了帝台。这帝台在昆仑山的北面，柔利国的东面。这个相柳氏，长着九个脑袋，人的面孔，蛇的身子并且浑身青色。射箭的人不敢向北方射，因为敬畏共工威灵所在的共工台。共工台在相柳的东面，台是四方形的，每个角上有一条蛇，身上的斑纹与老虎相似，头向着南方。

【原文】

深目国在其东，为人深目，举一手。一曰，在共工台东。

【译文】

深目国在相柳氏所在地的东面，那里的人眼眶很深，总是举起一只手。有人认为深目国在共工台的东面。

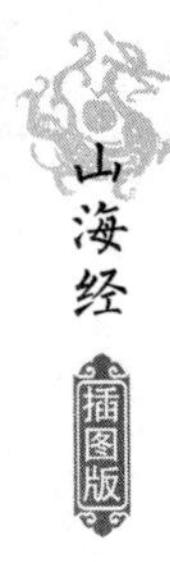

【原文】

无肠之国在深目东，其为人长而无肠。

【译文】

无肠国在深目国的东面，那里的人身体高大，但肚子里却没有肠子。

【原文】

聂耳之国在无肠国东，使两文虎①，为人两手聂②其耳。县③居海水中，及水所出入奇物。两虎在其东。

【注释】

①文虎：即雕虎，老虎身上的花纹如同雕画似的。②聂：通“摄”。握持。③县：同“悬”，无所依倚。这里是孤单的意思。

聂耳国

【译文】

聂耳国在无肠国的东面，那里的人使唤着两只花斑大虎，并且在行走时用手托着自己的大耳朵。聂耳国在海水环绕的孤岛上，所以能看到出入海水的各种怪物。有两只老虎在它的东面。

【原文】

夸父与日逐走，入日。渴欲得饮，饮于河渭，河渭不足，北饮大泽。未至，道渴而死。弃其杖，化为邓林。

【译文】

夸父要与太阳赛跑，走进太阳的光轮里。这时夸父很渴，想要喝水，于是喝黄河和渭河中的水，喝完了两条河的水还是不解渴，又要向北去喝大泽中的水，还没走到，就渴死在半路上了。他死时所抛掉的拐杖，变成了邓林。

夸父逐日

【原文】

夸父国在聂耳东，其为人大，右手操青蛇，左手操黄蛇。邓林在其东，二树木。一曰博父。

【译文】

夸父国在聂耳国的东面，那里的人身材高大，右手握着青色蛇，左手握着黄色蛇。邓林在它的东面，其实只有两棵非常大的树木。有人认为夸父国叫博父国。

【原文】

禹所积石之山在其东，河水所入。

【译文】

禹所积石山在博父国的东面，是黄河流入的地方。

夸父国

【原文】

拘瘿①之国在其东，一手把瘿。一曰利②瘿之国。

【注释】

①瘿：因脖颈细胞增生而形成的囊状性赘生物，多肉质，比较大。②利：疑为捋之讹。

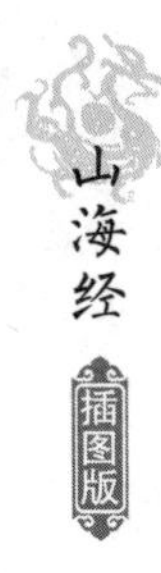

【译文】

拘瘿国在禹所积石山的东面，那里的人常用一只手托着脖颈上的大肉瘤。有人认为拘瘿国叫作利（捋）瘿国。

【原文】

寻木长千里，在拘瘿南，生河上西北。

【译文】

有种叫作寻木的树有一千里长，在拘瘿国的南面，生长在黄河岸上的西北方。

【原文】

跂踵[①]国在拘瘿东，其为人大，两足亦大。一曰反踵[②]。

【注释】

①跂踵：走路时脚跟不着地。②反踵：脚是反转长的，走路时行进的方向和脚印的方向是相反的。

【译文】

跂踵国在拘瘿国的东面，那里的人都身材高大，两只脚也非常大。有人认为跂踵国叫反踵国。

跂踵国

【原文】

欧丝之野在反踵东，一女子跪据树[①]欧丝。

【注释】

①跪据树：据古人解说，是凭依着桑树一边吃桑叶一边吐出丝，像蚕似的。

【译文】

欧丝野在反踵国的东面，有一女子跪倚着桑树在吐丝。

【原文】

三桑无枝，在欧丝东，其木长百仞[①]，无枝。

【注释】

①仞：古时八尺或七尺为一仞。百仞形容极高，不一定为实指。

【译文】

三棵没有树枝的桑树，在欧丝野的东面，这种树非常高，却不生长树枝。

【原文】

范林方三百里，在三桑东，洲[①]环其下。

【注释】

①洲：水中可居人或物的小块陆地。

【译文】

范林方圆三百里，在三棵桑树的东面，它的下面被沙洲环绕着。

【原文】

务隅之山，帝颛顼[①]葬于阳，九嫔[②]葬于阴。一曰爰有熊、罴、文虎、离朱、鸱久、视肉。

【注释】

①颛顼：传说中的上古帝王。②九嫔：指颛顼的九个妃嫔。

【译文】

务隅山，帝颛顼埋葬在它的南面，九嫔埋葬在它的北面。有人认为这里有狗熊、人熊、花斑虎、离朱鸟、鹞鹰、视肉等异禽怪兽。

【原文】

平丘在三桑东。爰有遗玉[①]、青马、视肉、杨柳、甘柤[②]、甘华[③]，百果所生。有两山夹上谷，二大丘居中，名曰平丘。

【注释】

①遗玉：据古人说是一种玉石，先由松枝在千年之后化为伏苓，再过千年之后化为琥珀，又过千年之后化为遗玉。②甘柤：传说中的一种树木，枝干是红色的，花是黄色的，叶子是白色的，果实是黑色的。③甘华：传说中的一种树木，枝干都是红色的，花是黄色的。

【译文】

平丘在三棵桑树的东面。这里有遗玉、青马、视肉怪兽、杨柳树、甘柤树、甘华树，是各种果树生长的地方。在两座山相夹的一道山谷上，有两个大丘处于其间，叫作平丘。

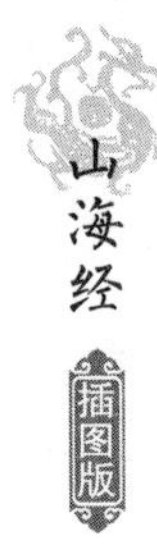

【原文】

北海内有兽，其状如马，名曰騊駼。有兽焉，其名曰駮，状如白马，锯牙，食虎豹。有素兽焉，状如马，名曰蛩蛩。有青兽焉，状如虎，名曰罗罗。

騊駼

【译文】

北海内有一种野兽，长得像一般的马，名称是騊駼。又有一种野兽，名称是駮，长得像白色的马，长着锯齿般的牙，能吃老虎和豹子。又有一种白色的野兽，长得像马，名称是蛩蛩。还有一种青色的野兽，长得像老虎，名称是罗罗。

【原文】

北方禺强[①]，人面鸟身，珥[②]两青蛇。践两青蛇。

禺强

【注释】

①禺强：也叫玄冥，神话传说中的水神。

②珥：插，这里指悬挂着。

【译文】

北方的禺强神，长着人的面孔、鸟的身子，耳朵上悬挂着两条青蛇，脚底下踏着两条青蛇。

卷九　海外东经

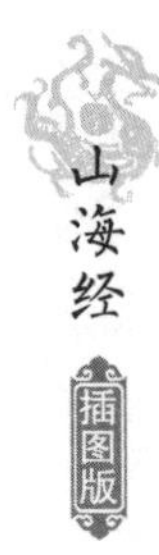

【原文】

海外自东南陬至东北陬者。

【译文】

海外从东南角到东北角的国家地区、山丘河川分别如下。

【原文】

𡏟丘，爰有遗玉、青马、视肉、杨桃、甘柤、甘华。甘果所生，在东海。两山夹丘，上有树木。一曰嗟丘。一曰百果所在，在尧葬东。

【译文】

𡏟丘，这里有遗玉、青马、视肉怪兽、杨桃树、甘柤树、甘华树。结出甜美果子的树所生长的地方，就在东海边。两座山夹着𡏟丘，上面有树木。有人认为𡏟丘就是嗟丘。还有一种说法认为各种果树所在的地方，在葬埋帝尧之地的东面。

【原文】

大人国在其北，为人大，坐而削船[①]。一曰在𡏟丘北。

大人国

【注释】

①削船：削、梢二字同音假借。梢是长竿子，这里作动词用。梢船就是用长竿子撑船。

【译文】

大人国在它的北面，那里的人身材高大，正坐在船上撑船。一种说法认为大人国在䃥丘的北面。

【原文】

奢比①之尸在其北，兽身、人面、大耳，珥两青蛇。一曰肝榆之尸在大人北。

【注释】

①奢比：也叫奢龙，传说中的神。

【译文】

奢比尸神在大人国的北面，长着野兽的身子、人的面孔、大大的耳朵，耳朵上悬挂着两条青蛇。也有人称之为肝榆尸神的，在大人国的北面。

【原文】

君子国在其北，衣冠①带剑，食兽，使二文虎在旁，其人好让不争。有薰华草，朝生夕死。一曰在肝榆之尸北。

【注释】

①衣冠：这里都作动词用，即穿上衣服，戴上帽子。

君子国

【译文】

君子国在奢比尸神的北面，那里的人衣冠整齐，而腰间佩带着剑，吃野兽，使唤的两只花斑老虎就在身旁，为人喜欢谦让而不争斗。那里有一种薰华草，早晨开花傍晚凋谢。有人认为君子国在肝榆尸神的北面。

【原文】

虹虹[①]在其北，各有两首。一曰在君子国北。

【注释】

①虹虹：就是虹霓，俗称美人虹。虹是虹字的古写法。

【译文】

虹虹在它的北面，它的各端都有两个脑袋。有人认为虹虹在君子国的北面。

【原文】

朝阳之谷，神曰天吴，是为水伯。在虹虹北两水间。其为兽也，八首人面，八足八尾，背青黄。

【译文】

朝阳谷，有一个神人叫作天吴，就是所谓的水伯。他住在虹虹北面的两条水流中间。他是野兽形状，长着八个脑袋并且都是人的脸面，八只爪子八条尾巴，背部是青中带黄的颜色。

天吴

【原文】

青丘国在其北，其人食五谷，衣丝帛。其狐四足九尾。一曰在朝阳北。

【译文】

青丘国在它的北面，这里的人吃五谷，穿丝帛。那里有一种狐狸长着四只爪子九条尾巴。有人认为青丘国在朝阳谷的北面。

【原文】

帝命竖亥①步，自东极至于西极，五亿十选②九千八百步。竖亥右手把算③，左手指青丘北。一曰禹令竖亥。一曰五亿十万九千八百步。

【注释】

①竖亥：传说中一个走得很快的神人。②选：万。③算：通“筭”。古代人计数用的筹码。

【译文】

天帝命令竖亥用脚步测量大地，从最东端走到最西端，是五亿十万九千八百步。竖亥右手拿着算筹，左手指着青丘国的北面。有人认为是大禹命令竖亥测量大地。还一种说法认为测量出五亿十万九千八百步。

【原文】

黑齿国在其北，为人黑齿，食稻啖①蛇，一赤一青，在其旁。一曰在竖亥北，为人黑首，食稻使蛇，其一蛇赤。

黑齿国

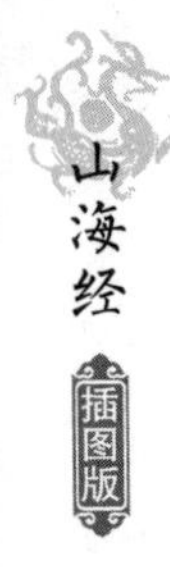

【注释】

①啖：吃。

【译文】

黑齿国在它的北面，那里的人牙齿漆黑，吃着稻米饭又吃着蛇，一条红蛇和一条青蛇围在他身旁。有人认为黑齿国在竖亥所在地的北面，那里的人是黑脑袋，吃着稻米饭驱使着蛇，其中一条蛇是红色的。

【原文】

下有汤谷①。汤谷上有扶桑，十日所浴，在黑齿北。居水中，有大木，九日居下枝，一日居上枝。

【注释】

①汤谷：据古人解说，这条谷中的水很热。

【译文】

下面有一座汤谷。汤谷边上有一棵扶桑树，是十个太阳洗澡的地方，在黑齿国的北面。正当大水中间，有一棵高大的树木，九个太阳住在树的下枝，一个太阳住在树的上枝。

【原文】

雨师妾在其北。其为人黑，两手各操一蛇，左耳有青蛇，右耳有赤蛇。一曰在十日北，为人黑身人面，各操一龟。

【译文】

雨师妾国在汤谷的北面。那里的人全身黑色，两只手各握着一条蛇，左边耳朵上挂有青色蛇，右边耳朵挂有红色蛇。有人认为雨师妾国在十

雨师妾

个太阳所在地的北面，那里的人是黑色身子，人的面孔，两只手各握着一只龟。

【原文】

玄股之国在其北。其为人衣鱼[①]䮳[②]，使两鸟夹之。一曰在雨师妾北。

【注释】

①衣鱼：穿着用鱼皮做的衣服。②䮳：即鸥。

【译文】

玄股国在它的北面。那里的人穿着用鱼皮做的衣服，吃着用鸥鸟做的食物，使唤的两只鸟在身边。有人认为玄股国在雨师妾国的北面。

【原文】

毛民之国在其北，为人身生毛。一曰在玄股北。

【译文】

毛民国在它的北面。那里的人全身长满了毛。有人认为毛民国在玄股国的北面。

【原文】

劳民国在其北，其为人黑。或曰教民。一曰在毛民北，为人面目手足尽黑。

【译文】

劳民国在它的北面，那里的人全身黑色。有的人称劳民国为教民国。有人认为劳民国在毛民国的北面，那里的人脸面眼睛手脚全是黑的。

【原文】

东方句芒[①]，鸟身人面，乘两龙。

【注释】

①句芒：神话传说中的木神。

【译文】

东方的句芒神，是鸟的身子，人的面孔，驾着两条龙。

句芒神

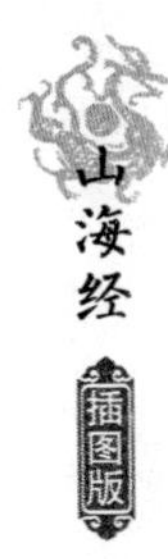

【原文】

建平元年[1]四月丙戌，待诏太常属臣望校治，侍中光禄勋臣龚，侍中奉车都尉光禄大夫臣秀领主省。

【注释】

①这段文字不是《山海经》原文，而是整理者对本卷文字做完校勘工作后的署名。建平是西汉哀帝的年号，而建平元年即公元前6年。秀即刘秀，原来叫刘歆，后来改名为秀，西汉末年人，是著名的经学家、目录学家。他曾继承其父刘向的事业，领导主持整理古籍、编撰目录的工作，成就很大。

【译文】

建平元年四月丙戌日，待诏太常属臣丁望校对整理，侍中光禄勋臣王龚、侍中奉车都尉光禄大夫臣刘秀领衔主持。

插图版

山海经

卷十　海内南经

【原文】

海内东南陬以西者。

【译文】

海内由东南角向西的国家地区、山丘河川依次如下。

【原文】

瓯居海中。闽在海中，其西北有山。一曰闽中山在海中。

【译文】

瓯处在海中。闽处在海中，它的西北方有座山。有人认为闽地的山在海中。

【原文】

三天子鄣山在闽西海北。一曰在海中。

【译文】

三天子鄣山在闽的西方，海的北方。有人认为三天子鄣山在海中。

【原文】

桂林八树在番隅东。

【译文】

桂林的八棵树很大而形成树林，处在番隅的东面。

【原文】

伯虑国、离耳国、雕题国、北朐国皆在郁水南。郁水出湘陵南海。一曰相虑。

【译文】

伯虑国、离耳国、雕题国、北朐国都在郁水的南岸。郁水发源于湘陵南海。有人认为伯虑国叫作相虑国。

【原文】

枭阳国在北朐之西。其为人人面长唇，黑身有毛，反踵，见人笑亦笑，左手操管。

枭阳国

【译文】

枭阳国在北朐国的西面。那里的人都是人的面孔，长长的嘴唇，黑黑的身子，浑身长毛，脚跟在前而脚尖在后，一看见人就张口大笑，左手握着一根竹筒。

【原文】

兕在舜葬东，湘水南。其状如牛，苍黑，一角。

【译文】

兕在帝舜葬地的东面，在湘水的南岸。兕长得像一般的牛，通身是青黑色，长着一只角。

【原文】

苍梧之山，帝舜葬于阳，帝丹朱葬于阴。

【译文】

苍梧山，帝舜葬在这座山的南面，帝丹朱葬在这座山的北面。

【原文】

氾林①方三百里，在狌狌东。

【注释】

①氾林：即浮在水上的森林。

【译文】

氾林方圆三百里，在狌狌生活之地的东面。

【原文】

狌狌知人名，其为兽如豕而人面，在舜葬西。

【译文】

狌狌能知道人的姓名，这种野兽长得像一般的猪，却长着人的面孔，生活在帝舜葬地的西面。

【原文】

狌狌西北有犀牛，其状如牛而黑。

【译文】

狌狌的西北面有犀牛，它长得像一般的牛，但全身是黑色的。

【原文】

夏后启之臣曰孟涂，是司神于巴。人请讼于孟涂之所，其衣有血者

乃执之，是请生。居山上，在丹山西。丹山在丹阳南，丹阳居属也。

【译文】

夏朝国王启的臣子有个叫孟涂的，是主管巴地诉讼的神。巴地的人到孟涂那里去告状，而告状人中有谁的衣服沾上血迹的就被孟涂拘捕起来。这样就不会冤枉一个好人，算是有好生之德。孟涂住在一座山上，这座山在丹山的西面。丹山在丹阳的南面，而丹阳是巴的属地。

【原文】

窫窳龙首，居弱水中，在狌狌知人名之西，其状如貙龙首，食人。

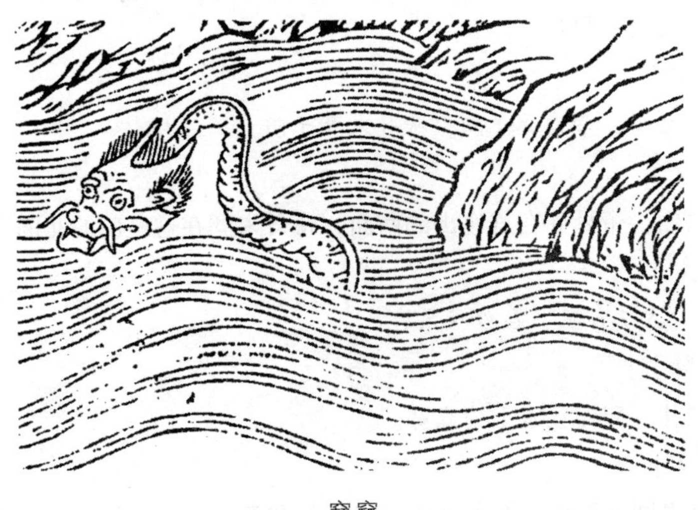

窫窳

【译文】

窫窳长着龙一样的头，住在弱水中，处在能知道人姓名的狌狌的西面，它长得像貙，长着龙头，能吃人。

【原文】

有木，其状如牛，引之有皮，若缨、黄蛇。其叶如罗①，其实如栾②，其木若苉③，其名曰建木。在窫窳西弱水上。

【注释】

①罗：捕鸟的网。②栾：传说中的一种树木，树根是黄色的，树枝是红色的，树叶是青色的。③苉：即刺榆树。

【译文】

有一种树木，长得像牛，一拉就剥落下树皮，样子像帽子上的缨带，又像黄色蛇皮。它的叶子像罗网，果实像栾树结的果实，树干像刺榆，名字叫建木。这种建木生长在窫窳所在地之西的弱水边上。

【原文】

氐人国在建木西，其为人人面而鱼身，无足。

氐人国

【译文】

氐人国在建木所在地的西面，那里的人都长着人的面孔、鱼的身子，没有脚。

【原文】

巴蛇食象，三岁而出其骨，君子服之，无心腹之疾。其为蛇青黄赤黑。一曰黑蛇青首，在犀牛西。

【译文】

巴蛇能吞下大象，吞吃后三年才吐出大象的骨头，有才能品德的人吃了巴蛇的肉，就不患心痛或肚子痛之类的病。这种巴蛇的颜色是青色、黄色、红色、黑色混合间杂的。有人认为巴蛇是黑色身子青色脑袋，在犀牛所在地的西面。

巴蛇

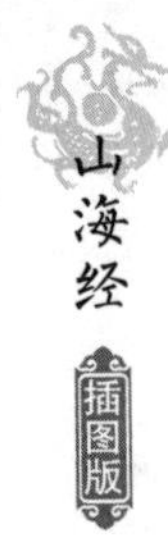

【原文】

旄马，其状如马，四节有毛。在巴蛇西北，高山南。

【译文】

旄马，长得像普通的马，但四条腿的关节上都长有毛。旄马在巴蛇所在地的西北面，一座高山的南面。

旄马

【原文】

匈奴、开题之国、列人之国并在西北。

【译文】

匈奴国、开题国、列人国都在西北方。

卷十一 海内西经

【原文】

海内西南陬以北者。

【译文】

海内由西南角向北的国家地区、山丘河川依次如下。

【原文】

贰负①之臣曰危，危与贰负杀窫窳②。帝乃梏③之疏属之山，桎④其右足，反缚两手与发，系之山上木。在开题西北。

贰负神

【注释】

①贰负神：神话传说中的天神，样子是人的脸面、蛇的身子。②窫窳：也是传说中的天神，原来的样子是人的脸面、蛇的身子，后被贰负及其臣子杀死而化成龙头、野猫身，并且吃人。③梏：古代木制的手铐。这里是械系、拘禁的意思。④桎：古代拘系罪人两脚的刑具。

【译文】

贰负神的臣子叫危，危与贰负合伙杀死了窫窳神。天帝便把贰负拘禁在疏属山中，并给他的右脚戴上刑具，还用他自己的头发反绑上他的双手，拴在山上的大树下。这个地方在开题国的西北面。

【原文】

大泽方百里，群鸟所生及所解。在雁门北。

【译文】

大泽方圆一百里，是各种禽鸟生卵孵化幼鸟和脱换羽毛的地方。大泽在雁门的北面。

【原文】

雁门山，雁出其间。在高柳北。

【译文】

雁门山，是大雁冬去春来出入的地方。雁门山在高柳山的北面。

【原文】

高柳在代北。

【译文】

高柳山在代地的北面。

【原文】

后稷之葬，山水环之。在氐人国西。

【译文】

后稷的葬地，有青山绿水环绕着它。后稷葬地在氐人国的西面。

【原文】

流黄酆氏之国，中①方三百里；有涂②四方，中有山。在后稷葬西。

【注释】

①中：域中，即国内土地的意思。②涂：通“途”。道路。

【译文】

流黄酆氏国，疆域有方圆三百里大小。有道路通向四方，中间有一座大山。流黄酆氏国在后稷葬地的西面。

【原文】

流沙①出钟山，西行又南行昆仑之虚②，西南入海，黑水之山。

【注释】

①流沙：沙子和水一起流动的一种自然现象。②虚：大丘。即指山。

【译文】

流沙的发源地在钟山，向西流动再朝南流过昆仑山，继续向西南流入大海，直到黑水山。

【原文】

东胡在大泽东。

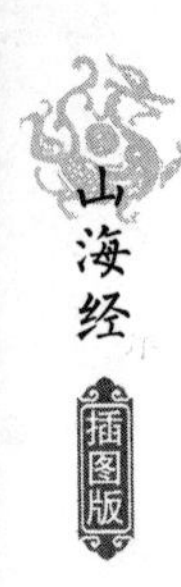

【译文】

东胡国在大泽的东面。

【原文】

夷人在东胡东。

【译文】

夷人国在东胡国的东面。

【原文】

貊国在汉水东北。地近于燕，灭之。

【译文】

貊国在汉水的东北面。它靠近燕国的边界，后来被燕国灭掉了。

【原文】

孟鸟在貊国东北。其鸟文赤、黄、青，东乡①。

【注释】

①乡：通“向”。

【译文】

孟鸟在貊国的东北面。这种鸟的羽毛花纹有红、黄、青三种颜色，向着东方。

【原文】

海内昆仑之虚，在西北，帝之下都。昆仑之虚，方八百里，高万仞①。上有木禾，长五寻②，大五围。面有九井，以玉为槛③。面有九门，门有开明兽守之，百神之所在。在八隅之岩，赤水之际，非仁羿莫能上冈之岩。

【注释】

①仞：古代的八尺为一仞。②寻：古代的八尺为一寻。③槛：窗户下或长廊旁的栏杆。这里指井栏。

【译文】

海内的昆仑山，屹立在西北方，是天帝在下方的都城。昆仑山，方圆八百里，高一万仞。山顶有一棵像大树似的稻谷，高达五寻，粗细需五人合抱。昆仑山的每一面有九眼井，每眼井都有用玉石制成的围栏。昆仑山的每一面有九道门，而每道门都有称作开明的神兽守卫着，是众多天神聚集的地方。众多天神聚集的地方是在八方山岩之间，赤水的岸边，不是具有像后羿那样本领的人就不能攀上那些山冈岩石。

开明兽

【原文】

赤水出东南隅，以行其东北。

【译文】

赤水从昆仑山的东南角发源，然后流到昆仑山的东北方。

【原文】

河水出东北隅，以行其北，西南又入渤海，又出海外，即西而北，入禹所导积石山。

【译文】

黄河水从昆仑山的东北角发源，然后流到昆仑山的北面，再折向西南流入渤海，又流出海外，就此向西而后向北流，一直流入大禹所疏导过的积石山。

【原文】

洋水、黑水出西北隅，以东，东行，又东北，南入海，羽民南。

【译文】

洋水、黑水从昆仑山的西北角发源，然后折向东方，朝东流去，再折向东北方，又朝南流入大海，直到羽民国的南面。

【原文】

弱水、青水出西南隅，以东，又北，又西南，过毕方鸟东。

【译文】

弱水、青水从昆仑山的西南角发源，然后折向东方，朝北流去，再折向西南方，又流经毕方鸟所在地的东面。

【原文】

昆仑南渊深三百仞。开明兽身大类虎而九首，皆人面，东向立昆仑上。

【译文】

昆仑山的南面有一个深三百仞的渊潭。开明神兽的身子大小像老虎却长着九个脑袋，九个脑袋都是人一样的面孔，朝东立在昆仑山顶。

【原文】

开明西有凤凰、鸾鸟，皆戴蛇践蛇，膺有赤蛇。

【译文】

开明神兽的西面有凤凰、鸾鸟栖息，都各自缠绕着蛇踩踏着蛇，胸前还有红色的蛇。

【原文】

开明北有视肉、珠树、文玉树、玗琪树、不死树[①]。凤凰、鸾鸟皆戴瞂[②]。又有离朱、木禾、柏树、甘水、圣木曼兑[③]，一曰挺木牙交。

【注释】

①珠树：神话传说中的生长珍珠的树。文玉树：神话传说中的生长五彩美玉的树。玗琪树：神话传说中的生长红色玉石的树。不死树：神话传说中的一种长生不死的树，人服食了它也可长寿不老。②瞂：盾。③离朱：即太阳里的踆乌，也叫三足乌。甘水：即古人所谓的醴泉，甜美的泉水。圣木曼兑：一种叫作曼兑的圣树，服食了它可使人圣明智慧。

【译文】

开明神兽的北面有视肉怪兽、珠树、文玉树、玗琪树、不死树，那里的凤凰、鸾鸟都戴着盾牌，还有三足乌、像树似的稻谷、柏树、甘水、圣木曼兑。有人认为圣木曼兑叫作挺木牙交。

【原文】

开明东有巫彭、巫抵、巫阳、巫履、巫凡、巫相，夹窫窳之尸，皆操不死之药以距[①]之。窫窳者，蛇身人面，贰负臣所杀也。

【注释】

①距：通“拒”。抗拒。

窫窳

【译文】

开明神兽的东面有巫师神医巫彭、巫抵、巫阳、巫履、巫凡、巫相，他们围在窫窳的尸体周围，都手捧不死药来抵抗死气而要使他复活。这位窫窳，是蛇的身子人的面孔，被贰负和他的臣子危合伙杀死的。

【原文】

服常树，其上有三头人，伺琅玕树[①]。

【注释】

①琅玕树：传说这种树上结出的果实就是珠玉。

【译文】

有一种服常树，它上面有个长着三颗头的人，静静伺察着那就在附近的琅玕树。

【原文】

开明南有树鸟，六首；蛟[①]、蝮[②]、蛇、蜼、豹、鸟秩树，于表池树木，诵鸟、鶽、视肉。

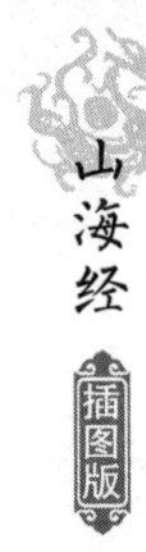

【注释】

①蛟：像蛇的样子，但有四只脚，属于龙一类。②蝮：大蛇。

【译文】

开明神兽的南面有种树鸟，长着六个脑袋；那里还有蛟龙、蝮、蛇、长尾猿、豹子、鸟秩树，在水池四周环绕着树木而显得华美；那里还有诵鸟、鹎鸟、视肉怪兽。

卷十二 海内北经

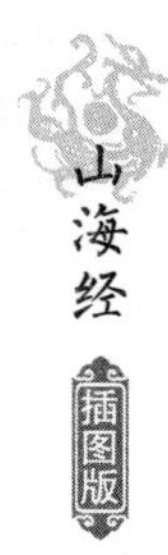

【原文】

海内西北陬以东者。

【译文】

海内由西北角向东的国家地区、山丘河川依次如下。

【原文】

蛇巫之山，上有人操柸而东向立。一曰龟山。

【译文】

蛇巫山，上面有人拿着一根棍棒向东站着。有人认为蛇巫山叫作龟山。

【原文】

西王母梯几①而戴胜②。其南有三青鸟，为西王母取食。在昆仑虚北。

西王母

【注释】

①梯：凭倚，凭靠。几：矮或小的桌子。②胜：古时妇女的首饰。

【译文】

西王母靠倚着小桌案而头戴玉胜。在西王母的南面有三只勇猛善飞的青鸟，为西王母觅取食物。西王母和三青鸟的所在地是在昆仑山的北面。

【原文】

有人曰大行伯，把戈。其东有犬封国。贰负之尸在大行伯东。

【译文】

有个神人叫大行伯，手握一把长戈。在他的东面有犬封国。贰负之尸在大行伯的东面。

【原文】

犬封国曰犬戎国，状如犬。有一女子，方[①]跪进柸食。有文马，缟身朱鬣，目若黄金，名曰吉量，乘之寿千岁。

【注释】

①方：正在。

【译文】

犬封国也叫犬戎国，那里的人都是狗的模样。犬封国有一女子，正跪在地上捧着一杯酒食向人进献。那里还有文马，是白色身子红色鬃毛，眼睛像黄金一样闪闪发光，名称是吉量，骑上它就能使人长寿千岁。

【原文】

鬼国在贰负之尸北，为物人面而一目。一曰贰负神在其东，为物人而蛇身。

【译文】

鬼国在贰负之尸的北面，那里的人物是人的面孔却长着一只眼睛。有人认为贰负神在鬼国的东面，他是人的面孔而蛇的身子。

【原文】

蜪犬如犬，青，食人从首始。

蜪犬

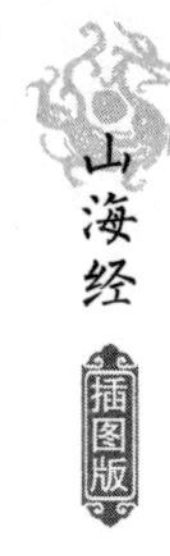

【译文】

蜪犬长得像一般的狗，全身是青色，它吃人是从人的头开始吃起。

【原文】

穷奇状如虎，有翼，食人从首始。所食被发[①]。在蜪犬北。一曰从足。

【注释】

①被发：即披发。被，通“披”。

【译文】

穷奇长得像一般的老虎，却生有翅膀，穷奇吃人是从人的头开始吃。正被吃的人是披散着头发的。穷奇在蜪犬的北面。有人认为穷奇吃人是从人的脚开始吃起。

【原文】

帝尧台、帝喾台、帝丹朱台、帝舜台，各二台，台四方，在昆仑东北。

【译文】

帝尧台、帝喾台、帝丹朱台、帝舜台，各自有两座台，每座台都是四方形，在昆仑山的东北面。

【原文】

大蜂，其状如螽[①]；朱蛾[②]，其状如蛾。

【注释】

①螽：螽斯，一种昆虫，体呈绿色或褐色，样子像蚂蚱。②蛾：古人说是蚍蜉，就是现在所说的蚂蚁。

【译文】

有一种大蜂，长得像螽斯；有一种朱蛾，长得像蚍蜉。

【原文】

蟜，其为人虎文，胫有膂[①]。在穷奇东。一曰状如人，昆仑虚北所有。

【注释】

①膂：小腿肚子。

【译文】

蟜，长着人的身子却有着老虎一样的斑纹，腿上有强健的小腿肚子。蟜在穷奇的东面。有人认为蟜长得像人，是昆仑山北面所独有的。

【原文】

阘非，人面而兽身，青色。

【译文】

阘非，长着人的面孔却是兽的身子，全身是青色。

【原文】

据比之尸，其为人折颈披发，无一手。

【译文】

天神据比的尸首，脖子折断了，披散着头发，失去了一只手。

【原文】

环狗，其为人兽首人身。一曰蝟状如狗，黄色。

【译文】

环狗，这种人是野兽的脑袋人的身子。有人认为是刺猬的样子而又像狗，全身是黄色。

环狗

【原文】

袜①，其为物人身黑首从②目。

【注释】

①袜：即魅，古人认为物老则成魅。就是现在所说的鬼魅、精怪。②从：通“纵”。

【译文】

袜，这种怪物长着人的身子、黑色脑袋、竖立的眼睛。

【原文】

戎，其为人人首三角。

【译文】

戎，这种人长着人的头而头上却有三只角。

【原文】

林氏国有珍兽，大若虎，五采毕具，尾长于身，名曰驺吾，乘之日行千里。

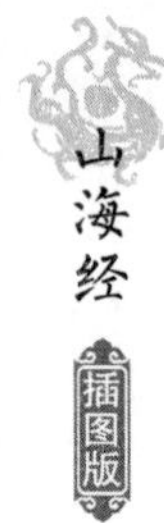

【译文】

林氏国有一种珍奇的野兽，大小与老虎差不多，身上有五种颜色的斑纹，尾巴比身子长，名称是驺吾，骑上它可以日行千里。

驺吾

【原文】

昆仑虚南所，有汜林[①]方三百里。

【注释】

①汜林：即范林、泛林，意为树木茂密丛生的树林。

【译文】

昆仑山的南面，有一片方圆三百里的汜林。

【原文】

从极之渊深三百仞，维冰夷[①]恒都焉，冰夷人面，乘两龙。一曰忠极之渊。

冰夷

【注释】

①冰夷：也叫冯夷、无夷，即河伯，传说中的水神。

【译文】

从极渊有三百仞深，只有冰夷神常常住在这里。冰夷神长着人的面孔，乘着两条龙。有人认为从极渊叫作忠极渊。

【原文】

阳汙之山，河出其中；凌门之山，河出其中。

【译文】

阳汙山，黄河的一条支流从这座山发源；凌门山，黄河的另一条支流从这座山发源。

【原文】

王子夜之尸，两手、两股、胸、首、齿，皆断异处。

【译文】

王子夜的尸体，两只手、两条腿、胸脯、脑袋、牙齿，都被斩断而分散在不同地方。

【原文】

舜妻登比氏生宵明、烛光，处河大泽，二女之灵能照此所方百里。一曰登北氏。

【译文】

帝舜的妻子登比氏生了宵明、烛光两个女儿，她们住在黄河边上的大泽中，两位神女的灵光能照亮这里方圆百里的地方。有人认为帝舜的妻子叫登北氏。

【原文】

盖国在钜①燕南，倭北。倭属燕。

【注释】

①钜：通“巨”。大。

【译文】

盖国在大燕国的南面，倭国的北面。倭国隶属于燕国。

【原文】

朝鲜在列阳东，海北山南。列阳属燕。

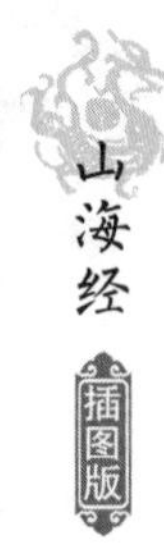

【译文】

朝鲜在列阳的东面，北面有大海，南面有高山。列阳隶属于燕国。

【原文】

列姑射在海河洲①中。

【注释】

①河洲：据古人说是黄河流入海中形成的小块陆地。

【译文】

列姑射在黄河入海口的一块小洲上。

【原文】

姑射国在海中，属列姑射。西南，山环之。

【译文】

姑射国在海中，隶属于列姑射。姑射国的西南部，有高山环绕。

【原文】

大蟹①在海中。

【注释】

①大蟹：据古人说是一种方圆千里大小的蟹。

大蟹

【译文】

大蟹生活在海里。

【原文】

陵鱼①人面，手足，鱼身，在海中。

【注释】

①陵鱼：即上文所说的人鱼、鲵鱼，俗称娃娃鱼。

【译文】

陵鱼长着人的面孔，有手有脚，鱼的身子，生活在海里。

陵鱼

【原文】

大鳊[①]居海中。

【注释】

①鳊：同“鳊”。即鲂鱼，体侧扁，背部特别隆起，略呈菱形，像现在所说的武昌鱼，肉味鲜美。

【译文】

大鳊鱼生活在海里。

【原文】

明组邑[①]居海中。

【注释】

①明组邑：可能是生活在海岛上的一个部落。邑即邑落，指人所聚居的部落、村落。

【译文】

明组邑生活在海岛上。

【原文】

蓬莱山[①]在海中。

【注释】

①蓬莱山：传说中的仙山。

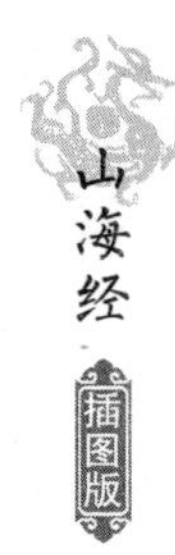

【译文】

蓬莱山屹立在海中。

蓬莱山

【原文】

大人之市在海中。

【译文】

大人贸易的集市也在海中。

卷十三　海内东经

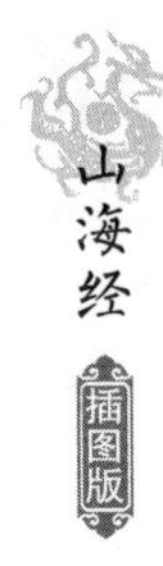

【原文】

海内东北陬以南者。

【译文】

海内由东北角向南的国家地区、山丘河川依次如下。

【原文】

钜燕在东北陬。

【译文】

大燕国在海内的东北角。

【原文】

国在流沙中者埻端、玺㬇，在昆仑虚东南。一曰海内之郡，不为郡县，在流沙中。

【译文】

在流沙中的国家有埻端国、玺㬇国，都在昆仑山的东南面。有人认为埻端国和玺㬇国是在海内建置的郡，不把它们称为郡县，是因为处在流沙中的缘故。

【原文】

国在流沙外者，大夏、竖沙、居繇、月支之国。

【译文】

在流沙以外的国家，有大夏国、竖沙国、居繇国、月支国。

【原文】

西胡白玉山在大夏东，苍梧在白玉山西南，皆在流沙西，昆仑虚东南。昆仑山在西胡西。皆在西北。

【译文】

西方胡人的白玉山国在大夏国的东面，苍梧国在白玉山国的西南面，都在流沙的西面，昆仑山的东南面。昆仑山位于西方胡人所在地的西面。总的位置都在西北方。

【原文】

雷泽中有雷神，龙身而人头，鼓①其腹。在吴西。

【注释】

①鼓：这里是动词，即鼓起、振作。另解为像击鼓一样敲打。

【译文】

雷泽中有一位雷神，长着龙的身子、人的头，他一敲打自己的肚子就响雷。雷泽在吴地的西面。

雷神

【原文】

都州在海中。一曰郁州。

【译文】

都州在海里。一种说法认为都州叫作郁州。

【原文】

琅邪台在渤海间，琅邪之东。其北有山。一曰在海间。

【译文】

琅邪台位于渤海中间，在琅邪山的东面。琅邪台的北面有座山。有人认为琅邪山在海中间。

【原文】

韩雁在海中，都州南。

【译文】

韩雁在海中，又在都州的南面。

【原文】

始鸠在海中，韩雁南。

【译文】

始鸠在海中，又在韩雁的南面。

【原文】

会稽山在大楚南。

【译文】

会稽山在大楚的南面。

【原文】

岷三江：首大江出汶山，北江出曼山，南江出高山。高山在（城）[成]都西，入海，在长州南。

【译文】

从岷山中流出三条江水，首先是长江从汶山流出，再者北江从曼山流出，还有南江从高山流出。高山坐落在成都的西面。三条江水最终注入大海，入海处在长州的南面。

【原文】

浙江出三天子都，在（其）[蛮]东。在闽西北，入海，余暨南。

【译文】

浙江从三天子都山发源，三天子都山在蛮地的东面，闽地的西北面，浙江最终注入大海，入海处在余暨的南边。

【原文】

庐江出三天子都，入江，彭泽西。一曰天子鄣。

【译文】

庐江也从三天子都山发源，注入长江，入江处在彭泽的西面。一种说法认为在天子鄣。

【原文】

淮水出余山，余山在朝阳东，义乡西。入海，淮浦北。

【译文】

淮水从余山发源，余山坐落在朝阳的东面，义乡的西面。淮水最终注入大海，入海处在淮浦的北面。

【原文】

湘水出舜葬东南陬，西环之。入洞庭下。一曰东南西泽。

【译文】

湘水从帝舜葬地的东南角发源，然后向西环绕流去。湘水最终注入洞庭湖下游。一种说法认为注入东南方的西泽。

【原文】

汉水出鲋鱼之山，帝颛顼葬于阳，九嫔葬于阴，四蛇卫之。

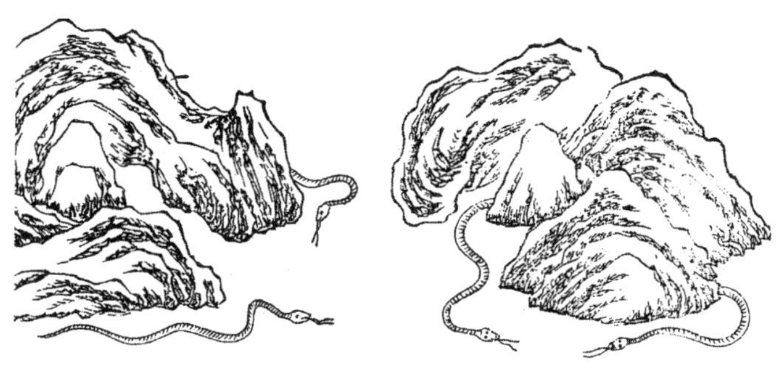

四蛇

【译文】

汉水从鲋鱼山发源，帝颛顼葬在鲋鱼山的南面，帝颛顼的九个嫔妃葬在鲋鱼山的北面，有四条巨蛇卫护着它。

【原文】

濛水出汉阳西，入江，聂阳西。

【译文】

濛水从汉阳西面发源，最终注入长江，入江处在聂阳的西面。

【原文】

温水出崆峒山，在临汾南，入河，华阳北。

【译文】

温水从崆峒山发源。崆峒山坐落在临汾南面，温水最终注入黄河，入河处在华阳的北面。

【原文】

颍水出少室，少室山在雍氏南，入淮西鄢北。一曰缑氏。

【译文】

颍水从少室山发源，少室山坐落在雍氏的南面，颍水最终在西鄢的

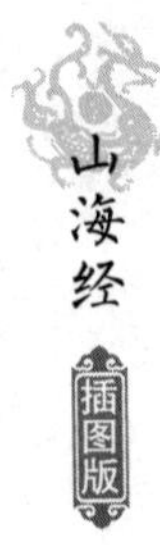

北边注入淮水。一种说法认为在缑氏注入淮水。

【原文】

汝水出天息山，在梁勉乡西南，入淮极西北。一曰淮在期思北。

【译文】

汝水从天息山发源，天息山坐落在梁勉乡的西南，汝水最终在淮极的西北注入淮水。一种说法认为入淮处在期思的北面。

【原文】

泾水出长城北山，山在郁郅长垣北，北入渭。戏北。

【译文】

泾水从长城的北山发源，北山坐落在郁郅长垣的北面，泾水最后向北流入渭水，入渭处在戏的北面。

【原文】

渭水出鸟鼠同穴山，东注河，入华阴北。

【译文】

渭水从鸟鼠同穴山发源，向东流入黄河，入河处在华阴的北面。

【原文】

白水出蜀，而东南注江，入江州城下。

【译文】

白水从蜀地流出，然后向东南流入长江，入江处在江州城下。

【原文】

沅水（山）出象郡镡城西，（入）[又]东注江，入下隽西，合洞庭中。

【译文】

沅水从象郡镡城的西面发源，向东流而注入长江，入江处在下隽的西面，最后汇入洞庭湖中。

【原文】

赣水出聂都东山，东北注江，入彭泽西。

【译文】

赣水从聂都东面的山中发源，向东北流入长江，入江处在彭泽的西面。

【原文】

泗水出鲁东北，而南，西南过湖陵西，而东南注东海，入淮阴北。

【译文】

泗水从鲁地的东北方流出，然后向南流，再向西南流经湖陵的西面，然后转向东南而流入东海，入海处在淮阴的北面。

【原文】

郁水出象郡，而西南注南海，入须陵东南。

【译文】

郁水从象郡发源，然后向西南流入南海，入海处在须陵的东南面。

【原文】

肄水出临晋西南，而东南注海，入番禺西。潢水出桂阳西北山，东南注肄水，入敦浦西。

【译文】

肄水从临晋西南方流出，然后向东南流入大海，入海处在番禺的西面。潢水发源于桂阳西北的山脉，向东南注入肄水，最后在敦浦以西入海。

【原文】

洛水出[上]洛西山，东北注河，入成皋之西。汾之出上窳北，而西南注河，入皮氏南。

【译文】

洛水从上洛西边的山中发源，向东北流入黄河，入河处在成皋的西边。汾河发源于上窳北部，向西南注入内河，入河处在皮氏的南边。

【原文】

沁水出井陉山东，东南注河，入怀东南。

【译文】

沁水从井陉山的东面发源，向东南流入黄河，入河处在怀的东南面。

【原文】

济水出共山南东丘，绝钜鹿泽，注渤海，入齐琅槐东北。

【译文】

济水从共山南面的东丘发源，流过钜鹿泽，最终注入渤海，入海处

在齐地琅槐的东北面。

【原文】

潦水出皋东，东南注渤，入潦阳。

【译文】

潦水发源于卫皋东面，向东南注入渤海，入海处位于潦阳。

【原文】

虖沱水出晋阳城南，而西至阳曲北，而东注渤海，入（越）章武北。

【译文】

虖沱水从晋阳城南发源，然后向西流到阳曲的北面，再向东流入渤海，入海处在章武的北面。

【原文】

漳水出山阳东，东注渤海，入章武南。

【译文】

漳水从山阳的东面流出，向东流入渤海，入海处在章武的南面。

卷十四　大荒东经

【原文】

东海之外有大壑[①]，少昊[②]之国。少昊孺[③]帝颛顼于此，弃其琴瑟。

【注释】

①壑：坑谷，深沟。②少昊：传说中的上古帝王，名叫挚，以金德王，所以号称金天氏。③孺：通“乳”。用乳奶喂养。这里是抚育、养育的意思。

【译文】

东海以外有一深得不知底的沟壑，是少昊建国的地方。少昊就在这里抚养帝颛顼，帝颛顼幼年玩耍过的琴瑟还丢在沟壑里。

【原文】

有甘山者，甘水出焉，生甘渊[①]。

【注释】

①渊：水流汇集就成为深渊。

【译文】

有一座甘山，甘水从这座山发源，然后流汇成甘渊。

【原文】

大荒东南隅有山，名皮母地丘。

【译文】

大荒的东南角有座高山，名为皮母地丘。

【原文】

东海之外，大荒之中，有山名曰大言，日月所出。

【译文】

东海以外，大荒当中，有座山叫作大言山，是太阳和月亮初出升起的地方。

【原文】

有波谷山者，有大人之国。有大人之市，名曰大人之堂。有一大人踆[①]其上，张其两臂。

【注释】

①踆：古“蹲”字。

【译文】

有座波谷山，有个大人国就在这山里。有个大人做买卖的集市，就在叫作大人堂的山上。有一个大人正蹲在上面，张开他的两只手臂。

【原文】

有小人国，名靖人①。

小人国

【注释】

①靖人：传说东北极有一种人，身高只有九寸，这就是靖人。靖的意思是细小的样子。

【译文】

有个小人国，那里的人被称作靖人。

【原文】

有神，人面兽身，名曰犁䰠之尸。

【译文】

有一个神，长着人的面孔、野兽的身子，叫作犁䰠尸。

犁䰠尸

【原文】

有潏山，杨水出焉。

【译文】

有座潏山，杨水就是从这座山发源的。

【原文】

有蒍国，黍[①]食，使四鸟：虎、豹、熊、罴。

【注释】

①黍：一种黏性谷米，可供食用和酿酒，古时主要在北方种植，脱去糠皮就称作黄米子。

【译文】

有一个蒍国，那里的人以黄米为主食，能驯化驱使四种野兽：老虎、豹子、熊、罴。

【原文】

大荒之中，有山名曰合虚，日月所出。

【译文】

在大荒当中，有座山叫作合虚山，是太阳和月亮初出升起的地方。

【原文】

有中容之国。帝俊生中容，中容人食兽、木实，使四鸟：豹、虎、熊、罴。

【译文】

有一个国家叫中容国。帝俊生了中容，中容国的人吃野兽的肉、树木的果实，能驯化驱使四种野兽：豹子、老虎、熊、罴。

【原文】

有东口之山。有君子之国，其人衣冠带剑。

【译文】

有座东口山。有个君子国就在东口山附近，那里的人穿衣戴帽而且腰间佩带宝剑。

【原文】

有司幽之国。帝俊生晏龙，晏龙生司幽，司幽生思士，不妻；思女，不夫。食黍，食兽，是使四鸟。

【译文】

有个国家叫司幽国。帝俊生了晏龙，晏龙生了司幽，司幽生了思士，但思士不娶妻子；司幽还生了思女，但思女不嫁丈夫。司幽国的人以黄米为主食，也吃野兽肉，能驯化驱使四种野兽。

【原文】

有大阿之山者。

【译文】

有大阿山这样的山。

【原文】

大荒中有山，名曰明星，日月所出。

【译文】

大荒当中有一座高山，叫作明星山，是太阳和月亮初出升起的地方。

【原文】

有白民之国。帝俊生帝鸿，帝鸿生白民，白民销姓，黍食，使四鸟：虎、豹、熊、罴。

【译文】

有个国家叫白民国。帝俊生了帝鸿，帝鸿的后代是白民，白民国的人姓销，以黄米为主食，能驯化驱使四种野兽：豹子、老虎、熊、罴。

【原文】

有青丘之国，有狐，九尾。

【译文】

有个国家叫青丘国。青丘国有一种狐狸，长着九条尾巴。

【原文】

有柔仆民，是维[①]嬴土之国。

【注释】

①维：句中语气助词。

【译文】

有一群人被称作柔仆民，他们所在的国土很肥沃。

【原文】

有黑齿之国。帝俊生黑齿，姜姓，黍食，使四鸟。

【译文】

有个国家叫黑齿国。帝俊的后代是黑齿，姓姜，那里的人以黄米为主食，能驯化驱使四种野兽。

【原文】

有夏州之国。有盖余之国。

【译文】

有个国家叫夏州国。在夏州国附近又有一个盖余国。

【原文】

有神人，八首人面，虎身十尾，名曰天吴。

【译文】

有个神人，长着八个脑袋而且都是人的脸面，老虎身子，十条尾巴，名叫天吴。

【原文】

大荒之中，有山名曰鞠陵于天、东极、离瞀，日月所出。[有神]名曰折丹，东方曰折，来风曰俊——处东极以出入风。

【译文】

在大荒当中，有三座高山分别叫作鞠陵于天山、东极山、离瞀山，都是太阳和月亮初出升起的地方。有个神名叫折丹，东方人单称他为折，从东方吹来的风称作俊——他就处在大地的东极主管风起风停。

折丹

【原文】

东海之渚[①]中，有神，人面鸟身，珥两黄蛇，践两黄蛇，名曰禺虢。黄帝生禺虢，禺虢生禺京。禺京处北海，禺虢处东海，是惟海神。

【注释】

①渚：水中的小洲。这里指海岛。

【译文】

在东海的岛屿上，有一个神，长着人的面孔、鸟的身子，耳朵上悬挂着两条黄色的

禺虢

蛇，脚底下踩踏着两条黄色的蛇，名叫禺猇。黄帝生了禺猇，禺猇生了禺京。禺京住在北海，禺猇住在东海，都是海神。

【原文】

有招摇山，融水出焉。有国曰玄股，黍食，使四鸟。

【译文】

有座招摇山，融水从这座山发源。有一个国家叫玄股国，那里的人以黄米为主食，能驯化驱使四种野兽。

【原文】

有困民国，勾姓，黍食。有人曰王亥，两手操鸟，方食其头。王亥托于有易、河伯仆牛。有易杀王亥，取仆牛。河伯念有易，有易潜出，为国于兽，方食之，名曰摇民。帝舜生戏，戏生摇民。

王亥

【译文】

有个国家叫困民国，那里的人姓勾，以黄米为主食。有个人叫王亥，两只手各握着一只鸟，正在吃鸟的头。王亥把一群肥牛寄养在有易族人、水神河伯那里。有易族人把王亥杀死，没收了那群肥牛。河伯哀念有易族人，便帮助有易族人偷偷地逃出来，在野兽出没的地方建立国家，他们正在吃野兽肉，这个国家叫摇民国。有人认为帝舜生了戏，戏的后代就是摇民。

【原文】

海内有两人，名曰女丑。女丑有大蟹。

【译文】

海内有两个人，其中的一个名叫女丑。女丑有一只听使唤的大螃蟹。

【原文】

大荒之中，有山名曰孽摇頵羝。上有扶木，柱①三百里，其叶如芥。有谷曰温源谷。汤谷上有扶木，一日方至，一日方出，皆载于乌。

【注释】

①柱：像柱子般直立着。

【译文】

在大荒当中，有一座山名叫孽摇頵羝山。山上有棵扶桑树，高耸三百里，叶子长得像芥菜叶。有一道山谷叫作温源谷。汤谷上面也长了棵扶桑树，一个太阳刚刚回到汤谷，另一个太阳刚刚从扶桑树上出去，都负载在三足乌鸦的背上。

【原文】

有神，人面、大耳、兽身，珥两青蛇，名曰奢比尸。

【译文】

有一个神，长着人的面孔、大大的耳朵、野兽的身子，耳朵上挂着两条青色的蛇，名叫奢比尸。

【原文】

有五采之鸟，相乡弃沙。惟①帝俊下友。帝下两坛，采鸟是司。

【注释】

①惟：句首语气助词。

五彩鸟

【译文】

有一群长着五彩羽毛的鸟，相对而舞，天帝帝俊从天上下来和它们交友。帝俊在下界的两座祭坛，由这群五彩鸟掌管着。

【原文】

大荒之中，有山名曰猗天苏门，日月所生。

【译文】

在大荒当中，有一座山名叫猗天苏门山，是太阳和月亮初出升起的地方。

【原文】

有壎民之国。有綦山。又有摇山。有䰝山，又有门户山，又有盛山，又有待山。有五采之鸟。

【译文】

有个国家叫壎民国。有座綦山。又有座摇山。又有座䰝山，又有座门户山，又有座盛山，又有座待山。还有一群五彩鸟。

【原文】

东荒之中，有山名曰壑明俊疾，日月所出。有中容之国。

【译文】

在东荒当中，有座壑明俊疾山，是太阳和月亮初出升起的地方。这里还有个中容国。

【原文】

东北海外，又有三青马、三骓、甘华。爰有遗玉、三青鸟、三骓[1]、视肉、甘华、甘柤。百谷所在。

【注释】

①骓：马的毛色青白间杂。

【译文】

在东北方的海外，还有三青马、三骓马、甘华树。又说这里还有遗玉、三青鸟、三骓马、视肉怪兽、甘华树、甘柤树。是各种庄稼生长的地方。

【原文】

有女和月母之国。有人名曰鹓，北方曰鹓，来之风曰狻，是处东北极隅以止[1]日月，使无相间[2]出没，司其短长。

【注释】

①止：这里是控制的意思。②间：这里是错乱、杂乱的意思。

【译文】

有个国家叫女和月母国。有一个神名叫鹓——北方人称作鹓，从那里吹来的风称作狻——他就处在大地的东北角以便控制太阳和月亮，使日月不要交相错乱地出没，掌握它们升起落下时间的长短。

鹓

【原文】

大荒东北隅中，有山名曰凶犁土丘。应龙[1]处南极，杀蚩尤[2]与夸父，不得复上，故下数旱。旱而为应龙之状，乃得大雨。

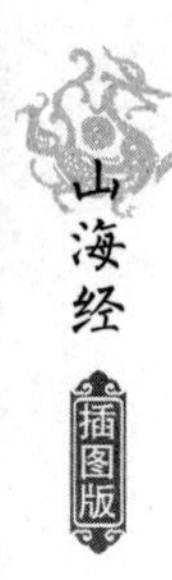

【注释】

①应龙：传说中的一种生有翅膀的龙。②蚩尤：神话传说中的东方九黎族首领，以金做兵器，能唤云呼雨。

【译文】

在大荒的东北角上，有一座山名叫凶犁土丘山。应龙就住在这座山的最南端，因杀了神人蚩尤和神人夸父，不能再回到天上，天上因没了兴云布雨的应龙而使下界常常闹旱灾。下界的人们一遇天旱就装扮成应龙的样子求雨，就得到大雨。

【原文】

东海中有流波山，入海七千里。其上有兽，状如牛，苍身而无角，一足，出入水则必风雨，其光如日月，其声如雷，其名曰夔。黄帝得之，以其皮为鼓，橛①以雷兽之骨，声闻五百里，以威天下。

夔

【注释】

①橛：通“撅”。敲，击打。

【译文】

东海当中有座流波山，这座山在进入东海七千里的地方。山上有一种野兽，长得像普通的牛，是青苍色的身子却没有犄角，仅有一只蹄子，出入海水时就一定有大风大雨相伴随，它发出的亮光如同太阳和月亮，它吼叫的声音如同雷响，名叫夔。黄帝得到它，便用它的皮蒙鼓，再拿雷兽的骨头敲打这鼓，使五百里以内的人都听见发出的响声，用来威服天下。

插图版

山海经

卷十五　大荒南经

【原文】

南海之外，赤水之西，流沙之东，有兽，左右有首，名曰跊踢。有三青兽相并，名曰双双。

【译文】

在南海以外，赤水的西岸，流沙的东面，生长着一种野兽，左边右边都有一个头，名称是跊踢。还有三只青色的野兽交相合并着，名称是双双。

跊踢

【原文】

有阿山者。南海之中，有泛天之山，赤水穷焉。赤水之东，有苍梧之野，舜与叔均[①]之所葬也。爰有文贝、离俞、鸱久、鹰、贾[②]、委维[③]、熊、罴、象、虎、豹、狼、视肉。

【注释】

①叔均：又叫商均，传说是帝舜的儿子。②贾：据古人说是乌鸦之类的禽鸟。③委维：神话传说中的蛇，与后文中的“延维”指同一物。

【译文】

有座山叫阿山。南海的当中，有一座泛天山，赤水最终流到这座山。在赤水的东岸，有个地方叫苍梧，帝舜与叔均葬在那里。这里有花斑贝、离朱鸟、鹞鹰、老鹰、乌鸦、两头蛇、熊、罴、大象、老虎、豹子、狼、视肉怪兽。

【原文】

有荣山，荣水出焉。黑水之南，有玄蛇，食麈[①]。

【注释】

①麈：一种体型较大的鹿。它的尾巴能用来拂扫尘土。

【译文】

有一座荣山，荣水就从这座山发源的。在黑水的南岸，有一条大黑蛇，它能吞食麈鹿。

【原文】

有巫山者，西有黄鸟①。帝药，八斋。黄鸟于巫山，司此玄蛇。

【注释】

①黄鸟：黄，通“皇”。黄鸟即皇鸟，而“皇鸟”亦作“凰鸟”，是属于凤凰一类的鸟。

玄蛇

【译文】

有一座山叫巫山，在巫山的西面有只黄鸟。天帝的神仙药，就藏在巫山的八个斋舍中。黄鸟在巫山上，监视着那条大黑蛇。

【原文】

大荒之中，有不庭之山，荣水穷焉。有人三身，帝俊妻娥皇，生此三身之国，姚姓，黍食，使四鸟。有渊四方，四隅皆达，北属①黑水，南属大荒。北旁名曰少和之渊，南旁名曰从渊，舜之所浴也。

【注释】

①属：连接。

【译文】

在大荒当中，有座不庭山，荣水最终流到这座山。这里有一种人长着三个身子。帝俊的妻子叫娥皇，这三身国的人就是他们的后代子孙。三身国的人姓姚，以黄米为主食，能驯化驱使四种野兽。这里有一个四方形的渊潭，四个角都能旁通，北边与黑水相连，南边和大荒相通。北侧的渊称少和渊，南侧的渊称从渊，是帝舜洗澡的地方。

【原文】

又有成山，甘水穷焉。有季禺之国，颛顼之子，食黍。有羽民之国，其民皆生毛羽。有卵民之国，其民皆生卵。

【译文】

又有一座成山，甘水最终流到这座山。有个国家叫季禺国，他们是帝颛顼的子孙后代，以黄米为主食。还有个国家叫羽民国，这里的人都

长着羽毛。又有个国家叫卵民国，这里的人都产卵而又从卵中孵化生出。

【原文】

大荒之中，有不姜之山，黑水穷焉。又有贾山，汔水出焉。又有言山，又有登备之山，有恝恝之山，又有蒲山，澧水出焉。又有隗山，其西有丹，其东有玉。又南有山，漂水出焉。有尾山，有翠山。

【译文】

在大荒之中，有座不姜山，黑水最终流到这座山。又有座贾山，汔水从这座山发源。又有座言山，又有座登备山，还有座恝恝山，又有座蒲山，澧水从这座山发源。又有座隗山，它的西面蕴藏有丹雘，它的东面蕴藏有玉石。又向南有座高山，漂水就是从这座山中发源的。又有座尾山，还有座翠山。

【原文】

有盈民之国，於姓，黍食。又有人方食木叶。

【译文】

有个国家叫盈民国，这里的人姓於，以黄米为主食。又有人正在吃树叶。

【原文】

有不死之国，阿姓，甘木①是食。

【注释】

①甘木：即不死树，人食用它就能长生不老。

盈民国

【译文】

有个国家叫不死国，这里的人姓阿，吃的是不死树。

【原文】

大荒之中，有山名曰去痓。南极果，北不成，去痓果①。

【注释】

①南极果，北不成，去痓果：此处意义不详，可能是巫师流传下来的咒语。

【译文】

在大荒当中，有座山叫作去痓山。南极果，北不成，去痓果。

【原文】

南海渚中，有神，人面，珥两青蛇，践两赤蛇，曰不廷胡余。

【译文】

在南海的岛屿上，有一个神，是人的面孔，耳朵上穿挂着两条青色蛇，脚底下踩踏着两条红色蛇，这个神叫不廷胡余。

【原文】

有神名曰因因乎，南方曰因乎，夸风曰乎民，处南极以出入风。

【译文】

有个神人名叫因因乎，南方人单称他为因乎，从南方吹来的风称乎民，他处在大地的南极主管风起风停。

因因乎

【原文】

有襄山。又有重阴之山。有人食兽，曰季厘。帝俊生季厘，故曰季厘之国。有缗渊。少昊生倍伐，倍伐降[①]处缗渊。有水四方，名曰俊坛。

【注释】

①降：贬抑。

【译文】

有座襄山。又有座重阴山。有人在吞食野兽肉，名叫季厘。帝俊生了季厘，所以称季厘国。有一个缗渊。少昊生了倍伐，倍伐被贬住在缗渊。有一个水池是四方形的，名叫俊坛。

季厘国

【原文】

有臷民之国。帝舜生无淫，降臷处，是谓巫臷民。巫臷民朌姓，食谷，不绩[①]不经[②]，服也；不稼[③]不穑[④]，食也。爰有歌舞之鸟，鸾鸟自

歌，凤鸟自舞。爰有百兽，相群爰处。百谷所聚。

【注释】

①绩：捻搓麻线，这里泛指纺线。②经：经线，即丝、棉、麻、毛等织物的纵线，与纬线即各种织物的横线相交叉，就可织成丝帛、麻布等布匹。这里泛指织布。③稼：播种庄稼。④穑：收获庄稼。

【译文】

有个国家叫臷民国。帝舜生了无淫，无淫被贬在臷这个地方居住，他的子孙后代就是所谓的巫臷民。巫臷民姓朌，吃五谷粮食，不从事纺织，自然有衣服穿；不从事耕种，自然有粮食吃。这里有能歌善舞的鸟，鸾鸟自由自在地歌唱，凤鸟自由自在地舞蹈。这里又有各种各样的野兽，群居相处。这里还是各种农作物汇聚的地方。

【原文】

大荒之中，有山名曰融天，海水南入焉。

【译文】

在大荒当中，有座山叫作融天山，海水从南面流进这座山。

【原文】

有人曰凿齿，羿杀之。

【译文】

有一个神人叫凿齿，羿射死了他。

【原文】

有蜮①山者，有蜮民之国，桑姓，食黍，射蜮是食。有人方扜②弓射黄蛇，名曰蜮人。

【注释】

①蜮：据古人说是一种叫短狐的动物，像鳖的样子，能含沙射人，被射中的就要病死。②扜：拉，张。

蜮人

【译文】

有座山叫作蜮山，在这里有个蜮民国，这里的人姓桑，以黄米为主食，也把射死的蜮吃掉。有人正在拉弓射黄蛇，名叫蜮人。

【原文】

有宋山者，有赤蛇，名曰育蛇。有木生山上，名曰枫木[1]。枫木，蚩尤所弃其桎梏[2]，是为枫木。

【注释】

①枫木：古人说是枫香树，叶子像白杨树叶，圆叶而分杈，有油脂而芳香。②桎梏：脚镣手铐。

【译文】

有座山叫作宋山，山中有一种红颜色的蛇，名叫育蛇。山上还有一种树，名叫枫木。枫木，原来是蚩尤死后所丢弃的手铐脚镣，这些刑具就化成了枫木。

【原文】

有人方齿虎尾，名曰祖状之尸。

【译文】

有个神人正咬着老虎的尾巴，名叫祖状尸。

【原文】

有小人，名曰焦侥之国，幾姓，嘉谷是食。

【译文】

有一个身材短小的人组成的国家，名叫焦侥国，那里的人姓幾，吃的是优良谷米。

【原文】

大荒之中，有山名死涂之山，青水穷焉。有云雨之山，有木名曰栾。禹攻[1]云雨。有赤石焉生栾，黄本，赤枝，青叶，群帝焉取药。

【注释】

①攻：从事某项事情，这里指砍伐林木。

【译文】

在大荒当中，有座死涂山，青水最终流到这座山。还有座云雨山，山上有一棵树叫作栾。大禹在云雨山砍伐树木，发现红色岩石上生出这

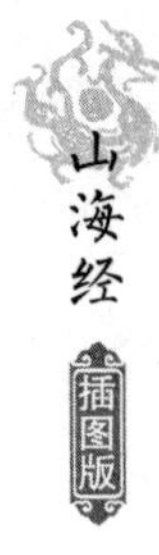

棵栾树，黄色的树干，红色的枝条，青色的叶子，诸帝就到这里来采药。

【原文】

有国曰颛顼，生伯服，食黍。有鼬姓之国。有苕山，又有宗山，又有姓山，又有壑山。又有陈州山，又有东州山，又有白水山，白水出焉，而生①白渊，昆吾之师所浴也。

【注释】

①生：草木生长，引申为事物的产生、形成。这里即指形成的意思。

【译文】

有个国家叫颛顼国，颛顼的后代组成伯服国，这里的人以黄米为主食。有个鼬姓国。有座苕山，又有座宗山，又有座姓山，又有座壑山，又有座陈州山，又有座东州山，还有座白水山，白水从这座山发源，然后流下来汇聚成为白渊，是昆吾之师洗澡的地方。

【原文】

有人名曰张宏，在海上捕鱼。海中有张宏之国，食鱼，使四鸟。

【译文】

有个人叫作张宏，在海上捕鱼。海里的岛上有个张宏国，这里的人以鱼为食物，能驯化驱使四种野兽。

【原文】

有人焉，鸟喙，有翼，方捕鱼于海。大荒之中，有人名曰驩头。鲧妻士敬，士敬子曰炎融，生驩头。驩头人面鸟喙，有翼，食海中鱼，杖①翼而行。维宜芑苣，穋杨②是食。有驩头之国。

【注释】

①杖：凭。②穋杨：一种谷类植物。

【译文】

驩头

有一种人，长着鸟的嘴，生有翅膀，正在海上捕鱼。在大荒当中，有个人名叫驩头。鲧的妻子是士敬，士敬生个儿子叫炎融，炎融生了驩头。驩头长着人的面孔而鸟一样的嘴，生有翅膀，吃海中的鱼，凭借着翅膀行走。也把芑苣、穋作为食物吃。于是有了驩头国。

【原文】

帝尧、帝喾、帝舜葬于岳山。爰有文贝、离俞、鸱久、鹰、延维、视肉、熊、罴、虎、豹；朱木、赤枝、青华，玄实。有申山者。

【译文】

帝尧、帝喾、帝舜都葬埋在岳山。这里有花斑贝、三足乌、鹞鹰、老鹰、乌鸦、两头蛇、视肉怪兽、熊、罴、老虎、豹子；还有朱木树，是红色的枝干、青色的花朵、黑色的果实。有座申山。

【原文】

大荒之中，有山名曰天台高山，海水入焉。

【译文】

在大荒当中，有座天台山，海水流进这座山中。

【原文】

东南海之外，甘水之间，有羲和之国，有女子名曰羲和，方日浴于甘渊。羲和者，帝俊之妻，生十日。

【译文】

在东海之外，甘水之间，有个羲和国。这里有个叫羲和的女子，正在甘渊中给太阳洗澡。羲和这个女子，是帝俊的妻子，生了十个太阳。

【原文】

有盖犹之山者，其上有甘柤，枝干皆赤，黄叶，白华，黑实。东又有甘华，枝干皆赤，黄叶。有青马，有赤马，名曰三骓。有视肉。

【译文】

有座山叫盖犹山，山上生长有甘柤树，枝条和树干都是红的，叶子是黄的，花朵是白的，果实是黑的。在这座山的东端还生长有甘华树，枝条和树干都是红色的，叶子是黄的。有青色马，还有红色马，名叫三骓。又有视肉怪兽。

【原文】

有小人，名曰菌人。

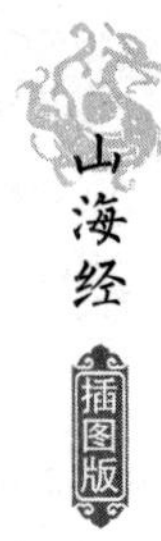

【译文】

有一种十分矮小的人，名叫菌人。

【原文】

有南类之山。爰有遗玉、青马、三骓、视肉、甘华。百谷所在。

【译文】

有座南类山。这里有遗玉、青色马、三骓马、视肉怪兽、甘华树。各种各样的农作物生长在这里。

卷十六　大荒西经

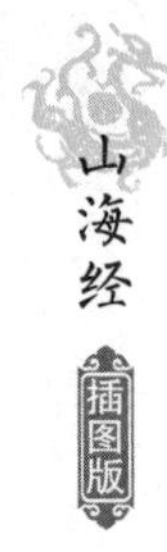

【原文】

西北海之外，大荒之隅，有山而不合，名曰不周负子，有两黄兽守之。有水曰寒暑之水。水西有湿山，水东有幕山。有禹攻共工国山。

【译文】

在西北海以外，大荒的一个角落，有座山断裂而合不拢，名叫不周山，有两头黄色的野兽守护着它。有一条水流名叫寒暑水。寒暑水的西面有座湿山，寒暑水的东面有座幕山。还有一座大禹攻打共工国时的山。

【原文】

有国名曰淑士，颛顼之子。

【译文】

有个国家名叫淑士国，这里的人是帝颛顼的子孙后代。

【原文】

有神十人，名曰女娲①之肠，化为神，处栗广之野；横道而处。

女娲之肠

【注释】

①女娲：神话传说女娲是一位以神女的身份做帝王的女神人，是人的脸面蛇的身子，一天内有七十次变化，她的肠子就化成这十位神人。

【译文】

有十个神人，名叫女娲肠，就是女娲的肠子变化而成神的，在称作栗广的原野上小道上居住。

【原文】

有人名曰石夷，来风曰韦，处西北隅以司日月之长短。

【译文】

有位神人名叫石夷，从北方吹来的风称作韦，他处在大地的西北角掌管太阳和月亮升起落下时间的长短。

【原文】

有五采之鸟，有冠，名曰狂鸟。

【译文】

有一种长着五彩羽毛的鸟，头上有冠，名叫狂鸟。

狂鸟

【原文】

有大泽之长山。有白氏之国。

【译文】

有一座大泽长山。有一个白氏国。

【原文】

西北海之外，赤水之东，有长胫之国。

【译文】

在西北海以外，赤水的东岸，有个长胫国。

【原文】

有西周之国，姬姓，食谷。有人方耕，名曰叔均。帝俊生后稷[①]，稷降以百谷。稷之弟曰台玺，生叔均。叔均是代其父及稷播百谷，始作耕。有赤国妻氏。有双山。

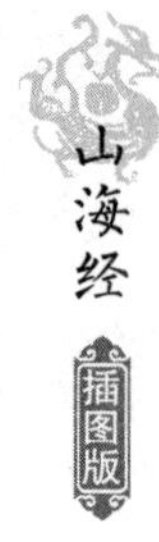

【注释】

①后稷：传说他是周朝王室的祖先，姓姬氏，号后稷，善于种庄稼，死后被奉祀为农神。

【译文】

有个西周国，这里的人姓姬，吃谷米。有个人正在耕田，名叫叔均。帝俊生了后稷，后稷把各种谷物的种子从天上带到下界。后稷的弟弟叫台玺，台玺生了叔均。叔均于是代替父亲和后稷播种各种谷物，开始创造耕田的方法。有个赤国妻氏。有座双山。

【原文】

西海之外，大荒之中，有方山者，上有青树，名曰柜格之松，日月所出入也。

【译文】

在西海以外，大荒的当中，有座山叫方山，山上有棵青色大树，名叫柜格松，是太阳和月亮出入的地方。

【原文】

西北海之外，赤水之西，有天民之国，食谷，使四鸟。

【译文】

在西北海以外，赤水的西岸，有个天民国，这里的人吃谷米，能驯化驱使四种野兽。

【原文】

有北狄之国。黄帝之孙曰始均，始均生北狄。

北狄

【译文】

有个北狄国。黄帝的孙子叫始均，始均的后代子孙就是北狄国人。

【原文】

有芒山。有桂山。有榣山，其上有人，号曰太子长琴。颛顼生老童，老童生祝融[①]，祝融生太子长琴，是处榣山，始作乐风。

【注释】

①祝融：传说是高辛氏火正，名叫吴回，号称祝融，死后为火官之神。

【译文】

有座芒山。有座桂山。有座榣山，山上有一个人，号称太子长琴。颛顼生了老童，老童生了祝融，祝融生了太子长琴，于是太子长琴住在榣山上，开始创作乐曲并风行世间。

【原文】

有五采鸟三名：一曰皇鸟，一曰鸾鸟，一曰凤鸟。

【译文】

有三种长着五彩羽毛的鸟：一种叫凰鸟，一种叫鸾鸟，一种叫凤鸟。

【原文】

有虫状如菟[①]，胸以后者裸不见，青如猨状。

【注释】

①菟：通“兔”。

【译文】

有一种野兽的形状与普通的兔子相似，胸脯以后全都裸露着而又看不出来，这是因为它的皮毛青得像猿猴而把裸露的部分遮住了。

【原文】

大荒之中，有山名曰丰沮玉门，日月所入。

【译文】

在大荒的当中，有座丰沮玉门山，是太阳和月亮降落的地方。

【原文】

有灵山，巫咸、巫即、巫朌、巫彭、巫姑、巫真、巫礼、巫抵、巫谢、巫罗十巫，从此升降，百药爰在。

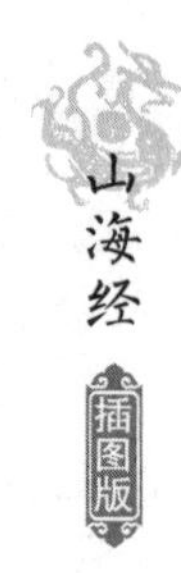

【译文】

有座灵山，巫咸、巫即、巫朌、巫彭、巫姑、巫真、巫礼、巫抵、巫谢、巫罗十个巫师，从这座山升到天上和下到世间，各种各样的药物就生长在这里。

十巫

【原文】

有西王母之山、壑山、海山。有沃民之国，沃民是处。沃之野，凤鸟之卵是食，甘露是饮。凡其所欲，其味尽存。爰有甘华、甘柤、白柳、视肉、三骓①、璇瑰②、瑶碧、白木③、琅玕④、白丹⑤、青丹⑥，多银铁。鸾凤自歌，凤鸟自舞，爰有百兽，相群是处，是谓沃之野。

【注释】

①三骓：皮毛杂色的马。②璇：美玉。瑰：似玉的美石。③白木：一种纯白色的树木。④琅玕：传说中的一种结满珠子的树。⑤白丹：一种可做白色染料的自然矿物。⑥青丹：一种可做青色染料的自然矿物。

【译文】

有西王母山、壑山、海山。有个沃民国，沃民便居住在这里。生活在沃野的人，吃的是凤鸟产的蛋，喝的是天降的甘露。凡是他们心里想要的美味，都能在凤鸟蛋和甘露中尝到。这里还有甘华树、甘柤树、白柳树，视肉怪兽、三骓马、璇玉瑰石、瑶玉碧玉、白木树、琅玕树、白丹、青丹，多出产银、铁。鸾鸟自由自在地歌唱，凤鸟自由自在地舞蹈，还有各种野兽，群居相处，所以称沃野。

【原文】

有三青鸟，赤首黑目，一名曰大鵹，一曰少鵹，一名曰青鸟。

【译文】

有三只青色大鸟，红红的脑袋，黑黑的眼睛，一只叫作大鵹，一只叫作少鵹，一只叫作青鸟。

【原文】

有轩辕之台，射者不敢西向射，畏轩辕之台。

【译文】

有座轩辕台，射箭的人都不敢向西射，因为敬畏轩辕台上黄帝的威灵。

【原文】

大荒之中，有龙山，日月所入。有三泽水，名曰三淖，昆吾之所食①也。

【注释】

①食：食邑，即古时作为专门供应某人或某部分人生活物资的一块地方。

【译文】

大荒当中，有座龙山，是太阳和月亮降落的地方。有三池子汇聚成的大水池，名叫三淖，是昆吾族人取得食物的地方。

【原文】

有人衣青，以袂①蔽面，名曰女丑之尸。

【注释】

①袂：衣服的袖子。

女丑之尸

【译文】

有个人穿着青色衣服，用袖子遮住脸面，名叫女丑尸。

【原文】

有女子之国。

【译文】

有个女子国。

【原文】

有桃山。有宝山。有桂山。有于土山。

【译文】

有座桃山。有座宝山。又有座桂山。有座于土山。

【原文】

有丈夫之国。

【译文】

有个丈夫国。

【原文】

有弇州之山，五采之鸟仰天[①]，名曰鸣鸟。爰有百乐歌舞之风。

【注释】

①仰天：张口嘘天。

【译文】

有座弇州山，山上有一种长着五彩羽毛的鸟正仰头向天而嘘，名叫鸣鸟。因而这里有各种各样乐曲歌舞的风气。

【原文】

有轩辕之国。江山之南栖为吉。不寿者乃八百岁。

【译文】

有个轩辕国。这里的人把居住在江河山岭的南边当作吉利。他们当中就是寿命不长的人也活到了八百岁。

【原文】

西海陼[①]中，有神，人面鸟身，珥两青蛇，践两赤蛇，名曰弇兹。

【注释】

①陼：同“渚”。水中的小块陆地。

【译文】

在西海的岛屿上，有一个神，长着人的面孔、鸟的身子，耳朵上挂着两条青色蛇，脚底下踩踏着两条红色蛇，名叫弇兹。

弇兹

【原文】

大荒之中，有山名曰日月山，天枢也。吴姖天门，日月所入。有神，人面无臂，两足反属[①]于头上，名曰嘘。颛顼生老童，老童生重[②]及黎[③]，帝令重献上天，令黎邛下地。下地是生噎，处于西极，以行日月星辰之行次。

【注释】

①属：接连。②重：神话传说中掌管天上事务的官员南正。③黎：神话传说中管理地下人类的官员火正。

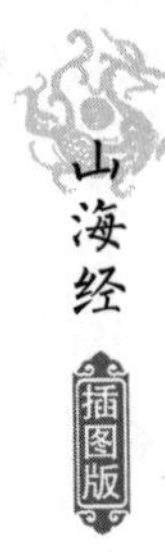

【译文】

大荒当中，有座日月山，是天的枢纽。这座山的主峰叫吴姖天门山，是太阳和月亮降落的地方。有一个神，长得像人但没有臂膀，两只脚反转着连在头上，名叫嘘。帝颛顼生了老童，老童生了重和黎，帝颛顼命令重托着天用力向上举，又命令黎撑着地使劲朝下按。于是黎来到地下并生了噎，他就处在大地的最西端，主管着太阳、月亮和星辰运行的先后次序。

【原文】

有人反臂，名曰天虞。

【译文】

有个人反长着臂膀，名叫天虞。

【原文】

有女子方浴月。帝俊妻常羲，生月十有二，此始浴之。

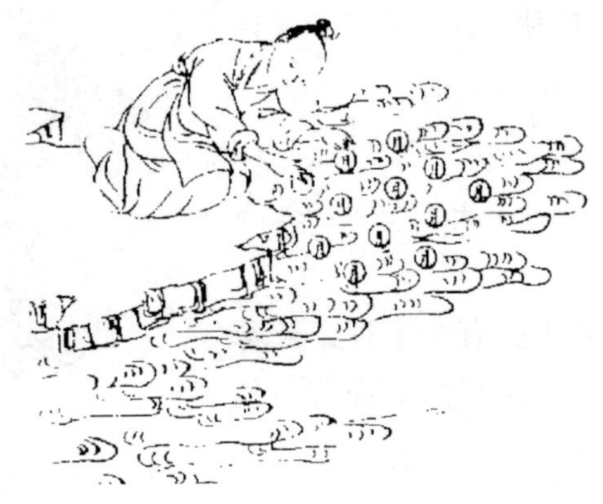

常羲浴月

【译文】

有个女子正在替月亮洗澡。帝俊的妻子常羲，生了十二个月亮，这才开始给月亮洗澡。

【原文】

有玄丹之山。有五色之鸟，人面有发。爰有青鴍、黄鷔、青鸟、黄鸟，其所集者其国亡。

【译文】

有座玄丹山。在玄丹山上有一种长着五彩羽毛的鸟，一副人的面孔而且有头发。这里还有青鸾、黄鹜，也就是青鸟、黄鸟，它们在哪个国家聚集栖息哪个国家就会灭亡。

【原文】

有池，名孟翼之攻颛顼之池。

【译文】

有个水池，名叫孟翼攻颛顼池。

【原文】

大荒之中，有山名曰鏖鳌钜，日月所入者。

【译文】

大荒当中，有座鏖鳌钜山，是太阳和月亮降落的地方。

【原文】

有兽，左右有首，名曰屏蓬。

屏蓬

【译文】

有一种野兽，左边和右边各长着一个头，名叫屏蓬。

【原文】

有巫山者。有壑山者。有金门之山，有人名曰黄姖之尸。有比翼之鸟。有白鸟，青翼、黄尾、玄喙。有赤犬，名曰天犬，其所下者有兵。

【译文】

有座叫作巫山的山。有座叫作壑山的山。有座金门山，山上有个人名叫黄姖尸。有比翼鸟。有一种白颜色的鸟，长着青色的翅膀，黄色的尾巴，黑色的嘴壳。有一种红颜色的狗，名叫天狗，它所降临的地方都会发生战争。

【原文】

西海之南，流沙之滨，赤水之后，黑水之前，有大山，名曰昆仑之丘。有神，人面虎身，有文有尾，皆白①，处之。其下有弱水②之渊环之，其外有炎火之山，投物辄然。有人戴胜，虎齿，有豹尾，穴处，名曰西王母。此山万物尽有。

【注释】

①白：指尾巴上点缀着白色斑点。②弱水：相传这种水轻得不能漂浮起鸿雁的羽毛。

【译文】

在西海的南面，流沙的边沿，赤水的后面，黑水的前面，屹立着一座大山，就是昆仑山。有一个神——长着人的面孔、老虎的身子，尾巴

人面虎身神

有花纹，而尾巴上尽是白色斑点——住在这座昆仑山上。昆仑山下有条弱水会聚的深渊环绕着它，深渊的外边有座炎火山，一投进东西就燃烧起来。有人头上戴着玉制首饰，满口老虎的牙齿，有一条豹子似的尾巴，在洞穴中居住，名叫西王母。这座山拥有世上的各种东西。

【原文】

大荒之中，有山名曰常阳之山，日月所入。

【译文】

大荒当中，有座常阳山，是太阳和月亮降落的地方。

【原文】

有寒荒之国。有二人女祭、女薎。

【译文】

有个寒荒国。这里有两个人分别叫女祭、女薎。

【原文】

有寿麻之国。南岳娶州山女，名曰女虔。女虔生季格，季格生寿麻。寿麻正立无景，疾呼无响。爰有大暑，不可以往。

【译文】

有个国家叫寿麻国。南岳娶了州山的女儿为妻，她的名字叫女虔。女虔生了季格，季格生了寿麻。寿麻端端正正站在太阳下不见任何影子，高声疾呼而四面八方没有一点儿回响。这里异常炎热，人们不可以前往。

【原文】

有人无首，操戈盾立，名曰夏耕之尸。故成汤①伐夏桀②于章山，克之，斩耕厥前。耕既立，无首，走厥咎，乃降于巫山。

夏耕之尸

【注释】

①成汤：即商汤王，商朝的开国国王。②夏桀：即夏桀王，夏朝的最后一位国王。

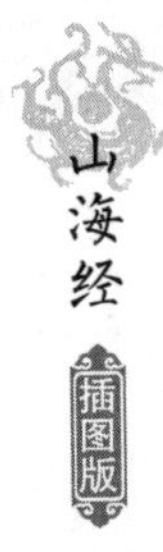

【译文】

有个人没了脑袋，手拿一把戈和一面盾牌站着，名叫夏耕尸。从前成汤在章山讨伐夏桀，打败了夏桀，斩杀夏耕尸于他的面前。夏耕尸站立起来后，发觉没了脑袋，为逃避他的罪过，于是窜到巫山去了。

【原文】

有人名曰吴回，奇①左，是无右臂。

【注释】

①奇：单数。这里指与成对事物相对而言的单个事物。

【译文】

有个人名叫吴回，只剩下左臂膀，而没了右臂膀。

【原文】

有盖山之国。有树，赤皮支①干，青叶，名曰朱木。

【注释】

①支：通“枝”。

【译文】

有个盖山国。这里有一种树木，树皮树枝树干都是红色的，叶子是青色的，名叫朱木。

【原文】

有一臂民。

【译文】

有一种只长一条臂膀的人。

【原文】

大荒之中，有山，名曰大荒之山，日月所入。有人焉，三面，是颛顼之子，三面一臂，三面之人不死。是谓大荒之野。

三面人

【译文】

大荒当中，有一座山，名叫大荒山，是太阳和月亮降落的地方。这里有一种人的头上的前边、左边和右边各长着一张面孔，是颛顼的子孙后代，三张面孔一只胳膊，这种三张面孔的人永远不死。这里就是所谓的大荒野。

【原文】

西南海之外，赤水之南，流沙之西，有人珥两青蛇，乘两龙，名曰夏后开①。开上三嫔②于天，得《九辩》与《九歌》以下。此天穆之野，高二千仞，开焉得始歌《九招》。

【注释】

①夏后开：即夏后启。因为汉朝人避汉景帝刘启的名讳，就改“启”为“开”。②嫔：通“宾”。这里作为动词，意思是做客。

【译文】

在西南海以外，赤水的南岸，流沙的西面，有个人耳朵上挂着两条青色蛇，驾着两条龙，名叫夏后启。夏后启曾三次到天帝那里做客，得到天帝的乐曲《九辩》和《九歌》而下到人间。这里就是所谓的天穆野，高达一千六百丈，夏后启在此开始演奏《九招》乐曲。

【原文】

有氐人之国。炎帝①之孙名曰灵恝，灵恝生氐人，是能上下于天。

【注释】

①炎帝：即传说中的上古帝王神农氏。因为以火德为王，所以号称炎帝；又因创造农具教人们种庄稼，所以叫作神农氏。

【译文】

有个氐人国。炎帝的孙子名叫灵恝，灵恝生了氐人，这里的人能腾云驾雾，上下于天。

【原文】

有鱼偏枯，名曰鱼妇。颛顼死即复苏。风道①北来，天乃大水泉，蛇乃化为鱼，是为鱼妇。颛顼死即复苏。

【注释】

①道：从，由。

【译文】

有一种鱼的身子半边干枯，名叫鱼妇，是帝颛顼死了又立即苏醒而

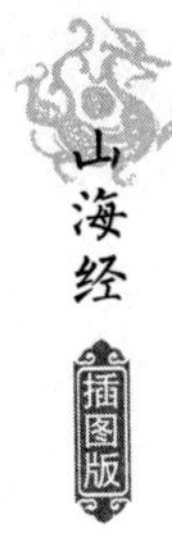

变化的。风从北方吹来，天于是涌出大水如泉，蛇于是变化成为鱼，这便是所谓的鱼妇。而死去的颛顼就是趁蛇鱼变化未定之机托体鱼躯并重新复苏的。

【原文】

有青鸟，身黄，赤足，六首，名曰鸀鸟。

鸀鸟

【译文】

有一种青鸟，身子是黄色的，爪子是红色的，长有六个头，名叫鸀鸟。

【原文】

有大巫山。有金之山。西南，大荒之中隅，有偏句、常羊之山。

【译文】

有座大巫山。有座金山。在西南方，大荒的一个角落，有偏句山、常羊山。

山海经

卷十七　大荒北经

【原文】

东北海之外，大荒之中，河水之间，附禺之山，帝颛顼与九嫔葬焉。爰有鸱久、文贝、离俞、鸾鸟、凤鸟、大物、小物[①]。有青鸟、琅鸟[②]、玄鸟[③]、黄鸟、虎、豹、熊、罴、黄蛇、视肉、璿[④]瑰、瑶碧，皆出于山。卫丘方员三百里，丘南帝俊竹林在焉，大可为舟。竹南有赤泽水，名曰封[⑤]渊。有三桑无枝。丘西有沈渊，颛顼所浴。

【注释】

①大物、小物：指殉葬的大小用具物品。②琅鸟：白鸟。琅：洁白。③玄鸟：燕子的别称。因它的羽毛黑色，所以称为玄鸟。玄：黑色。④璿：美玉。⑤封：大。

【译文】

在东北海以外，大荒的当中，黄河水流经的地方，有座附禺山，帝颛顼与他的九个妃嫔葬在这座山。这里有鸱鹰、花斑贝、离朱鸟、鸾鸟、凤鸟、大物、小物。还有青鸟、琅鸟、燕子、黄鸟、老虎、豹子、熊、罴、黄蛇、视肉、璿瑰、瑶碧，都出产于这座山。山旁有一座卫丘，方圆三百里，卫丘的南面有帝俊的竹林，竹子大得可以做成船。竹林的南面有红色的湖水，名叫封渊。有三棵不生长枝条的桑树。卫丘的西面有个沈渊，是帝颛顼洗澡的地方。

【原文】

有胡不与之国，烈姓，黍食。

【译文】

有个胡不与国，这里的人姓烈，以黄米为主食。

【原文】

大荒之中，有山名曰不咸，有肃慎氏之国。有蜚蛭[①]，四翼。有虫，兽首蛇身，名曰琴虫。

【注释】

①蜚：通“飞”。蛭：环节动物，有好几种，如水蛭、鱼蛭等。

【译文】

大荒当中，有座不咸山。有个肃慎氏国。

琴虫

有一种能飞的蛭，长着四只翅膀。有一种蛇，是野兽的脑袋蛇的身子，名叫琴虫。

【原文】

有人名曰大人。有大人之国，厘姓，黍食。有大青蛇，黄头，食麈。

【译文】

有一种人名叫大人。有个大人国，这里的人姓厘，以黄米为主食。有一种大青蛇，黄色的脑袋，能吞食大鹿。

【原文】

有榆山。有鲧攻程州之山。

【译文】

有座榆山。有座鲧攻程州山。

【原文】

大荒之中，有山名曰衡天。有先民之山。有槃木千里。

【译文】

大荒当中，有座衡天山。有座先民山。有一棵盘旋弯曲一千里的大树。

【原文】

有叔歜国，颛顼之子，黍食，使四鸟：虎、豹、熊、罴。有黑虫如熊状，名曰猎猎。

猎猎

【译文】

有个叔歜国，这里的人都是颛顼的子孙后代，以黄米为主食，能驯化驱使四种野兽：老虎、豹子、熊和罴。有一种形状与熊相似的黑虫，

名叫猎猎。

【原文】

有北齐之国，姜姓，使虎、豹、熊、罴。

【译文】

有个北齐国，这里的人姓姜，能驯化驱使老虎、豹子、熊和罴。

【原文】

大荒之中，有山名曰先槛大逢之山，河济所入，海北注焉。其西有山，名曰禹所积石。

【译文】

大荒当中，有座先槛大逢山，是黄河和济水流入的地方，海水从北面灌注到这里。它的西边也有座山，名叫禹所积石山。

【原文】

有阳山者。有顺山者，顺水出焉。有始州之国，有丹山。

【译文】

有座阳山。有座顺山，顺水从这座山发源。有个始州国，附近有座丹山。

【原文】

有大泽方千里，群鸟所解。

【译文】

有一大泽方圆千里，是各种禽鸟脱去旧羽毛再生新羽毛的地方。

【原文】

有毛民之国，依姓，食黍，使四鸟。禹生均国，均国生役采，役采生修鞈，修鞈杀绰人。帝念之，潜为之国，是此毛民。

【译文】

有个毛民国，这里的人姓依，以黄米为主食，能驯化驱使四种野兽。大禹生了均国，均国生了役采，役采生了修鞈，修鞈杀了绰人。大禹哀念绰人被杀，暗地里帮绰人的子孙后代建成国家，就是这个毛民国。

【原文】

有儋耳之国，任姓，禺号子，食谷。北海之渚中，有神，人面鸟身，珥两青蛇，践两赤蛇，名曰禺强。

【译文】

有个儋耳国，这里的人姓任，是神人禺号的子孙后代，吃谷米。在北海的岛屿上，有一个神，长着人的面孔、鸟的身子，耳朵上挂着两条青色蛇，脚底下踩踏着两条红色蛇，名叫禺强。

禺强

【原文】

大荒之中，有山名曰北极天柜，海水北注焉。有神，九首人面鸟身，名曰九凤。又有神衔蛇操蛇，其状虎首人身，四蹄长肘，名曰强良。

【译文】

大荒当中，有座北极天柜山，海水从北面灌注到这里。有一个神，长着九个脑袋、人的面孔鸟的身子，名叫九凤。又有一个神，嘴里衔着蛇，手中握着蛇，他的形貌是老虎的脑袋、人的身子，有四只蹄子和长长的臂肘，名叫强良。

强良

【原文】

大荒之中，有山名曰成都载天。有人珥两黄蛇，把两黄蛇，名曰夸父。后土生信，信生夸父。夸父不量力，欲追日景，逮之于禺谷。将饮河而不足也，将走大泽，未至，死于此。应龙已杀蚩尤，又杀夸父，乃

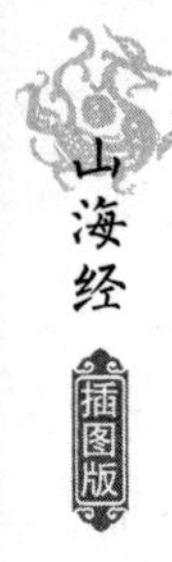

去南方处之，故南方多雨。

【译文】

大荒当中，有座成都载天山。有一个人的耳上挂着两条黄色蛇，手上握着两条黄色蛇，名叫夸父。后土生了信，信生了夸父。而夸父不衡量自己的体力，想要追赶太阳的光影，直追到禺谷。夸父想喝了黄河水解渴，却不够喝，准备跑到北方去喝大泽的水，还未到，便渴死在这里了。应龙在杀了蚩尤以后，又杀了夸父，因他的神力耗尽上不了天就去南方居住，所以南方的雨水很多。

【原文】

又有无肠之国，是任姓。无继子，食鱼。

【译文】

又有个无肠国，这里的人姓任。他们是无继国人的子孙后代，以鱼类为主食。

【原文】

共工臣名曰相繇，九首蛇身，自环，食于九土。其所歍所尼，即为源泽，不辛乃苦，百兽莫能处。禹湮[①]洪水，杀相繇，其血腥臭，不可生谷；其地多水，不可居也。禹湮之，三仞三沮，乃以为池，群帝因是以为台。在昆仑之北。

【注释】

①湮：阻塞。

【译文】

共工有一位臣子名叫相繇，长了九个头、蛇的身子，盘旋自绕成一团，贪婪地霸占九座神山而索取食物。他所喷吐停留过的地方，立即变成大沼泽，而气味不是辛辣就是很苦，百兽中没有能居住在这里的。大禹堵塞洪水，杀死了相繇，而相繇的血又腥又臭，使谷物不能生长；那地方又水涝成灾，使人不能居住。大禹填塞它，屡次填塞而屡次塌陷，于是把它挖成大池子，诸帝就利用挖出的泥土建造了几座高台。诸帝台位于昆仑山的北面。

【原文】

有岳之山，寻竹生焉。

【译文】

有座岳山，一种高大的竹子生长在这座山上。

【原文】

大荒之中，有山名曰不句，海水北入焉。

【译文】

大荒当中，有座不句山，海水从北面灌注到这里。

【原文】

有系昆之山者，有共工之台，射者不敢北乡①。有人衣②青衣，名曰黄帝女妭③。蚩尤作兵伐黄帝，黄帝乃令应龙攻之冀州之野。应龙畜水，蚩尤请风伯雨师，纵大风雨。黄帝乃下天女曰妭，雨止，遂杀蚩尤。妭不得复上，所居不雨。叔均言之帝，后置之赤水之北。叔均乃为田祖。妭时亡之，所欲逐之者，令曰："神北行！"先除水道，决通沟渎。

黄帝女妭

【注释】

①乡：通"向"。方向。②衣：穿。这里是动词。③女妭：相传是不长一根头发的光秃女神，她所居住的地方，天不下雨。

【译文】

有座山叫系昆山，上面有共工台，射箭的人因敬畏共工的威灵而不敢朝北方拉弓射箭。有一个人穿着青色衣服，名叫黄帝女妭。蚩尤制造了多种兵器用来攻击黄帝，黄帝便派应龙到冀州的原野去攻打蚩尤。应龙积蓄了很多水，而蚩尤请来风伯和雨师，纵起一场大风雨。黄帝就降下名叫妭的天女助战，雨被止住，于是杀死蚩尤。女妭因神力耗尽而不能再回到天上，她居住的地方没有一点儿雨水。叔均将此事禀报给黄帝，后来黄帝就把女妭安置在赤水的北面。叔均便做了田神。女妭常常逃亡而出现旱情，要想驱逐她，便祷告说："神啊，请向北方去吧！"事先清除水道，疏通大小沟渠。

【原文】

有人方食鱼，名曰深目民之国，昐姓，食鱼。

【译文】

有一群人正在吃鱼，名叫深目民国，这里的人姓昐，以鱼类为主食。

【原文】

有钟山者。有女子衣青衣，名曰赤水女子献。

【译文】

有座钟山。有一个穿青色衣服的女子，名叫赤水女子献。

赤水女子献

【原文】

大荒之中。有山名曰融父山，顺水入焉。有人名曰犬戎。黄帝生苗龙，苗龙生融吾，融吾生弄明，弄明生白犬，白犬有牝牡，是为犬戎，肉食。有赤兽，马状无首，名曰戎宣王尸。

【译文】

大荒当中，有座融父山，顺水流入这座山。有一种人名叫犬戎。黄帝生了苗龙，苗龙生了融吾，融吾生了弄明，弄明生了白犬，这白犬有一公一母而自相配偶，便生成犬戎族人，吃肉类食物。有一种红颜色的野兽，长得像普通的马却没有脑袋，名叫戎宣王尸。

【原文】

有山名曰齐州之山、君山、鬵山、鲜野山、鱼山。

【译文】

有几座山分别叫作齐州山、君山、鬵山、鲜野山、鱼山。

【原文】

有人一目，当面中生。一曰是威姓，少昊之子，食黍。

【译文】

有一种人长着一只眼睛，这只眼睛正长在脸面的

少昊之子

中间。一种说法认为他们姓威，是少昊的子孙后代，以黄米为主食。

【原文】

有继无民，继无民任姓，无骨子，食气、鱼。

【译文】

有一种人叫继无民，继无民姓任，是无骨民的子孙后代，吃的是空气和鱼类。

【原文】

西北海外，流沙之东，有国曰中辒，颛顼之子，食黍。

【译文】

在西北方的海外，流沙的东面，有个国家叫中辒国，这里的人是颛顼的子孙后代，以黄米为主食。

【原文】

有国名曰赖丘。有犬戎国。有人，人面兽身，名曰犬戎。

【译文】

有个国家名叫赖丘。有个犬戎国。有一种人，长着人的面孔、兽的身子，名叫犬戎。

【原文】

西北海外，黑水之北，有人有翼，名曰苗民。颛顼生驩头，驩头生苗民，苗民厘姓，食肉。有山名曰章山。

【译文】

在西北方的海外，黑水的北岸，有一种人长着翅膀，名叫苗民。颛顼生了驩头，驩头生了苗民，苗民人姓厘，吃的是肉类食物。有一座山名叫章山。

苗民

【原文】

大荒之中，有衡石山、九阴山、灰野之山，上有赤树，青叶，赤华，名曰若木。

【译文】

大荒当中，有衡石山，九阴山、灰野山，山上有一种红颜色的树木，

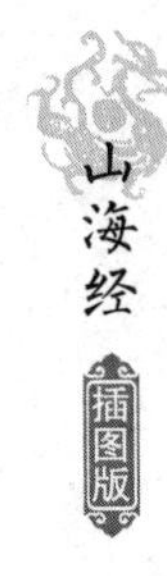

青色的叶子，红色的花朵，名叫若木。

【原文】

有牛黎之国。有人无骨，儋耳之子。

【译文】

有个牛黎国。这里的人身上没有骨头，是儋耳国人的子孙后代。

【原文】

西北海之外，赤水之北，有章尾山。有神，人面蛇身而赤，身长千里，直目正乘，其瞑乃晦，其视乃明，不食，不寝，不息，风雨是谒。是烛九阴，是谓烛龙。

【译文】

在西北方的海外，赤水的北岸，有座章尾山。有一个神，长着人的面孔、蛇的身子，全身红色，身子长达一千里，竖立生长的眼睛正中合成一条缝，他闭上眼睛就是黑夜、睁开眼睛就是白昼，不吃饭，不睡觉不呼吸，只是与风雨相生相灭。他能照耀阴暗的地方，所以称作烛龙。

卷十八　海内经

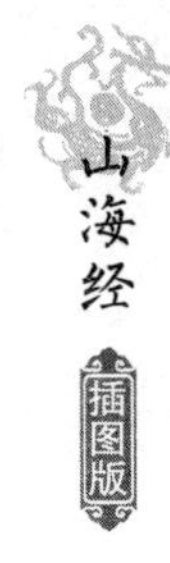

【原文】

东海之内，北海之隅，有国名曰朝鲜[1]；天毒[2]，其人水居，偎人爱之。

【注释】

①朝鲜：就是现在朝鲜半岛上的朝鲜和韩国。②天毒：据古人解说，即天竺国，有文字，有商业，佛教起源于此国。

【译文】

在东海以内，北海的一个角落，有个国家名叫朝鲜。还有一个国家叫天毒，天毒国的人傍水而居，怜悯人慈爱人。

【原文】

西海之内，流沙之中，有国名曰壑市。

【译文】

在西海以内，流沙的中央，有个国家名叫壑市。

【原文】

西海之内，流沙之西，有国名曰氾叶。

【译文】

在西海以内，流沙的西边，有个国家名叫氾叶国。

【原文】

流沙之西，有鸟山者，三水出焉。爰有黄金、璿瑰、丹货、银铁，皆流[1]于此中。又有淮山，好水出焉。

【注释】

①流：淌出。这里是出产、产生的意思。

【译文】

流沙西面，有座山叫鸟山，三条河流共同发源于这座山。这里所有的黄金、璿玉瑰石、丹货、银铁，全都产于这些水中。又有座大山叫淮山，好水就是从这座山发源的。

【原文】

流沙之东，黑水之西，有朝云之国、司彘之国。黄帝妻雷祖[1]，生昌意。昌意降处若水，生韩流。韩流擢[2]首、谨耳、人面、豕喙、麟身、渠股、豚止，取淖子曰阿女，生帝颛顼。

【注释】

①雷祖：即嫘祖，相传是教人们养蚕的始祖。②擢：引拔，耸起。这里指物体因吊拉变成长竖形的样子。

【译文】

在流沙的东面，黑水的西岸，有朝云国、司彘国。黄帝的妻子嫘祖生下昌意。昌意自天上降到若水居住，生下韩流。韩流长着长长的脑袋、小小的耳、人的面孔、猪的长嘴、麒麟的身子、罗圈腿、小猪的蹄子，娶淖子族人中叫阿女的为妻，生下帝颛顼。

韩流

【原文】

流沙之东，黑水之间，有山名不死之山。

【译文】

在流沙的东面，黑水流经的地方，有座不死山。

【原文】

华山青水之东，有山名曰肇山。有人名曰柏高，柏高上下于此，至于天。

【译文】

在华山青水的东面，有座肇山。有个仙人名叫柏高，柏高由这里上去下来的，直至到达天上。

柏高

【原文】

西南黑水之间，有都广之野，后稷葬焉。爰有膏菽①、膏稻、膏黍、膏稷，百谷自生，冬夏播琴②。鸾鸟自歌，凤鸟自儛，灵寿实华，草木所聚。爰有百兽，相群爰处。此草也，冬夏不死。

【注释】

①膏：这里是味道美好而光滑如膏的意思。菽：豆类植物的总称。②播琴：即播种。这是古时楚地人的方言。

【译文】

在西南方黑水流经的地方，有一处地方叫都广野，后稷就埋葬在这里。这里出产膏菽、膏稻、膏黍、膏稷，各种谷物自然成长，冬夏都能

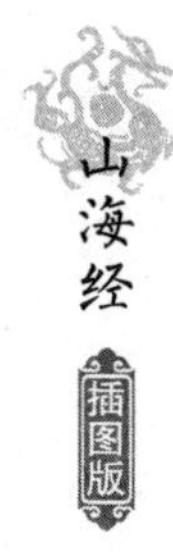

播种。鸾鸟自由自在地歌唱，凤鸟自由自在地舞蹈，灵寿树开花结果，丛草树林茂盛。这里还有各种禽鸟野兽，群居相处。在这个地方生长的草，无论寒冬炎夏都不会枯死。

【原文】

南海之外，黑水青水之间，有木名曰若木，若水出焉。

【译文】

在南海以外，黑水青水流经的地方，有一种树木名叫若木，而若水就从若木生长的地底下发源。

【原文】

有禺中之国，有列襄之国。有灵山，有赤蛇在木上，名曰蝡蛇，木食。

【译文】

有个禺中国，又有个列襄国。有一座灵山，山中的树上有一种红颜色的蛇，叫作蝡蛇，以树木为食物。

【原文】

有盐长之国。有人焉，鸟首，名曰鸟氏。

【译文】

有个盐长国。这里的人长着鸟一样的脑袋，被称为鸟氏。

鸟氏

【原文】

有九丘，以水络之：名曰陶唐之丘、有叔得之丘、孟盈之丘、昆吾之丘、黑白之丘、赤望之丘、参卫之丘、武夫之丘、神民之丘。有木，青叶紫茎，玄华黄实，名曰建木。百仞无枝，上有九欘，下有九枸①，其实如麻，其叶如芒。大皞②爰过，黄帝所为。

【注释】

①枸：树根盘错。②大皞：又叫太昊、太皓，即伏羲氏，古史传说中的上古帝王，姓风。他开始画八卦，教人们捕鱼放牧，用来充作食物。又是神话传说中的人类始祖。

【译文】

有九座山丘都被水环绕着，名称分别是陶唐丘、叔得丘、孟盈丘、昆吾丘、黑白丘、赤望丘、参卫丘、武夫丘、神民丘。有一种树木，青色的叶子紫色的树干，黑色的花朵黄色的果实，叫作建木，高达一百仞的树干上不生长枝条，而树顶上有九根蜿蜒曲折的桠枝，树底下有九条盘旋交错的根节，它的果实像麻子，叶子像芒树叶。大皞凭借建木登上天，黄帝栽培了建木。

【原文】

有窫窳，龙首，是食人。有青兽，人面，名曰猩猩。

【译文】

有一神名叫窫窳，长着龙一样的脑袋，能吃人。还有一种野兽，长着人一样的面孔，名叫猩猩。

猩猩

【原文】

西南有巴国。大皞生咸鸟，咸鸟生乘厘，乘厘生后照，后照是始为巴人。

【译文】

西南方有个巴国。大皞生了咸鸟，咸鸟生了乘厘，乘厘生了后照，而后照就是巴国人的始祖。

【原文】

有国名曰流黄辛氏，其域中方三百里，其出是尘土。有巴遂山，渑水出焉。

【译文】

有个国家名叫流黄辛氏国，它的疆域方圆三百里，这里出产一种大鹿。还有一座巴遂山，渑水从这座山发源。

【原文】

又有朱卷之国。有黑蛇，青首，食象。

【译文】

又有个朱卷国。这里有一种黑颜色的大蛇，长着青色脑袋，能吞食

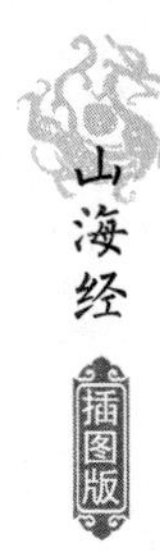

大象。

【原文】

南方有赣巨人，人面长唇，黑身有毛，反踵，见人笑亦笑，唇蔽其面，因即逃也。

【译文】

南方有一种赣巨人，长着人的面孔而嘴唇长长的，黑黑的身上长满了毛，脚尖朝后而脚跟朝前反长着，看见人笑他也笑，一发笑嘴唇便会遮住他的脸面，人就趁此立即逃走。

【原文】

又有黑人，虎首鸟足，两手持蛇，方啖之。

【译文】

还有一种黑人，长着老虎一样的脑袋禽鸟一样的爪子，两只手握着蛇，正在吞食它。

黑人

【原文】

有嬴民，鸟足。有封豕。

【译文】

有一种人称嬴民，长着禽鸟一样的爪子。还有大野猪。

【原文】

有人曰苗民。有神焉，人首蛇身，长如辕，左右有首，衣紫衣，冠旃冠，名曰延维，人主得而飨①食之，伯天下。

【注释】

①飨：祭献。

【译文】

有一种人称苗民。这地方有一个神，长着人的脑袋蛇的身子，身躯长长的像车辕，左边右边各长着一个脑袋，穿着紫色衣服，戴着红色帽子，名叫延维，人主得到它后加以奉飨祭祀，便可以称霸天下。

【原文】

有鸾鸟自歌，凤鸟自舞。凤鸟首文曰德，翼文曰顺，膺文曰仁，背文曰义，见则天下和。

【译文】

有鸾鸟自由自在地歌唱，有凤鸟自由自在地舞蹈。凤鸟头上的花纹是“德”字，翅膀上的花纹是“顺”字，胸脯上的花纹是“仁”字，脊背上的花纹是“义”字，它一出现就会使天下和平。

【原文】

又有青兽如菟，名曰菌狗。有翠鸟，有孔鸟。

孔鸟

【译文】

又有一种像兔子的青色野兽，名叫菌狗。又有翡翠鸟。还有孔雀鸟。

【原文】

南海之内，有衡山，有菌山，有桂山。有山名三天子之都。

【译文】

在南海以内，有座衡山，又有座菌山，还有座桂山。还有座山叫作三天子都。

【原文】

南方苍梧之丘，苍梧之渊，其中有九嶷山，舜之所葬，在长沙零陵界中。

【译文】

南方有一片山丘叫苍梧丘，还有一个深渊叫苍梧渊，在苍梧丘和苍梧渊的中间有座九嶷山，帝舜就葬在这里。九嶷山位于长沙零陵境内。

【原文】

北海之内，有蛇山者，蛇水出焉，东入于海。有五采之鸟，飞蔽一乡，名曰翳鸟。又有不距之山，巧倕葬其西。

【译文】

在北海以内，有座山叫蛇山，蛇水从蛇山发源，向东流入大海。有

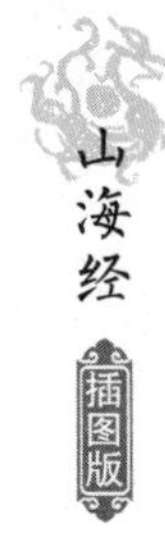

一种长着五彩羽毛的鸟，成群地飞起而遮蔽一乡的上空，名叫翳鸟。还有座不距山，巧倕便葬在不距山的西面。

【原文】

北海之内，有反缚盗械[①]、带戈常倍之佐，名曰相顾之尸。

相顾之尸

【注释】

①盗械：古时，凡因犯罪而被戴上刑具就称作盗械。

【译文】

在北海以内，有一个反绑着戴刑具、带着戈而图谋叛逆的臣子，名叫相顾尸。

【原文】

伯夷父[①]生西岳，西岳生先龙，先龙是始生氐羌，氐羌乞姓。

【注释】

①伯夷父：相传是帝颛顼的老师。

【译文】

伯夷父生了西岳，西岳生了先龙，先龙的后代子孙便是氐羌，氐羌人姓乞。

氐羌

【原文】

北海之内，有山，名曰幽都之山，黑水出焉。其上有玄鸟、玄蛇、玄豹、玄虎、玄狐蓬尾。有大玄之山。有玄丘之民。有大幽之国。有赤胫之民。

【译文】

北海以内，有一座山，名叫幽都山，黑水从这座山发源。山上有黑色鸟、黑色蛇、黑色豹子、黑色老虎，有毛蓬蓬尾巴的黑色狐狸。有座大玄山。有一种玄丘民。有个大幽国。有一种赤胫民。

玄狐

【原文】

有钉灵之国，其民从厀①阴以下有毛，马蹄善走。

【注释】

①厀：同“膝”。

【译文】

有个钉灵国，这里的人从膝盖以下的腿部都有毛，长着马的蹄子而善于快跑。

钉灵国

【原文】

炎帝①之孙伯陵，伯陵同吴权之妻阿女缘妇，缘妇孕三年，是生鼓、延、殳。始为侯，鼓、延是始为钟，为乐风。

【注释】

①炎帝：即神农氏，传说中的上古帝王。

【译文】

炎帝的孙子叫伯陵，伯陵与吴权的妻子阿女缘妇私通，阿女缘妇怀孕三年，这才生下鼓、延、殳三个儿子。殳最初发明了箭靶，鼓、延二人发明了钟，作了乐曲和音律。

【原文】

黄帝生骆明，骆明生白马，白马是为鲧。

【译文】

黄帝生了骆明，骆明生了白马，这白马就是鲧。

【原文】

帝俊生禺号，禺号生淫梁，淫梁生番禺，是始为舟。番禺生奚仲，奚仲生吉光，吉光是始以木为车。

【译文】

帝俊生了禺号，禺号生了淫梁，淫梁生了番禺，这位番禺最初发明了船。番禺生了奚仲，奚仲生了吉光，这位吉光最早用木头制作出车子。

【原文】

少皞生般，般是始为弓矢。

【译文】

少皞生了般，这位般最早发明了弓和箭。

【原文】

帝俊赐羿彤①弓素矰②，以扶下国，羿是始去恤下地之百艰。

【注释】

①彤：朱红色。②矰：一种用白色羽毛装饰并系着丝绳的箭。

【译文】

帝俊赏赐给后羿红色弓和白色矰箭，用他的射箭技艺去扶助下界各国，后羿便开始去救济世间人们的各种苦难。

【原文】

帝俊生晏龙，晏龙是始为琴瑟。

【译文】

帝俊生了晏龙，这位晏龙发明了琴和瑟两种乐器。

【原文】

帝俊有子八人，是始为歌舞。

【译文】

帝俊有八个儿子，他们开始创作出歌曲和舞蹈。

【原文】

帝俊生三身，三身生义均，义均是始为巧倕，是始作下民百巧。后稷是播百谷。稷之孙曰叔均，是始作牛耕。大比赤阴，是始为国。禹、鲧是始布土，定九州。

【译文】

帝俊生了三身，三身生了义均，这位义均便是所谓的巧倕，从此开始发明了世间的各种工艺技巧。后稷开始播种各种农作物。后稷的孙子叫叔均，这位叔均最早发明了使用牛耕田。大比赤阴，开始受封而建国。大禹和鲧开始挖掘泥土治理洪水，度量划定九州。

【原文】

炎帝之妻，赤水之子听訞生炎居，炎居生节并，节并生戏器，戏器生祝融。祝融降处于江水，生共工。共工生术器，术器首方颠，是复土壤，以处江水。共工生后土，后土生噎鸣，噎鸣生岁十有二。

【译文】

炎帝的妻子，即赤水氏的女儿听訞生下炎居，炎居生了节并，节并生了戏器，戏器生了祝融。祝融降临到江水居住，便生了共工。共工生了术器。术器的头是平顶方形，他恢复了祖父祝融的土地，从而又住在江水。共工生了后土，后土生了噎鸣，噎鸣生了一年中的十二个月。

【原文】

洪水滔天。鲧窃帝之息壤以堙洪水，不待帝命。帝令祝融杀鲧于羽郊。鲧复生禹。帝乃命禹卒布土，以定九州。

【译文】

洪荒时代到处是漫天大水。鲧偷偷拿天帝的息壤用来堵塞洪水，而没有等待天帝下令。天帝派遣祝融把鲧杀死在羽山的郊野。禹从鲧的遗体肚腹中生出。天帝就命令禹最后再施行土工制住了洪水，从而能划定九州区域。

参考文献

[1] 袁珂 . 山海经全译 [M]. 贵阳：贵州人民出版社，1991.

[2] 袁珂 . 山海经校注 [M]. 成都：巴蜀书社，1992.

[3] 马昌仪 . 古本山海经图说 [M]. 桂林：广西师范大学出版社，2007.

[4] 方韬 . 山海经 [M]. 北京：中华书局，2011.

[5] 方飞 . 译注山海经 [M]. 乌鲁木齐：新疆青少年出版社，1992.